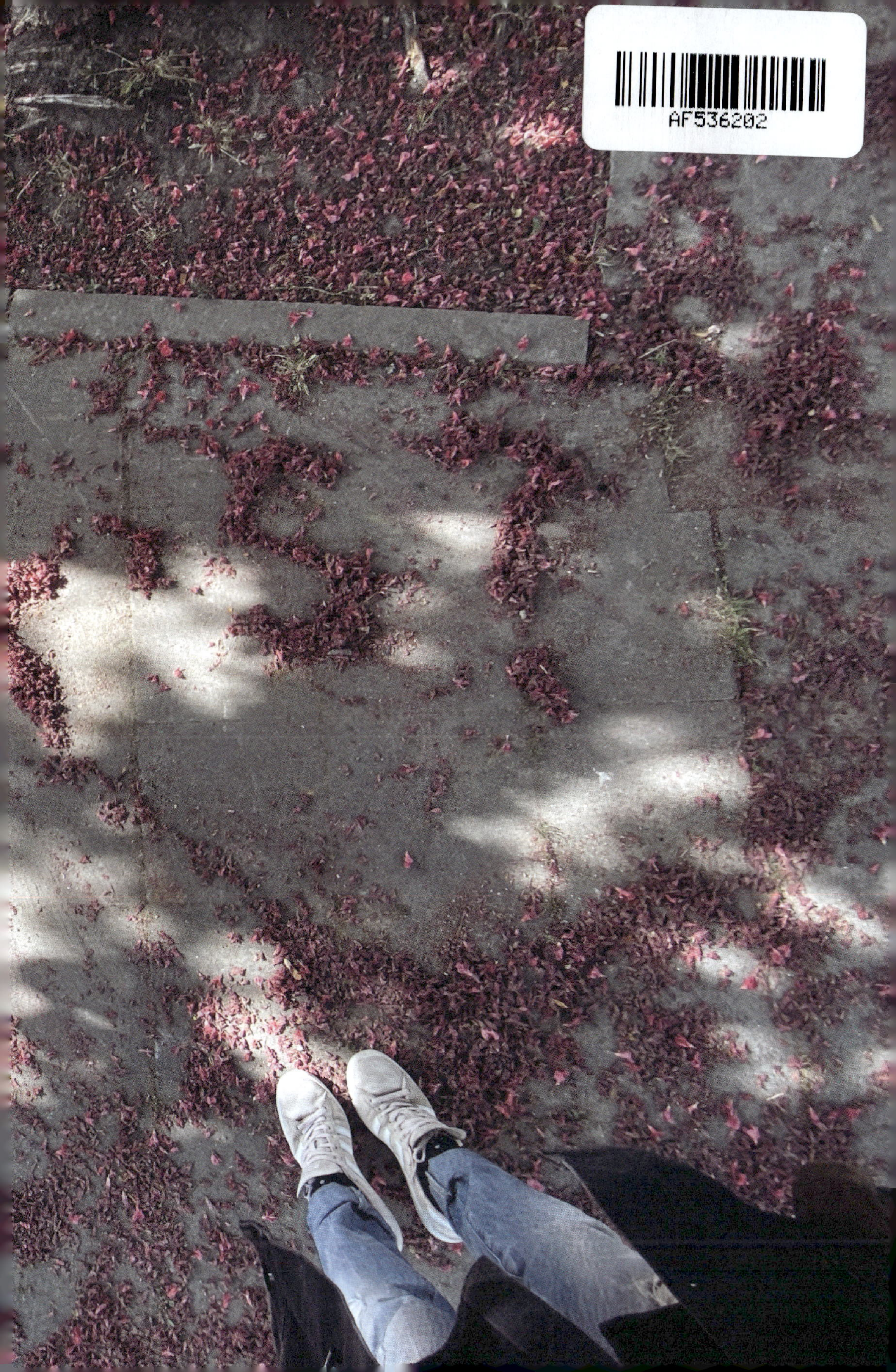

AF536202

Roberta Bergmann

Kreativ unter freiem Himmel

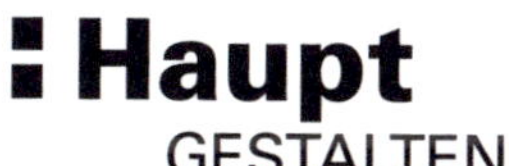

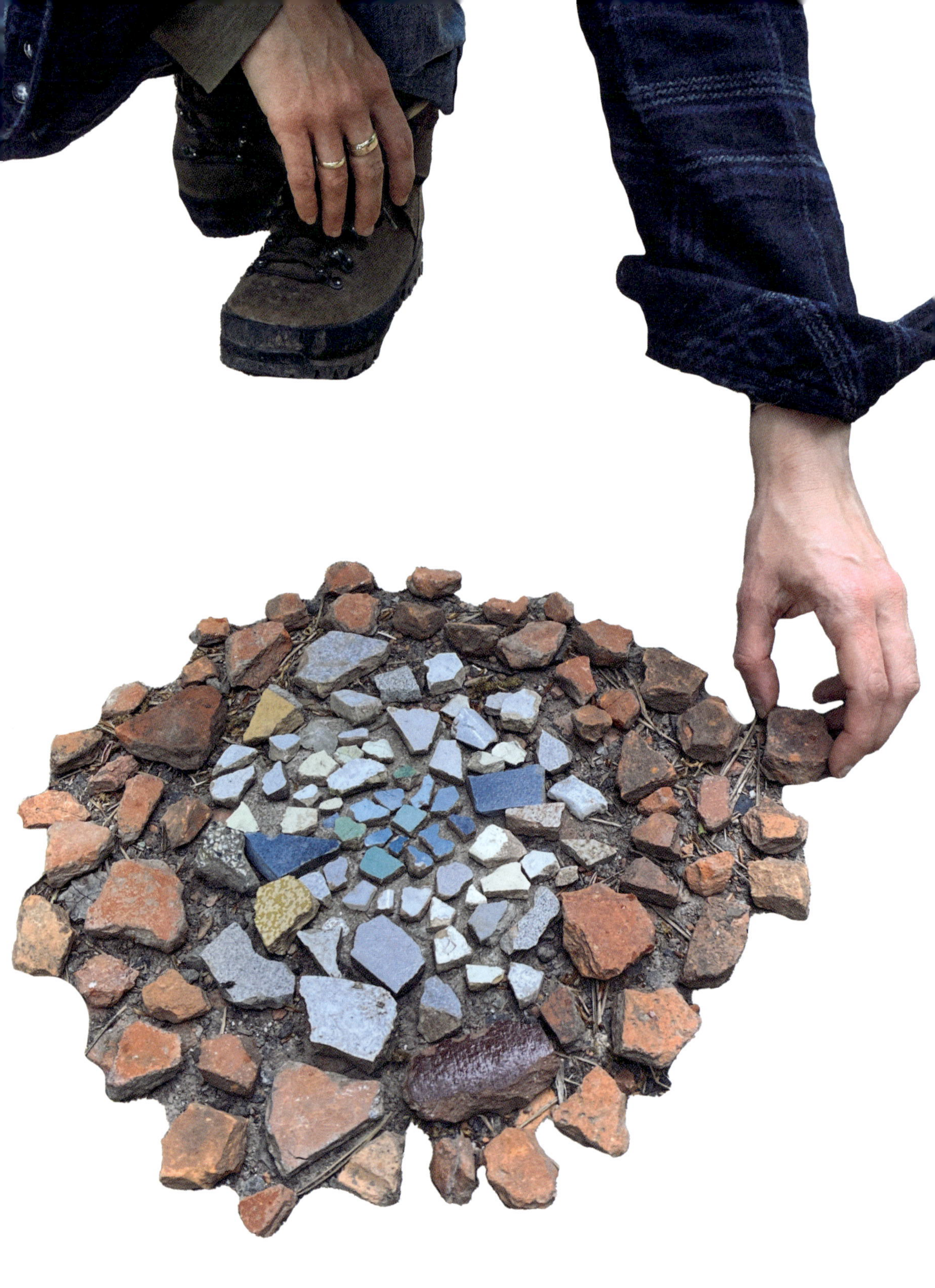

Roberta Bergmann

Kreativ unter freiem Himmel

Projekte in Stadt und Natur

Haupt Verlag

Vorwort

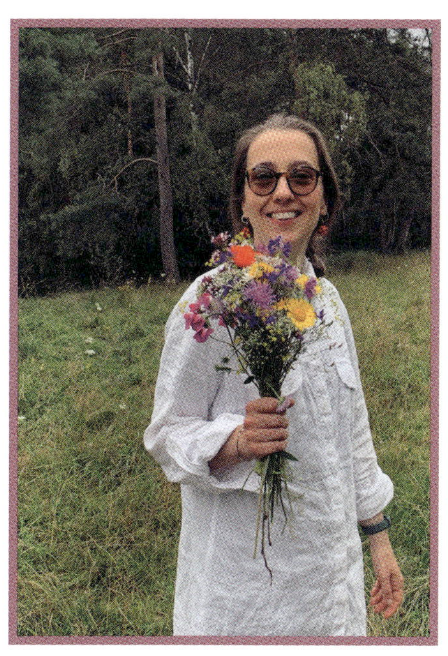

Schön, dass Sie dieses Buch in den Händen halten! Schon vor einer Weile hatte ich die Idee, über kreative Projekte für draußen zu schreiben. Gerne bin ich in der Natur unterwegs, seit meiner Kindheit gehe ich wandern, und wenn ich den Kopf frei kriegen möchte, mache ich einfach einen Spaziergang. Ich fand es spannend zu sehen, was passiert, wenn ich nicht wie gewohnt im Atelier oder am Schreibtisch kreativ bin. Ohne Zugriff auf meine übliche Materialsammlung – stattdessen frische Inspiration bei einem gezielten Ausflug in die Natur oder einem spontanen Spaziergang. Nach eingehender Beschäftigung mit dem Thema habe ich gemerkt, dass fast jedes draußen zu findende Material zu Kunst und Gestaltung inspirieren kann, wenn man dafür offen ist. Meine Kreativmethoden und Erfahrungen möchte ich mit Ihnen in diesem Buch teilen. Künstlerisch schaffende Menschen schöpfen zum einen aus sich selbst heraus und kommen zum anderen durch ihre Außenwelt auf neue Ideen für Bilder, Interventionen, Fotomotive und Kunstobjekte. Draußen finden Sie z. B. organische und anorganische Materialien, treffen auf besondere Wetterverhältnisse oder interessante Orte – und begegnen anderen Menschen. Mit diesem Buch möchte ich Ihre Kreativität anregen und Ihnen einige meiner Projekte unter freiem Himmel vorstellen. Erweitern Sie fortan Ihren «Scannerblick», wenn Sie draußen unterwegs sind. Sie werden sich wundern, was Sie plötzlich wahrnehmen und auf welche künstlerischen Ideen Sie kommen, die drinnen im gewohnten Umfeld nicht entstanden wären. Es geht mir im Übrigen nicht darum, dass Sie meine Projekte eins zu eins nachmachen. Keines meiner Bücher verfolgt diesen Ansatz. Sehen Sie diese Sammlung vielmehr als Anregung für Ihre eigenen, persönlichen Ideen und Abläufe. Verstehen Sie die Übungen als Ausgangspunkt für Ihre individuellen Entdeckungen, aus denen sich neue Projekte, aber auch neue Kunst und Gestaltung entwickeln können. Ganz gleich, ob Sie nur für sich allein, mit anderen in anregender Gruppenarbeit oder im lehrenden Kontext schaffen. Nicht zuletzt entstand die Idee zu diesem Buch in Pandemie-Zeiten, wo ich gezwungen war, draußen zu unterrichten.

Viel Spaß beim Kreativsein unter freiem Himmel wünscht Ihnen

Roberta Bergmann

Einführung: Materialien & Doku- mentation

Wenn Sie draußen unterwegs sind, gibt es einiges zu beachten. Sie werden nicht immer alles dabei haben, was Sie zu brauchen glauben. Dann heißt es improvisieren! Gerade wenn Sie spontan spazieren gehen, lebt das Kreativsein von der Improvisation und davon, mit Vorhandenem zurechtzukommen.

Materialien & Equipment zum Mitnehmen: Je nach Projekt sollten Sie vor dem Ausflug daran denken, Ihre Materialien, die Sie vor Ort einsetzen möchten, platzsparend einzupacken (z. B. Wolle, Bindfäden, Nähzeug, Seil, Glasplatte, Spiegel, Holzstäbchen, Schere, Taschenmesser). Keinesfalls fehlen darf ein Fotoapparat. Er ist vielleicht das wichtigste Werkzeug überhaupt! Ein Handy mit guter Kamera reicht schon völlig aus, um den Arbeitsprozess und Ihre fertigen Arbeiten draußen zu dokumentieren.
Als dritten Punkt sollten Sie unbedingt Dosen oder Beutel einpacken, in die Sie Ihre organischen oder anorganischen Materialsammlungen für später oder für zu Hause verstauen können. Bei einigen Projekten gibt es neben dem aktiven Draußen-Teil auch noch einen abschließenden Zuhause-Teil, den Sie draußen im eigenen Garten oder in Ruhe drinnen unter Ihrem Dach bearbeiten können.

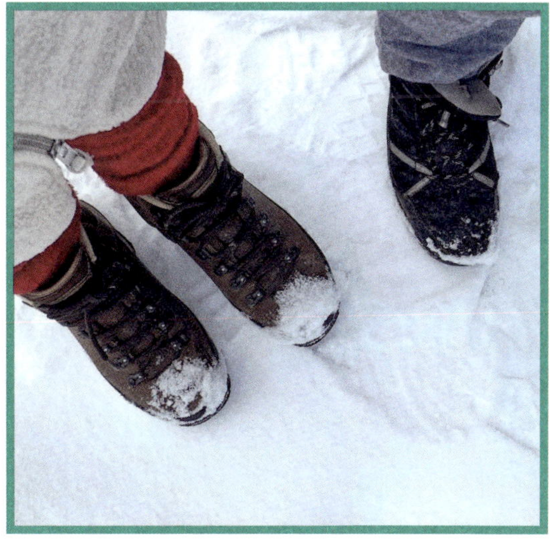

Die richtige Kleidung:
Es gibt kein schlechtes Wetter, es gibt nur die falsche Kleidung! Um so lange wie möglich draußen kreativ sein zu können, müssen Sie sich wohlfühlen. Daher ist es wichtig, sich der Umgebung und dem Wetter entsprechend anzuziehen. Mit nassen Füßen, kalten Händen oder total durchgeschwitzt, macht es Ihnen sicherlich keinen großen Spaß, draußen kreativ zu sein. Planen Sie längere Wanderungen, sollten Sie unbedingt das richtige Schuhwerk tragen. Ich empfehle Ihnen Wanderschuhe. Gerade beim Materialsammeln verlassen Sie vielleicht auch mal die üblichen Pfade, gehen an Wasserkanten oder klettern einen Hang hinauf. Vor Wind schützen Sie Tuch, Schal und Mütze, vor Regen eine Regenjacke mit Kapuze.

Im Winter empfiehlt sich der Lagenlook, im Sommer brauchen Sie neben luftiger Kleidung auch Sonnenschutz. Außerdem gehören Pflaster, Taschentücher und Verbandszeug in Ihren Rucksack.

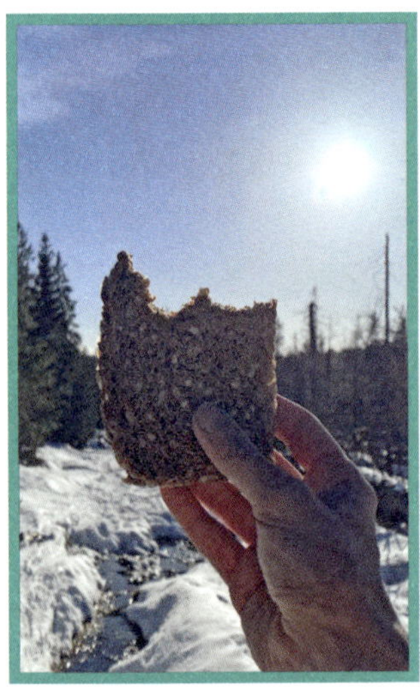

Verpflegung: Sind sie länger unterwegs und ist die Zivilisation weiter weg, brauchen Sie genügend Wasser und Verpflegung. Außerdem können Sie mit einer Picknick-Pause Ihren kreativen Ausflug verschönern, verlängern und so zwischendurch neue Kräfte sammeln.

Tipps für eine gute Dokumentation:

Nur eine gute Ideen zu haben, reicht leider nicht. Sie sollten sie auch dokumentieren können, indem Sie sie in einem Foto oder einer Fotoserie festhalten. Gerade bei flüchtigen Kunstwerken sind gute Fotos das A und O. Sie sind meist auch das einzige, was Ihnen am Ende bleibt. Darauf sollten Sie beim Fotografieren achten:

1. Perspektive: Je nachdem, wie Sie stehen und wie Sie die Kamera auf das Motiv richten, ergeben sich andere Winkel und damit auch andere Foto-Ergebnisse. Wollen Sie z. B. ein Motiv, das flach auf dem Boden liegt, ohne Verzerrungen und Perspektive fotografieren, sollten Sie sich komplett über das Motiv beugen, die Kamera sollte mittig über dem Motiv «schweben»

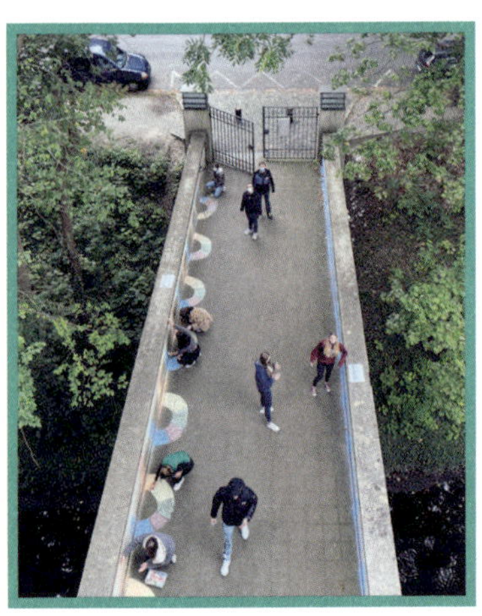

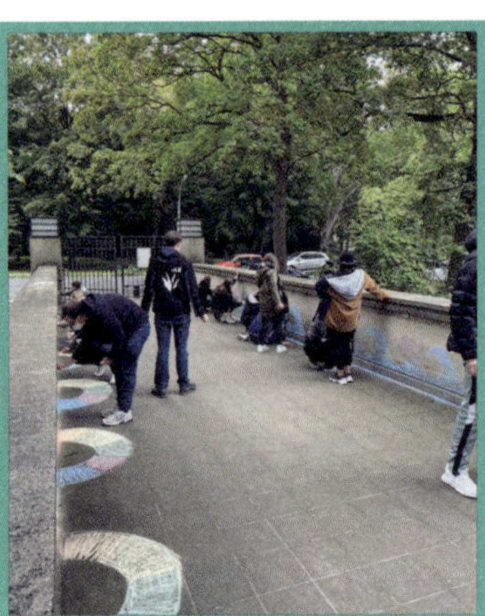

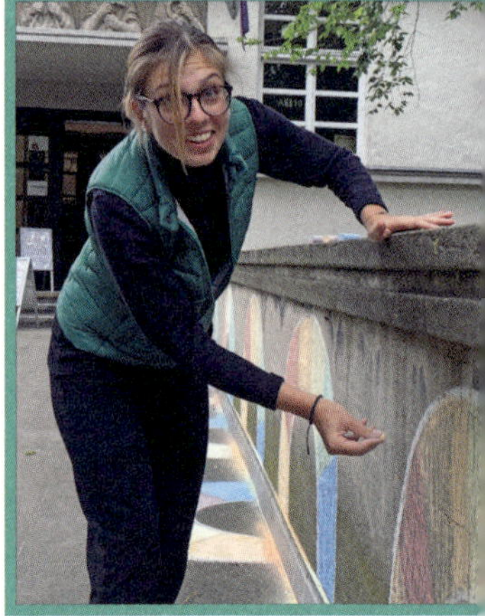

von links nach rechts: «Making-of-Fotos» der Kreide-Aufgabe → siehe Seite 86, einmal aus der Vogelperspektive (links), auf Augenhöhe (Mitte) und ein Detailfoto mit Akteurin (rechts). Durch die unterschiedlichen Perspektiven entstehen drei verschiedene Bildaussagen.

und das Objektiv parallel zum Motiv ausgerichtet sein. Ist es nicht möglich, die Kamera direkt über das Motiv zu halten, können Sie einen erhöhten Standpunkt wählen (z.B. Leiter, Stuhl) oder ein Stativ verwenden. Wollen Sie Dramatik ins Bild bringen, können Sie verschiedene Perspektiven nutzen: Aus der Froschperspektive wirkt Ihr Motiv größer, als es ist. Dafür können Sie die Kamera auf den Boden stellen oder knapp über dem Boden halten und das Motiv schräg von unten fotografieren. Aus der (schrägen) Vogelperspektive wirkt Ihr Motiv sehr dreidimensional und je nach Winkel können Sie Bildteile besonders hervorheben oder verstecken. Für eine ausgewogene Bildkomposition halten Sie alle fluchtenden Linien Ihres Motivs und des Hintergrunds im Blick. Unschön sind z.B. unbewusste Schrägen, wie kippende Gebäude/ Objekte oder schiefe Horizonte. Diese entstehen, wenn Sie die Kamera nicht gerade/parallel zu den Fluchtlinien ausrichten.

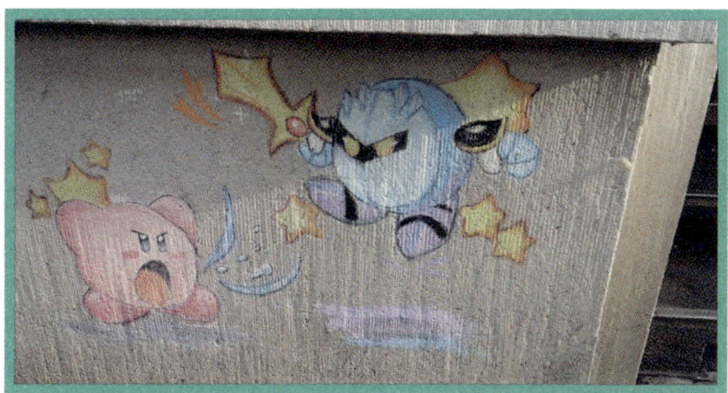

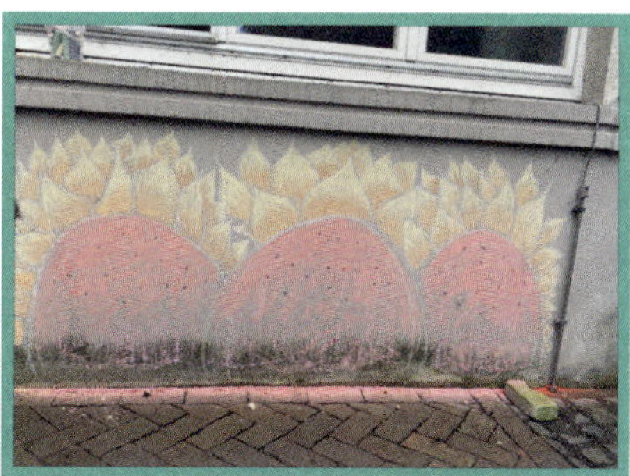

links; Motiv kippt, Kamera zu hoch und schräg gehalten; Leider ist das Motiv auch z.T. in der Sonne (Abhilfe: in die Hocke gehen und z.B. andere Uhrzeit zum Fotografieren wählen), rechts: schiefe Horizontlinien (Abhilfe: Positionswechsel, d.h. sich frontal vor das Motiv stellen)

2. Licht: Achten Sie draußen immer darauf, wo die Sonne steht. Fotografieren Sie in der Regel mit der Sonne im Rücken, sodass Ihr Motiv frontal angeleuchtet wird. Sie selbst sollten aber keinen Schatten auf das Motiv werfen. Daher passen Sie auf, ob und wo Schatten entstehen. Drehen Sie sich ggf. mit der Kamera so zum Motiv, dass Ihr Schatten am Motiv vorbeifällt und nicht zu sehen ist (außer Sie

unten: dasselbe Motiv, einmal in die Sonne gehalten (links) und einmal mit dem eigenen Körper schattiert (rechts)

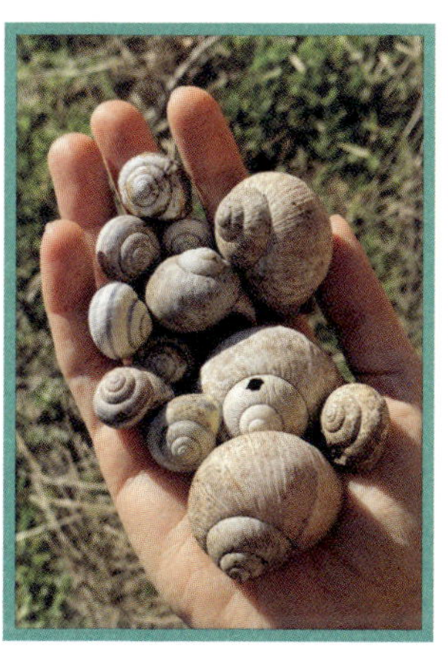

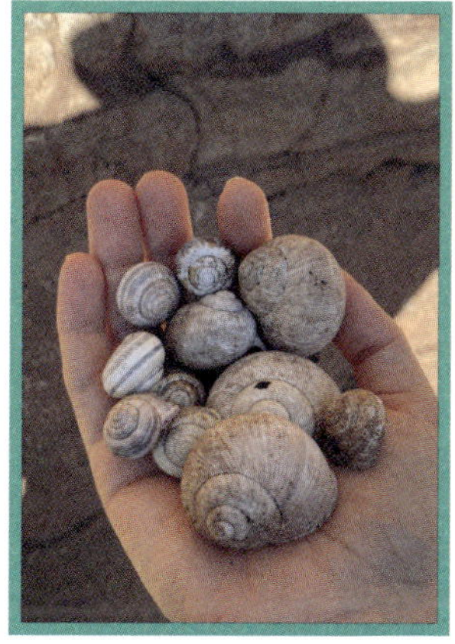

wünschen das als Effekt). Auch direkt in die Sonne zu fotografieren, ist möglich, sollte aber bewusst von Ihnen eingesetzt werden, um z. B. das Motiv als Schattenriss und Silhouette zu gestalten. Denn fotografieren Sie ein Motiv im Gegenlicht, wird es von hinten angeschienen und die von Ihnen fotografierte Front ist, wenn Sie keinen Aufhellblitz verwenden, dunkel. Scheint die Sonne nicht, ist das kein Grund zur Sorge. Auch bei bedecktem Himmel und grauem Wetter können Sie tolle Fotos machen!

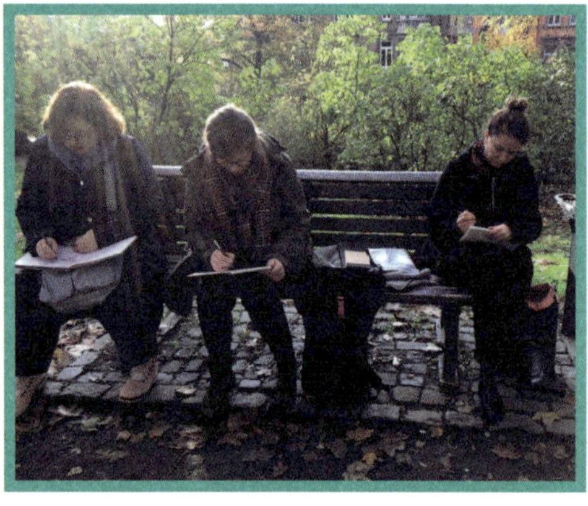

Urban Sketching im Gegenlicht (Lichteinfall ins Motiv, Figuren zu dunkel)

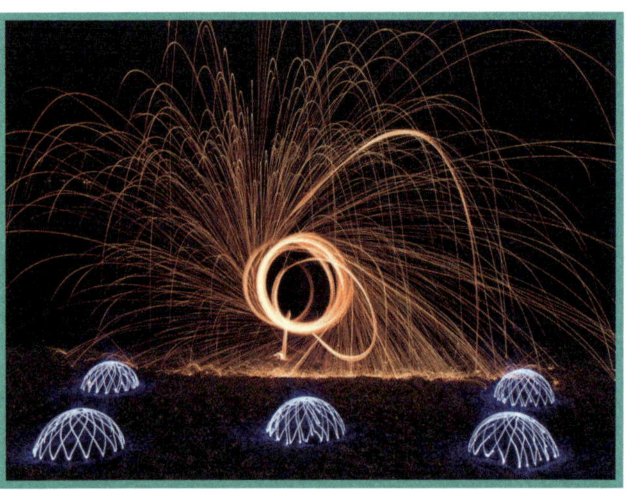

Dank langer Belichtungszeit können Sie im Dunkeln mit Licht zeichnen. *→ siehe Seite 132*

Fotografieren Sie bei Nacht, gelten noch einmal andere Regeln. Hier brauchen Sie in jedem Fall ein Stativ. Auch sollten Sie nachts eher mit einer Spiegelreflexkamera oder einer spiegellosen Systemkamera arbeiten, da diese bessere Ergebnisse und mehr Einstellungen (wie lange Belichtungszeiten oder größere Blendenzahlen) bieten.

3. Bildausschnitt: Fragen Sie sich zuerst: Was möchte ich abbilden und für welchen Zweck erstelle ich dieses Foto? Danach richtet sich auch Ihr Bildausschnitt. Wenn Sie Ihr Motiv in Gänze zeigen wollen, achten Sie darauf, dass es komplett auf dem Foto zu sehen ist. Vielleicht spielt der Hintergrund dabei eine Rolle? Dann geben Sie diesem auf dem Foto den entsprechenden Raum! Geht es in der Abbildung darum, den Kreativprozess zu zeigen, können Sie Ausschnitte fotografieren, z. B. Details wie Materialverbindungen. Oder Sie fotografieren Ihre Hände, die gerade etwas bauen. Sind Menschen abgebildet, achten Sie darauf, wie Sie diese Menschen zeigen wollen: Geht es Ihnen nur um arbeitende Hände oder spielt der ganze Körper im Arbeitsprozess eine Rolle? Dann schneiden Sie z.B. keine Hände und Füße im Bild ab. Sie können den finalen Ausschnitt auch später bestimmen. Das geht aber nur, wenn Sie «genug Motiv» fotografieren, also Platz lassen (den Sie später rundum abschneiden können). Dafür sollten Sie mit einer hohen Auflösung fotografieren.

4. Auflösung: Achten Sie bei Ihrer Kamera vorab darauf, welche Datei-Art, Bildgröße und Auflösung ausgewählt ist. Wenn Sie Fotos machen wollen, die später druckbar sein sollen (z.B. für ein Buch, ein Poster, einen Flyer), achten Sie auf eine hohe Auflösung und möglichst wenig oder keine Bildkomprimierung. Die meisten Kameras bieten außerdem die Möglichkeit, in einem RAW-Format zu fotografieren (auch Handys haben solche bzw. ähnliche unkomprimierte Datei-Arten). Diese speicherintensiveren Formate bieten den meisten Spielraum bei der Nachbearbeitung, weil der Qualitätsverlust hier am geringsten ist. Diese Formate lassen sich später in jedes gewünschte Dateiformat umwandeln (z.B. jpg, tif, png).

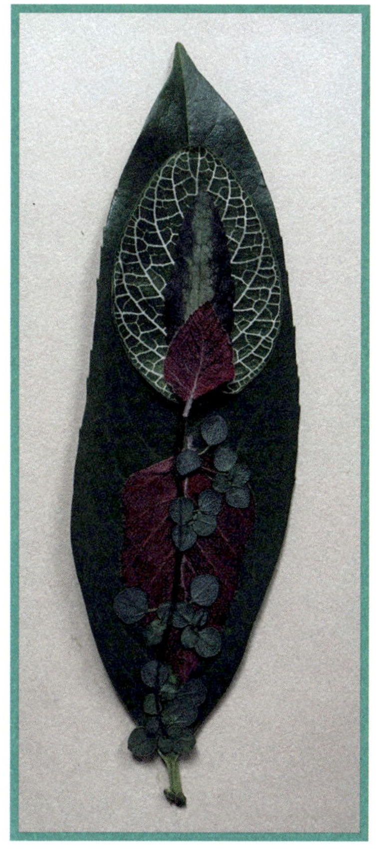

Fantasiepflanze zum Mosaik-Projekt *→ siehe Seite 42*

5. Nachbearbeitung: Alle Bilder in diesem Buch sind nachbearbeitet. In der Nachbearbeitung haben Sie die Möglichkeit, die Farben und die Belichtung Ihrer Fotos zu korrigieren, Bilder zu retuschieren, einen neuen Ausschnitt festzulegen und die Bildgröße und Datei-Art zu ändern. Außerdem müssen vor dem Druck eines Fotos ein Druckprofil angelegt und der richtige Bildmodus definiert werden. So können Sie Ihr Bildmaterial für Ihre Zwecke im Nachhinein optimieren, denn mit der Nachbearbeitung können Sie noch sehr viel aus Ihren Fotos herausholen und z.B. unter- oder überbelichtete Bilder korrigieren und die richtige Farbtemperatur (z.B. wärmer, kälter, neutral) einstellen. Dies geht am besten mit RAW-Dateien und großen, wenig komprimierten Bildern, da jede Bearbeitung und Konvertierung verlustreich ist. Bildbearbeitungsprogramme gibt es sowohl kostenlos wie auch kostenpflichtig für Ihren Rechner und inzwischen auch als App für Ihre mobilen Geräte.

Ich wünsche Ihnen viel Spaß beim Entdecken meiner Projekte in den nächsten Kapiteln. Mit dem Hashtag *#kreativunterfreiemhimmel* können Sie Ihre Ergebnisse auf Social Media teilen.

Draußen zeichnen

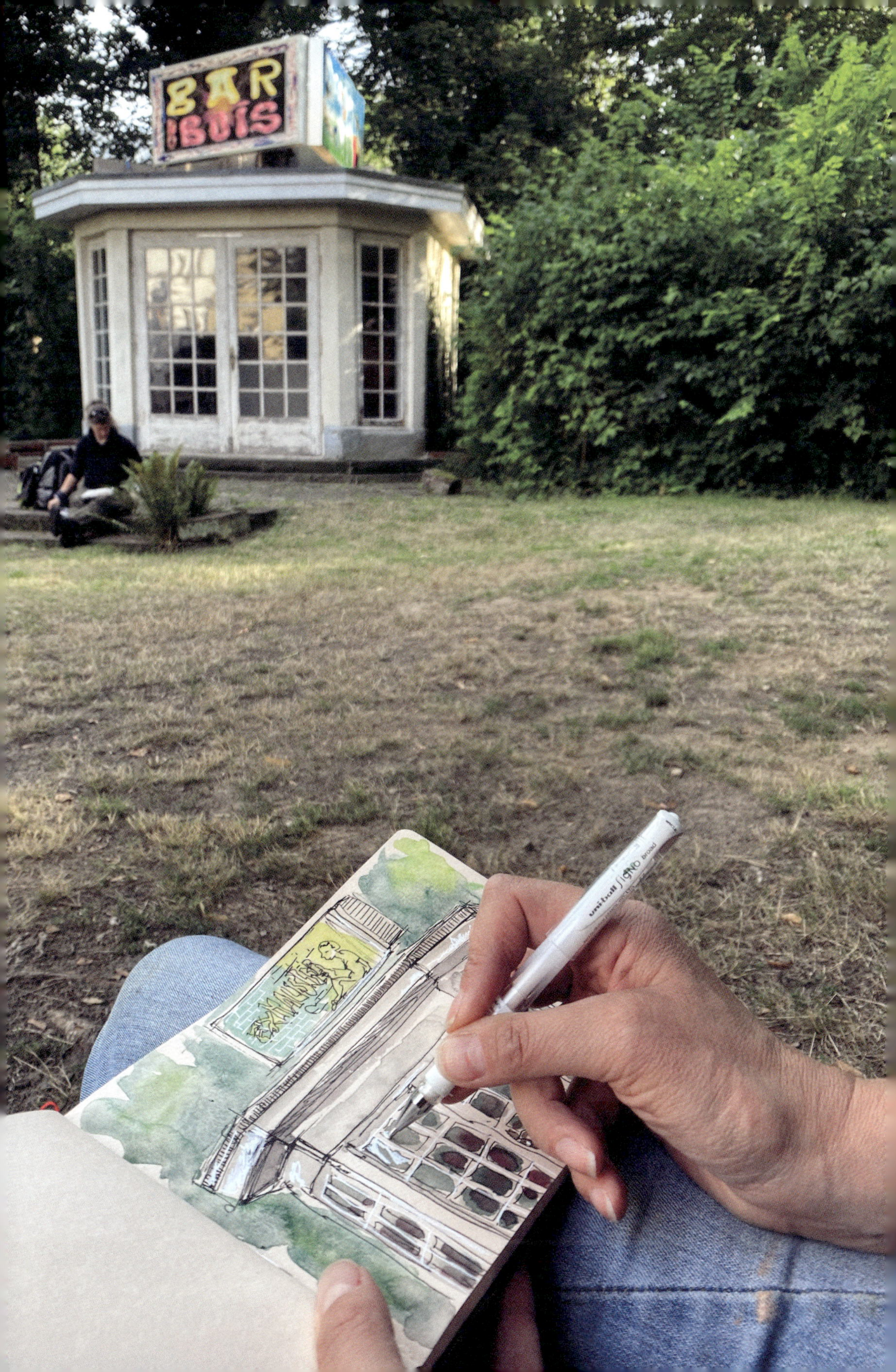
BAR

1. Urban Sketching

Draußen gezeichnet wurde immer schon. Doch in den letzten Jahren gab es durch die amerikanische **Urban-Sketching-Bewegung** einen weltweiten Boom. Die USK-Bewegung wurde 2007 in Seattle (USA) von **Gabriel Campanario** begründet und umfasst inzwischen Zigtausende Zeichner:innen aus aller Welt. Es geht darum, unmittelbar abzubilden, was man sieht. Da das städtische Leben so gezeichnet wird, wie es ist, werden die Zeichnungen auch als «visueller Journalismus» bezeichnet.

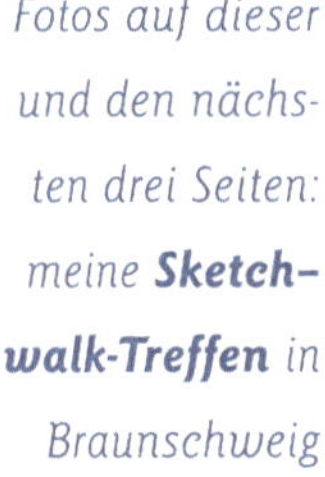

*Fotos auf dieser und den nächsten drei Seiten: meine **Sketchwalk-Treffen** in Braunschweig*

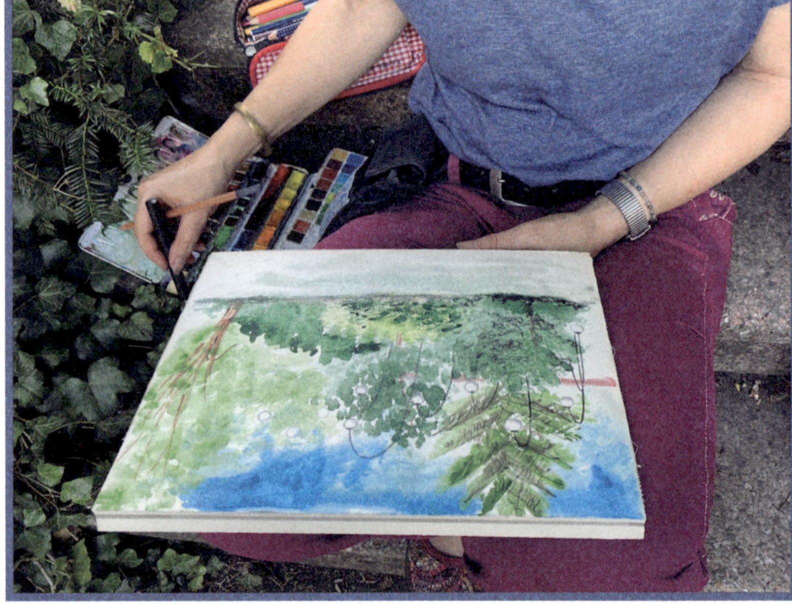

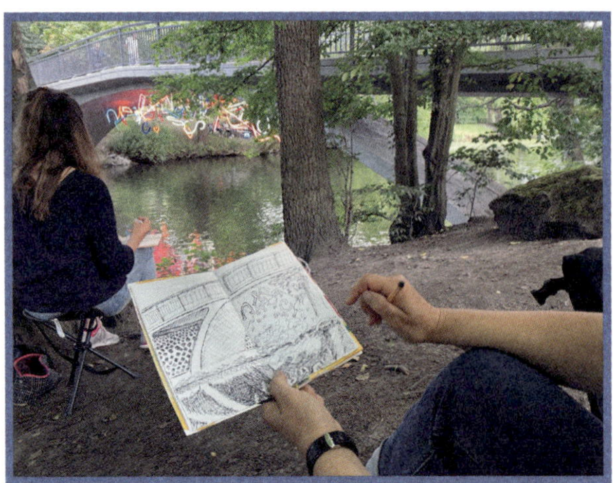

Die Teilnehmer:innen und ich laufen eine vorher festgelegte Route gemeinsam ab. Zwischendurch werden kurze und längere Zeichenstopps eingelegt. Spätestens nach Ende der Zeichentour kehren wir gemütlich irgendwo für eine Stärkung ein. Meist wird dort noch weitergezeichnet.

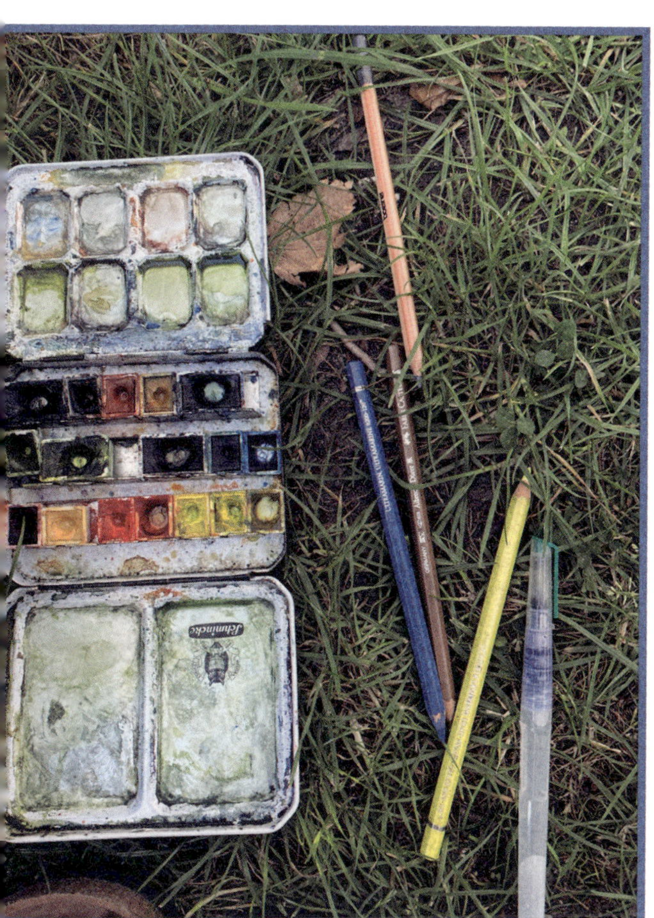

Materialien: *diverse Zeichen- und Malutensilien nach Ihren Vorlieben, Papier / Skizzenbuch, Handy / Kamera*

links:
Zeig mir deinen Aquarellkasten und ich sage dir, wer du bist!

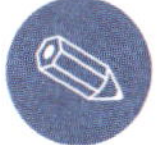

Nehmen Sie sich ein paar Stunden Zeit, gehen Sie an einen (belebten) Ort, den Sie interessant finden. Stellen oder setzen Sie sich an eine Position, die perspektivisch spannend ist. Versuchen Sie abzubilden, was Sie wirklich sehen. Lassen Sie sich auf die Situation ein, konzentrieren und fokussieren Sie sich auf den Moment. Beschränken Sie sich auf das Wesentliche, üben Sie auch wegzulassen.

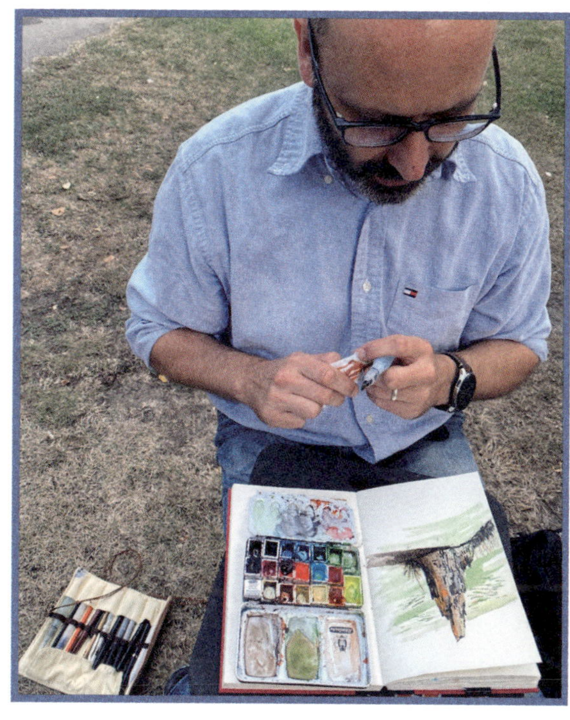

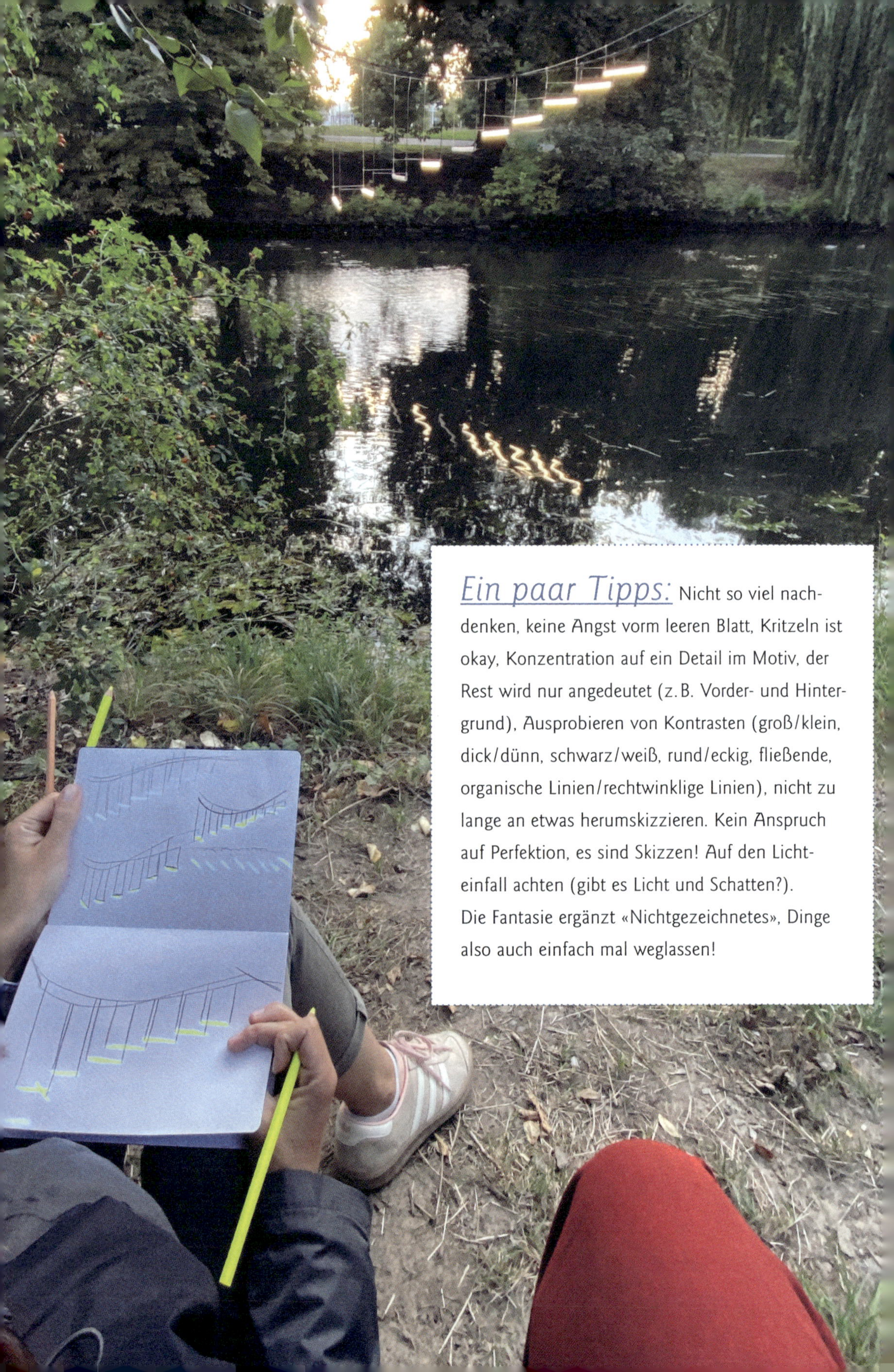

Ein paar Tipps: Nicht so viel nachdenken, keine Angst vorm leeren Blatt, Kritzeln ist okay, Konzentration auf ein Detail im Motiv, der Rest wird nur angedeutet (z. B. Vorder- und Hintergrund), Ausprobieren von Kontrasten (groß/klein, dick/dünn, schwarz/weiß, rund/eckig, fließende, organische Linien/rechtwinklige Linien), nicht zu lange an etwas herumskizzieren. Kein Anspruch auf Perfektion, es sind Skizzen! Auf den Lichteinfall achten (gibt es Licht und Schatten?).
Die Fantasie ergänzt «Nichtgezeichnetes», Dinge also auch einfach mal weglassen!

rechts:
Auch nachts können Sie draußen skizzieren, z.B. mit einem Tablet. So ist die Zeichenfläche gleichzeitig Leuchttisch und Bildschirm.

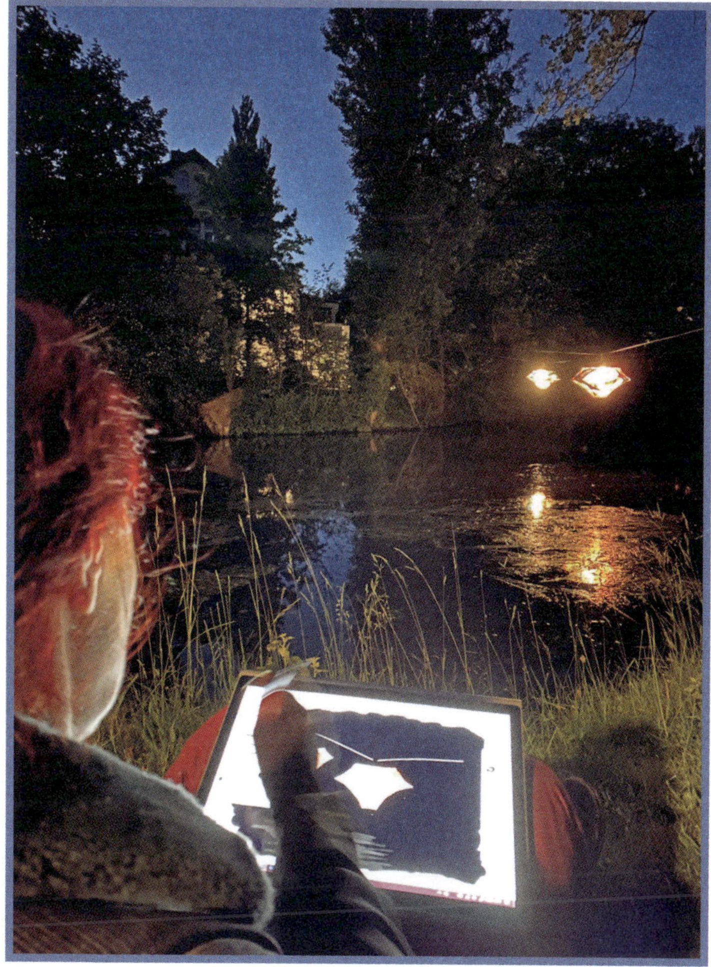

Das Manifest der Urban Sketchers:

1. Wir zeichnen vor Ort, drinnen oder draußen, nach direkter Beobachtung.
2. Unsere Zeichnungen erzählen die Geschichte unserer Umgebung, der Orte, an denen wir leben oder zu denen wir reisen.
3. Unsere Zeichnungen sind eine Aufzeichnung der Zeit und des Ortes.
4. Wir bezeugen unsere Umwelt wahrhaftig.
5. Wir benutzen alle Arten von Medien.
6. Wir unterstützen einander und zeichnen zusammen.
7. Wir veröffentlichen unsere Zeichnungen online.
8. Wir zeigen die Welt, Zeichnung für Zeichnung.

2. Spiegelungen

1. Gehen Sie raus und suchen Sie spannende Motive, die Sie mit frei wählbaren Zeichen- und Malwerkzeugen auf Papier festhalten.
Schauen Sie dabei nicht die Motive direkt an, sondern verwenden Sie einen Handspiegel als Hilfsmittel. Die so im Spiegel entstehende Live-Spiegelung bitte abzeichnen.
Wenn Sie keinen kleinen Spiegel (bis 20×30 cm) besitzen, können Sie auch eine Glasscheibe aus einem Bilderrahmen nutzen. Oder schauen Sie in die Rückspiegel eines Autos, in Spiegelungen eines (Schau-) Fensters, einer Pfütze oder eines Sees.
Achten Sie auf interessante Bildausschnitte, ungewöhnliche Motive und Perspektiven.

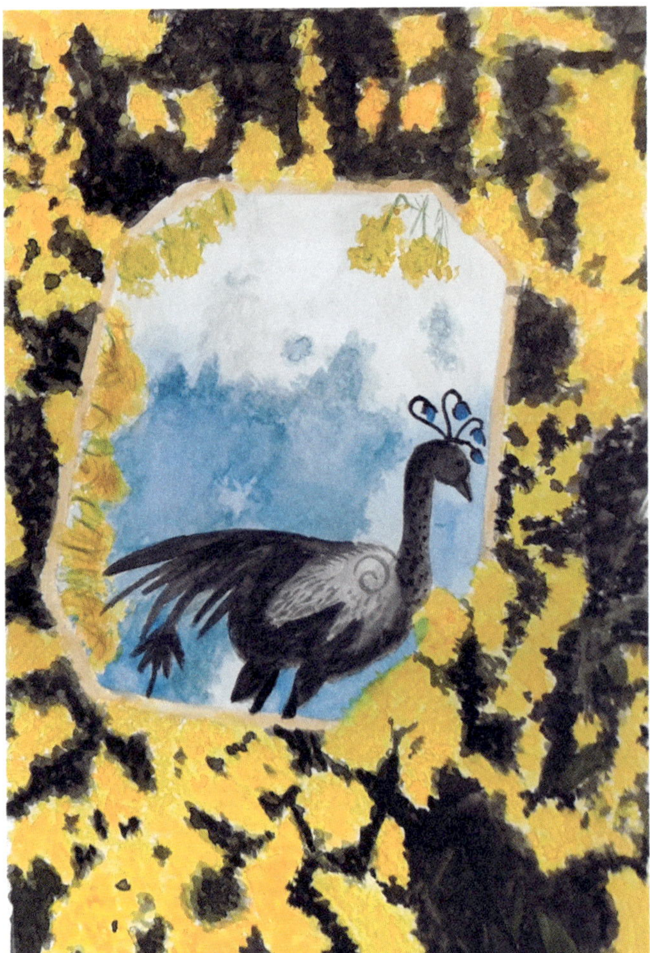

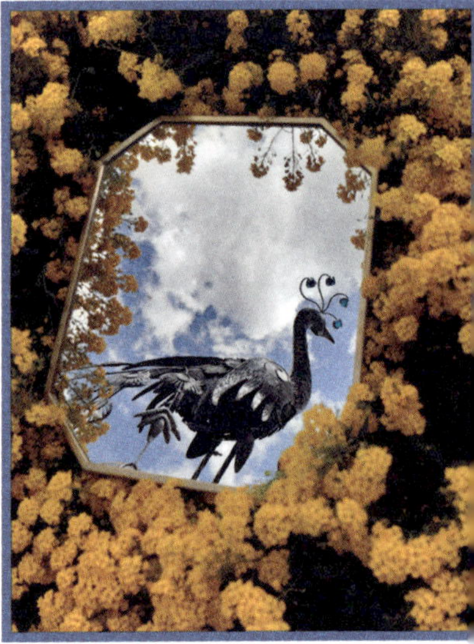

Handspiegelbild einer Schülerin, entstanden in einem öffentlichen Park. Das Spiegelbild zeigt eine bildhauerische Arbeit eines Pfaus.

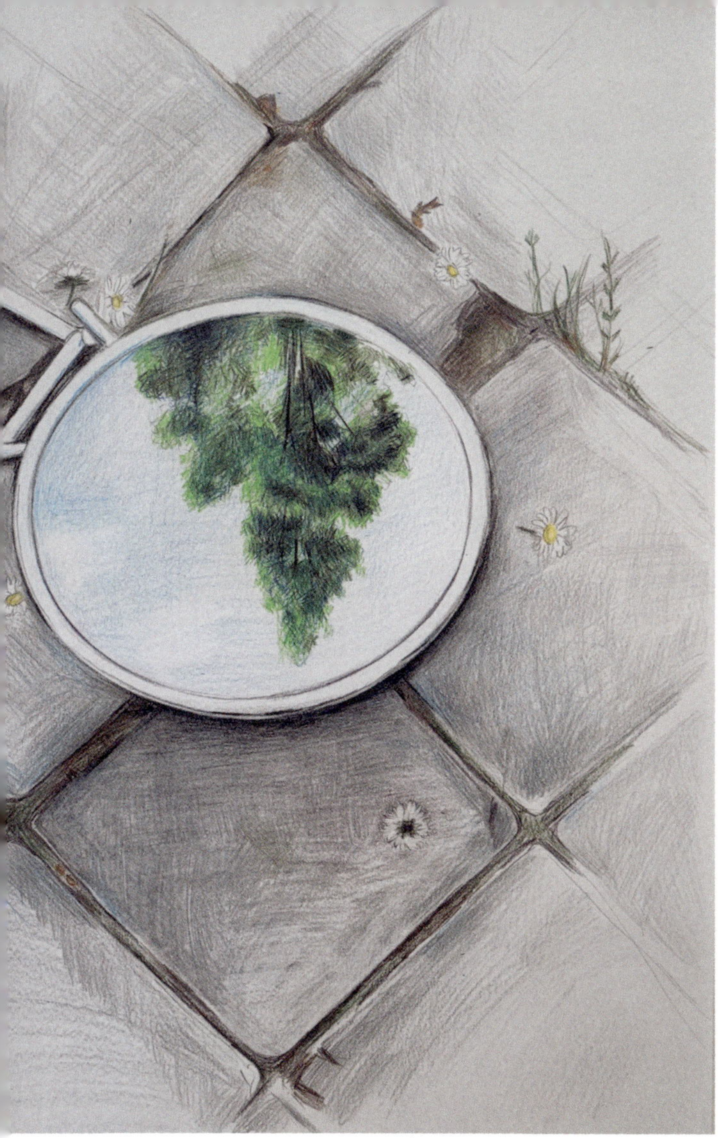

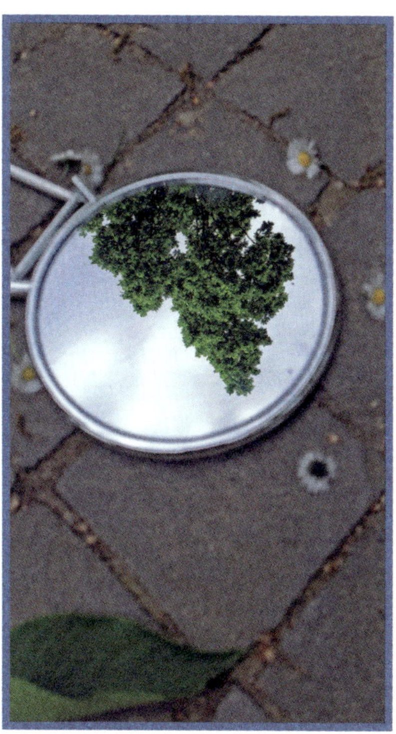

Kosmetikspiegel auf gepflastertem Weg mit Baumspiegelung, von einer Schülerin mit Buntstiften gezeichnet

2. Nachdem (!) Sie die Zeichnung beendet haben, machen Sie ein Dokumentationsfoto mit dem Handy oder einer Kamera. Achten Sie darauf, dass Sie, wenn möglich, die Spiegelung und die Zeichnung gleichzeitig auf einem Foto festhalten.

Materialien: *kleiner Handspiegel, Zeichenpapier, Stifte, Aquarell-Utensilien (nach Bedarf) und Zeichenbrett oder Zeichenunterlage, Handy / Kamera*

Ungewöhnliche Sichtweisen: Ich komme beim Zeichnen, Fotografieren und Gestalten immer wieder auf das Thema «Spiegelungen» zurück. Das liegt daran, dass Spiegelungen zwar unsere Realität abbilden, diese aber immer ein Stück weit abstrahieren und unsere Wahrnehmung so überraschen. Wir haben dadurch die Chance, unsere Umgebung ein bisschen «anders» wahrzunehmen als üblich, im besten Falle ergeben sich durch Spiegelbilder ungewöhnliche Sichtweisen, die uns zu neuen Ausdrucksformen inspirieren.

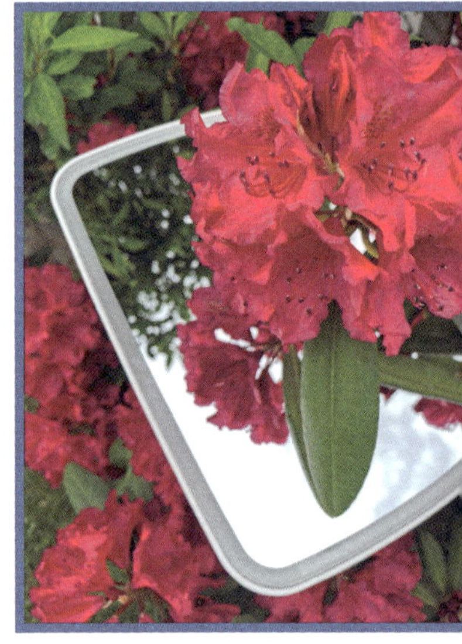

oben und rechts: Handspiegelbild einer Schülerin, entstanden in einem öffentlichen Park mit Hibiskusblüten, mit Buntstift gezeichnet

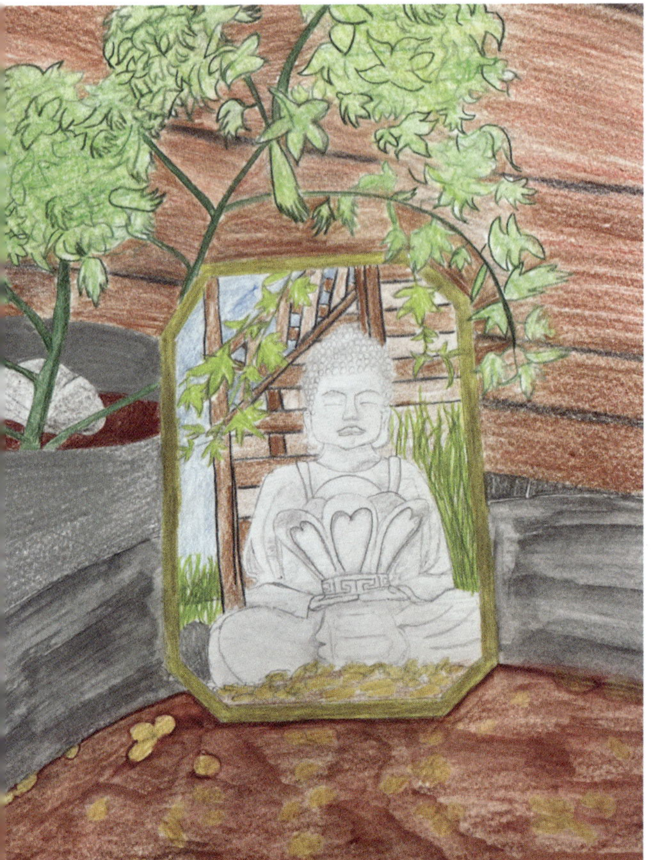

links und unten: Diese Buntstiftzeichnung einer Schülerin erinnert an einen Zen-Garten.

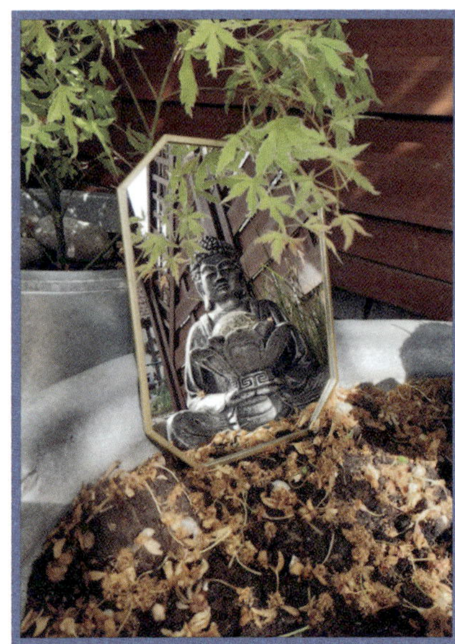

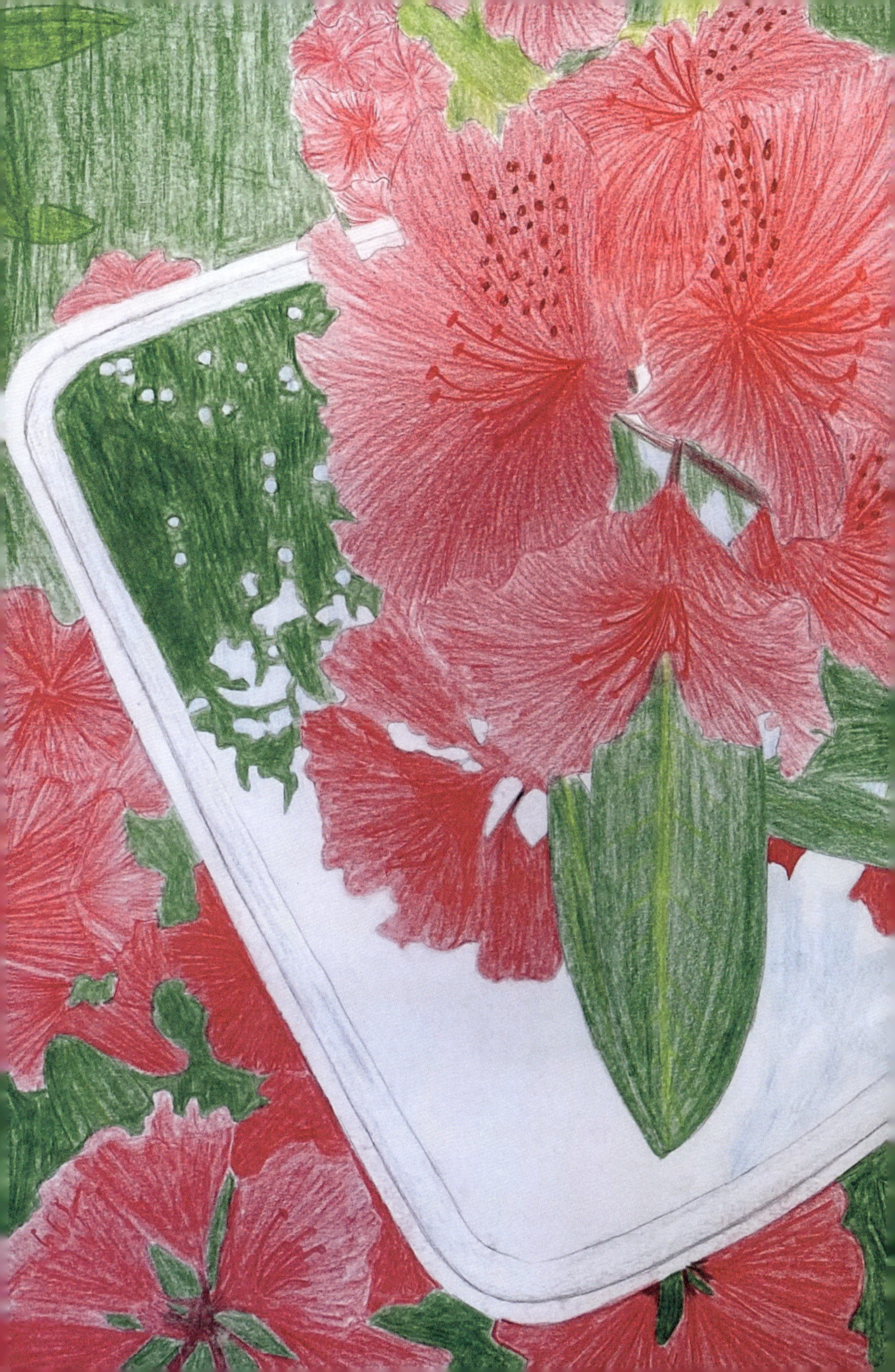

3. Naturmaterial einbinden

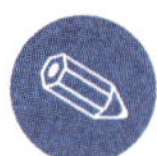

1. Suchen Sie draußen Naturmaterialien organischen Ursprungs, die Ihnen durch Form und Farbe interessant erscheinen. Das können z. B. Blätter, Zweige, Steine sein. Achtung: keinen Müll bzw. Abfall sammeln.

2. Legen Sie diese Materialien (mindestens ein Material, ggf. mehr) auf ein DIN-A4-Zeichenpapier und schauen Sie, wie Sie eine Zeichnung ergänzen können, indem Sie das Naturmaterial in die Bildaussage einbeziehen. Sie können dabei abstrakt bleiben oder gegenständlich werden. Sie können skizzenhaft arbeiten oder für ein Bild mehr Zeit verwenden und es z. B. farbig ausarbeiten.

3. Machen Sie im Malprozess und anschließend Fotos von den Ergebnissen, denn das Werk ist aufgrund der Naturmaterialien nicht von langer Dauer.

links:
mit Fineliner und Buntstift gezeichneter Blumenstrauß in einer Vase, auf Basis von Blüten und Blättern

rechte Seite:
Hagebuttenzweige und Herbstlaub dienen als Bühne für das mit Buntstift gezeichnete Eichhörnchen. Auch die Komposition auf dem Blatt ist sehr gelungen.

Materialien: *DIN-A4-Papier, Naturmaterialien, Zeichen- und Malmaterialien, Zeichenbrett oder Zeichenunterlage, Handy / Kamera*

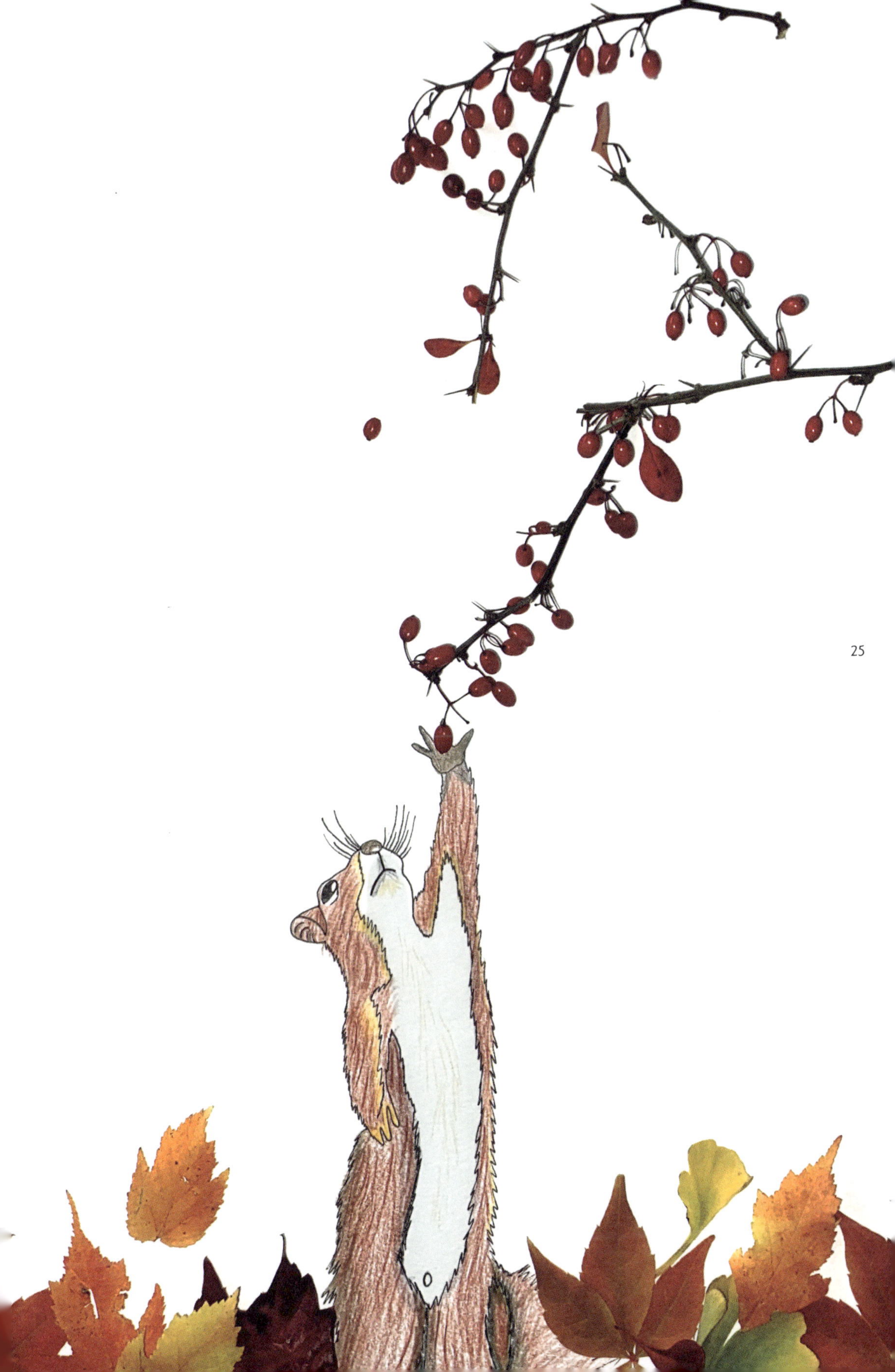

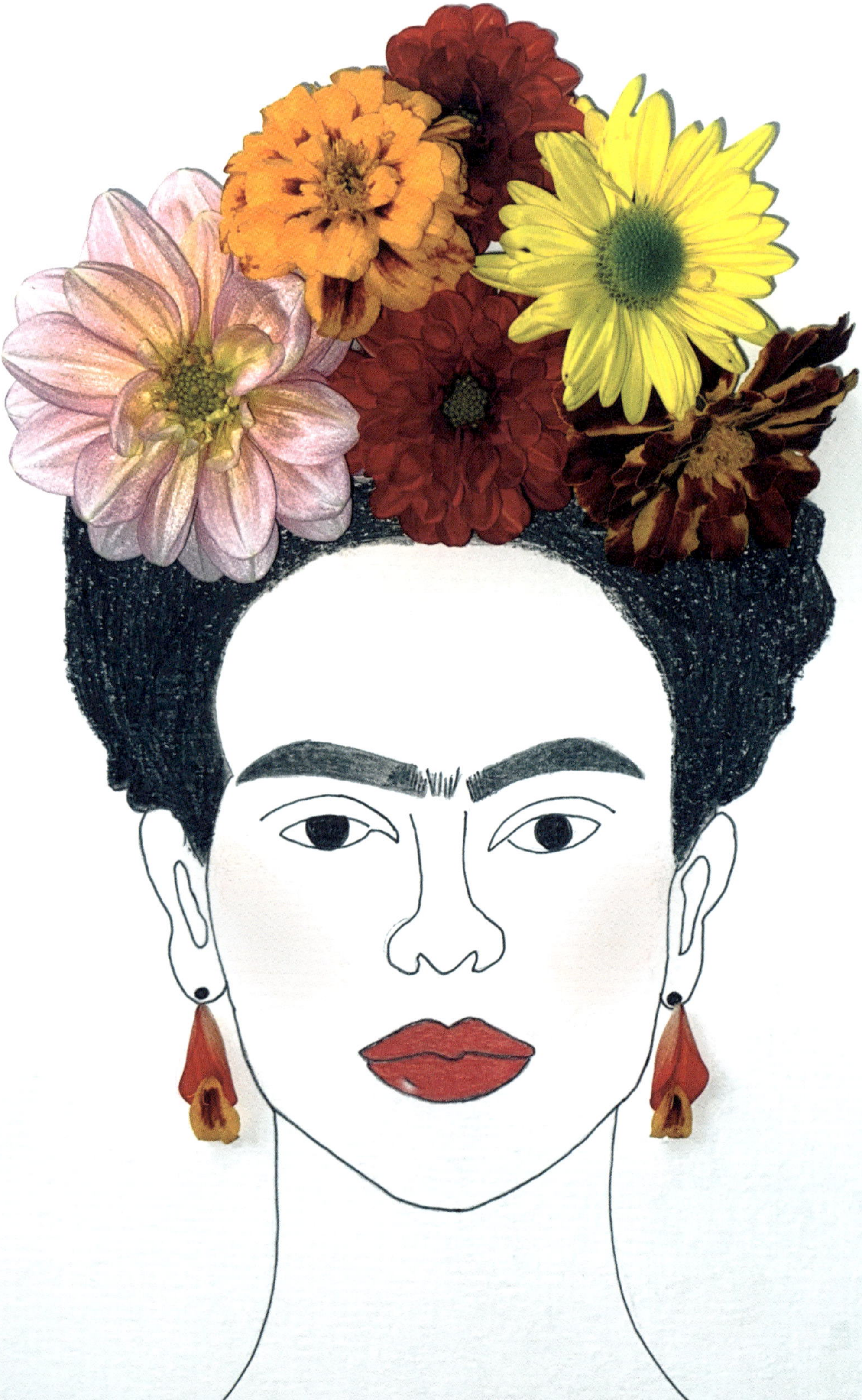

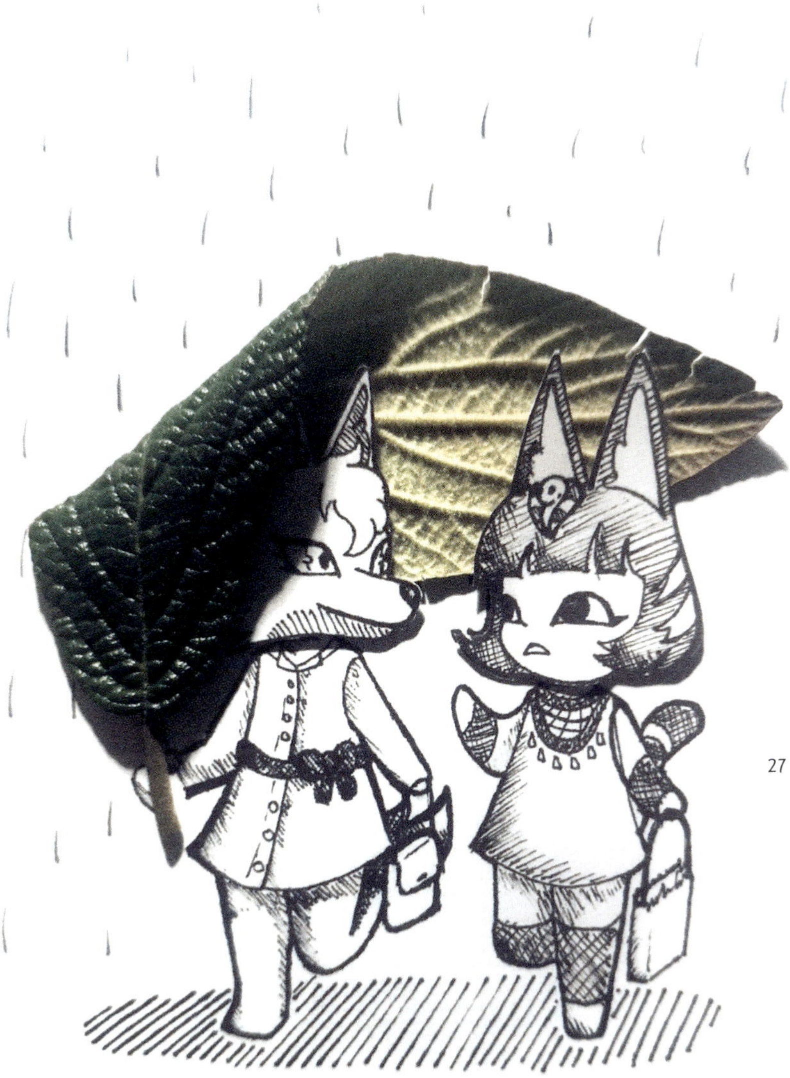

linke Seite:
Unverkennbar sehen Sie hier eine Hommage an die Künstlerin ***Frida Kahlo****, die sich oft selbst mit Blumenkränzen im Haar gemalt und gezeigt hat. Die Idee, Blumen und Blüten mit ihr als Person zu verknüpfen, ist einfach, aber dennoch sehr gut!*

oben: Ein fleischiges Blatt dient bei dieser illustrativen Umsetzung als Regenschutz für die beiden gezeichneten Charaktere Fuchs und Katze. Die Zeichnung wurde anschließend ausgeschnitten und dann auf bzw. in das Blatt gelegt. Schön ist auch, wie hier der Schatten des Blattes fotografisch eingefangen wurde und Teil des Bildes wird.

4. Spuren im Sand

Sand als Zeichenmaterial ist eher ungewöhnlich und nicht ganz so einfach, wie es sich vielleicht anhört. Durch die sand-typischen Eigenschaften werden Ihre Gestaltungen abstrahiert. Daher ist es ratsam, sich in Form, Farbe, Genauigkeit des Strichs und in den Bilddetails zu reduzieren. Aber genau das macht das Medium Sand gleichzeitig so spannend!

1. Experimentieren Sie mit verschiedenen Sand-Qualitäten und Zeicheninstrumenten aus der Natur, die Sie vor Ort finden. Werden Sie im ersten Schritt nicht dreidimensional, sondern bleiben Sie in der Fläche. Welche Bilder entstehen? Welche Botschaften «schreiben» Sie in den Sand? Was möchten Sie erzählen und hat der Ort etwas damit zu tun? Sie können abstrakt bleiben und Strukturen, Muster, Linien, Flächen entstehen lassen oder Sie werden gegenständlich und zeichnen z. B. Figuren, Wörter, Objekte.
Sie können auch weitere Naturmaterialien für die Visualisierung nutzen (Muscheln, Steine), der Sand sollte aber mehr als nur Hintergrund sein.

unten: Eine simple Idee! Flaschenboden-Abdrücke werden zu Gesichtern bzw. Emojis – die einfachste Form der Kommunikation.

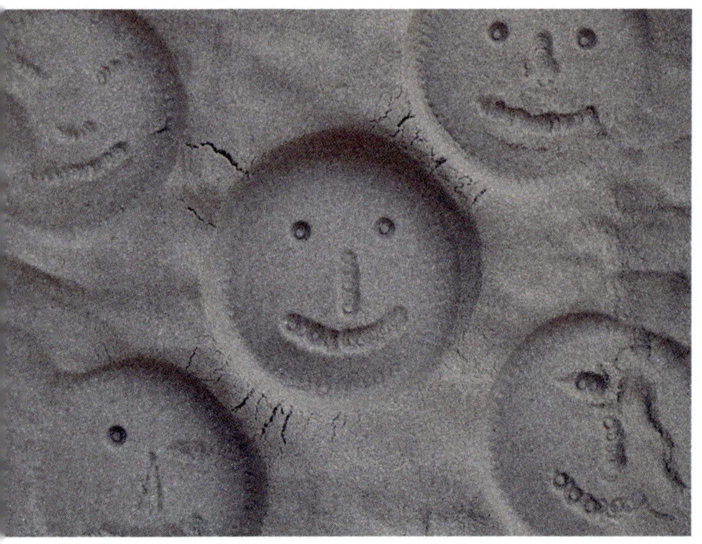

rechts: Ein Segelboot in eine Düne geritzt und gezeichnet. Das erfordert Geduld und Können sowie die richtigen Werkzeuge und den perfekten Untergrund (der Sand sollte etwas feucht sein). Die Negativformen werden durch den Schatten anschaulich plastisch.

Materialien: *Sandboden, Stock o.Ä., Zeicheninstrumente, Schaufel, Naturmaterialien, Handy / Kamera*

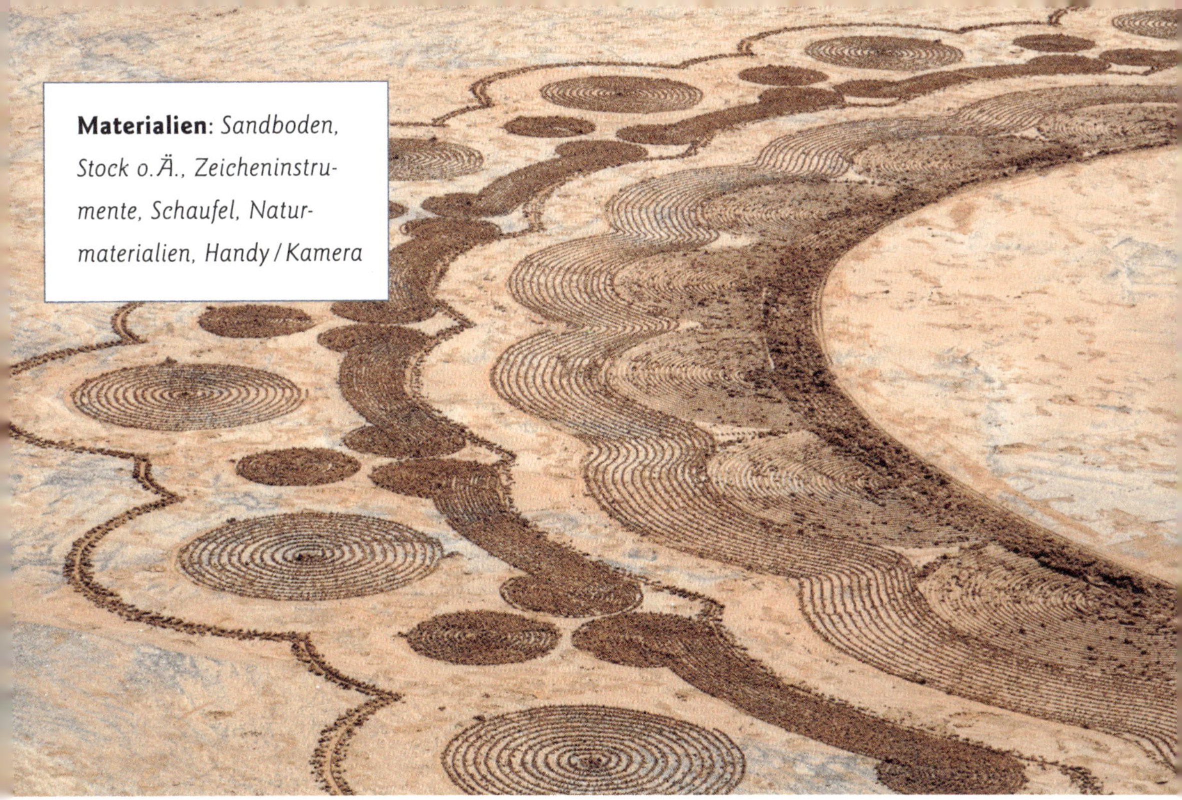

oben: Abstrakte, geometrische Formen werden beim Gehen in den Sand geritzt (funktioniert genauso gut mit Schnee → *siehe Seite 148**).*

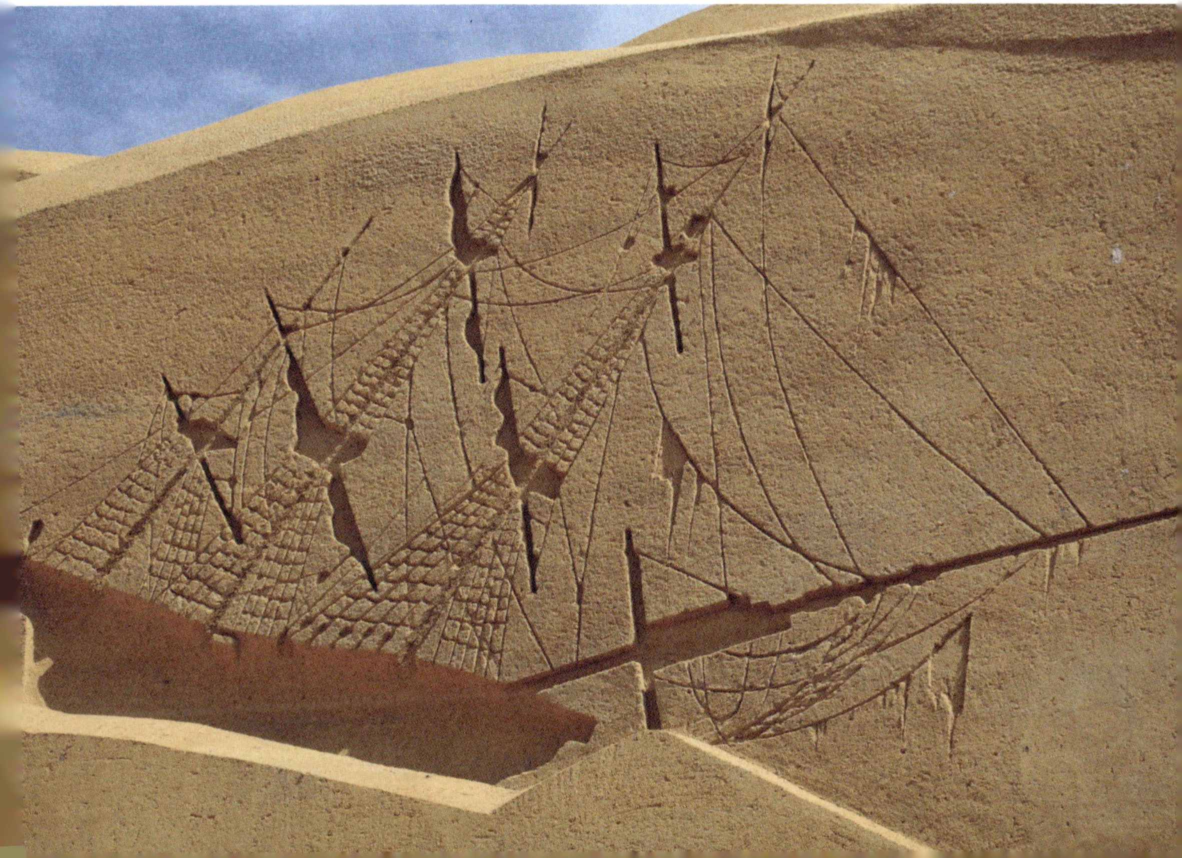

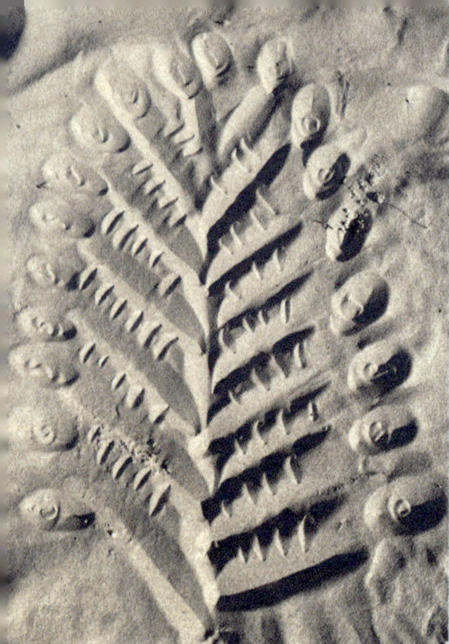

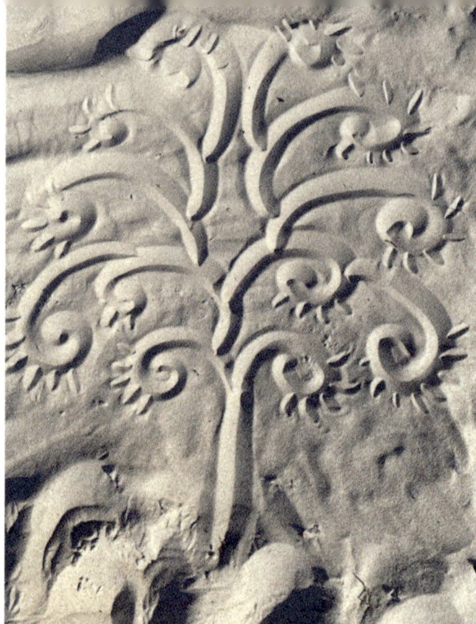

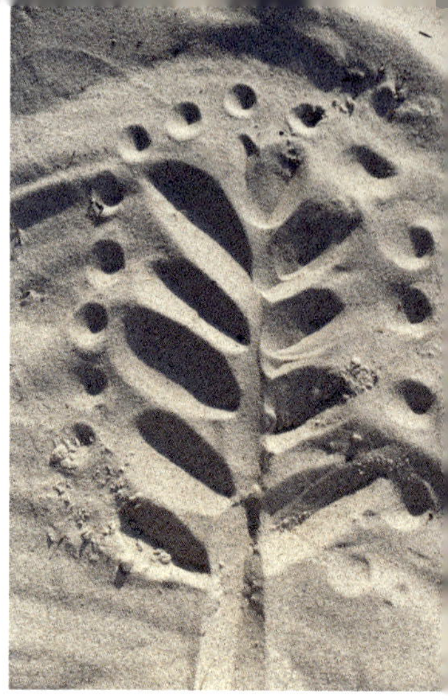

oben: schnelle, florale Zeichnungen von mir mit einem Stock in weichen Ostsee-Sand gezeichnet

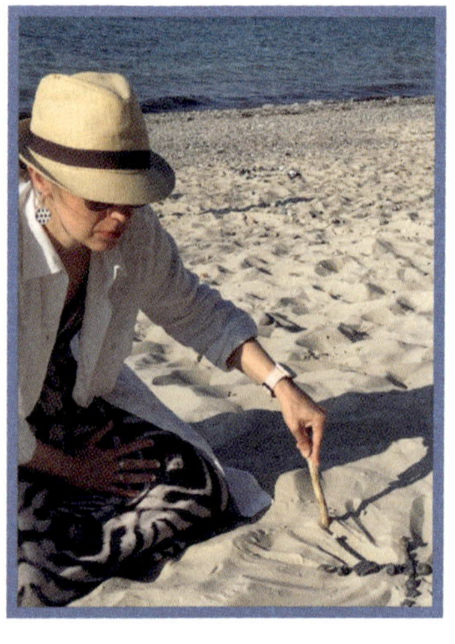

Gut zu wissen: Schon die alten Ägypter formten aus Sand Architekturmodelle, um sich der dreidimensionalen Wirkung der geplanten Pyramiden bewusst zu werden. Naturvölker, wie die australischen Aborigines, modellieren seit jeher Figuren aus Sand. Als eigene Kunstform (**Sand-Carving**) kam es in den 1960er-Jahren an der amerikanischen Westküste auf. Inzwischen gibt es weltweit Sand-Festivals und Weltmeisterschaften.

unten: auf meinem Handtuch sitzend, mit dem Finger Porträts in den Ostsee-Sand gezeichnet

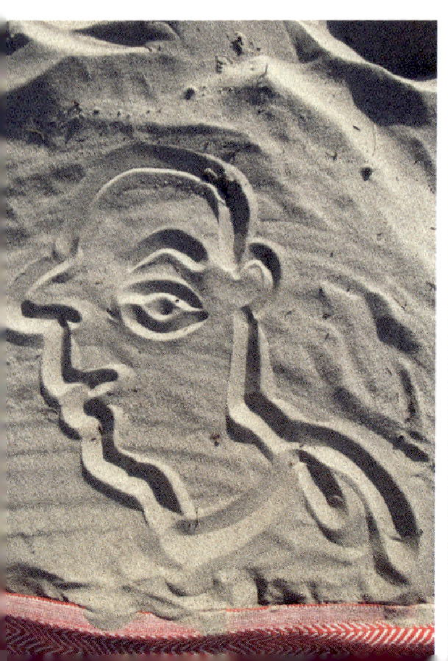

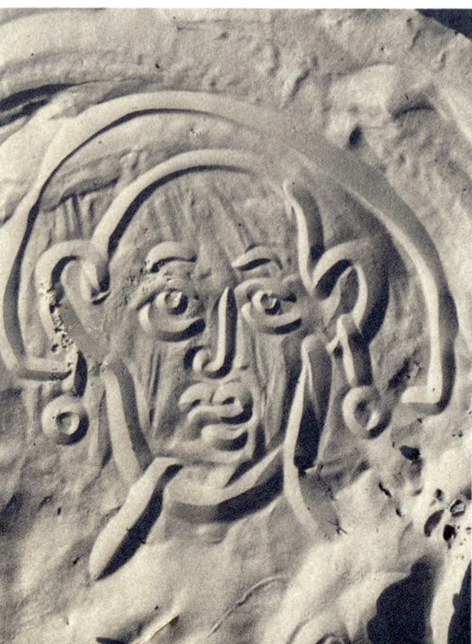

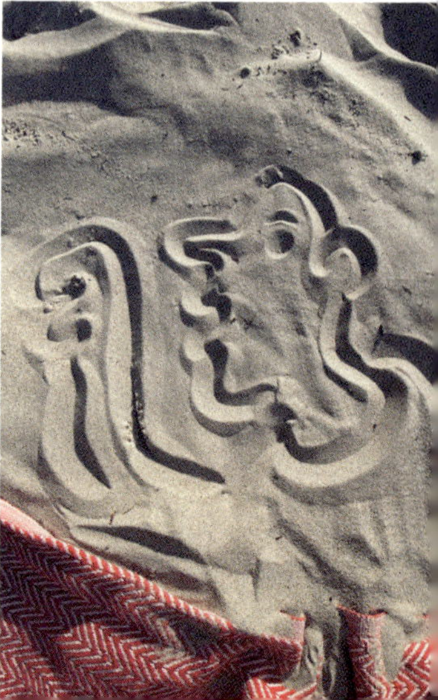

rechts: Arbeit eines professionellen Sandskulpturen-Teams auf einem Sand-Carving-Wettbewerb

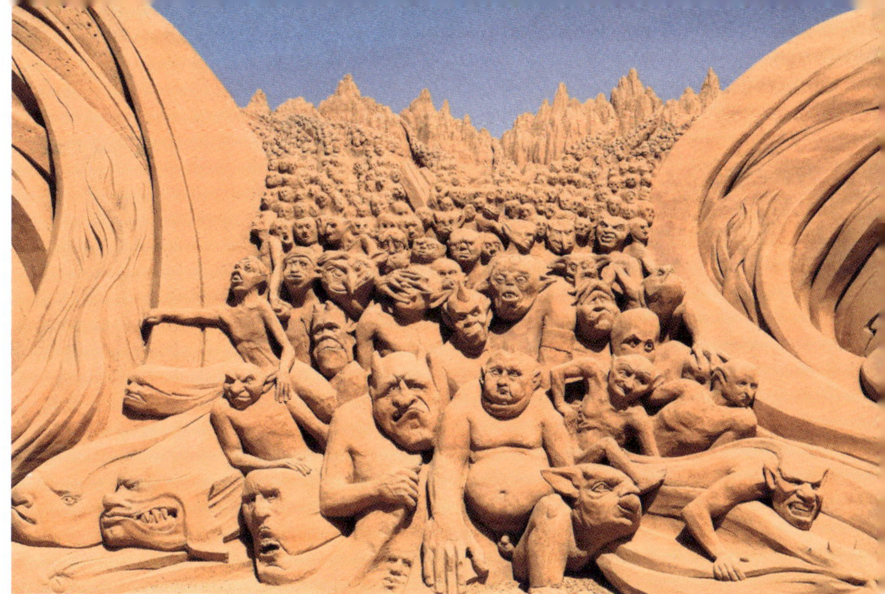

2. Jetzt dürfen Sie dreidimensional werden: Bauen Sie Burgen, Mensch und Tier – alles, worauf Sie Lust haben. Vielleicht bauen Sie gemeinsam mit anderen? Vergessen Sie nicht, das Ergebnis zu fotografieren.

unten: Spontane Kunst an einem Strand mit den vorgefundenen Materialien. Entstanden ist eine Installation, die abstrakt an eine Stadt oder Landkarte erinnert.

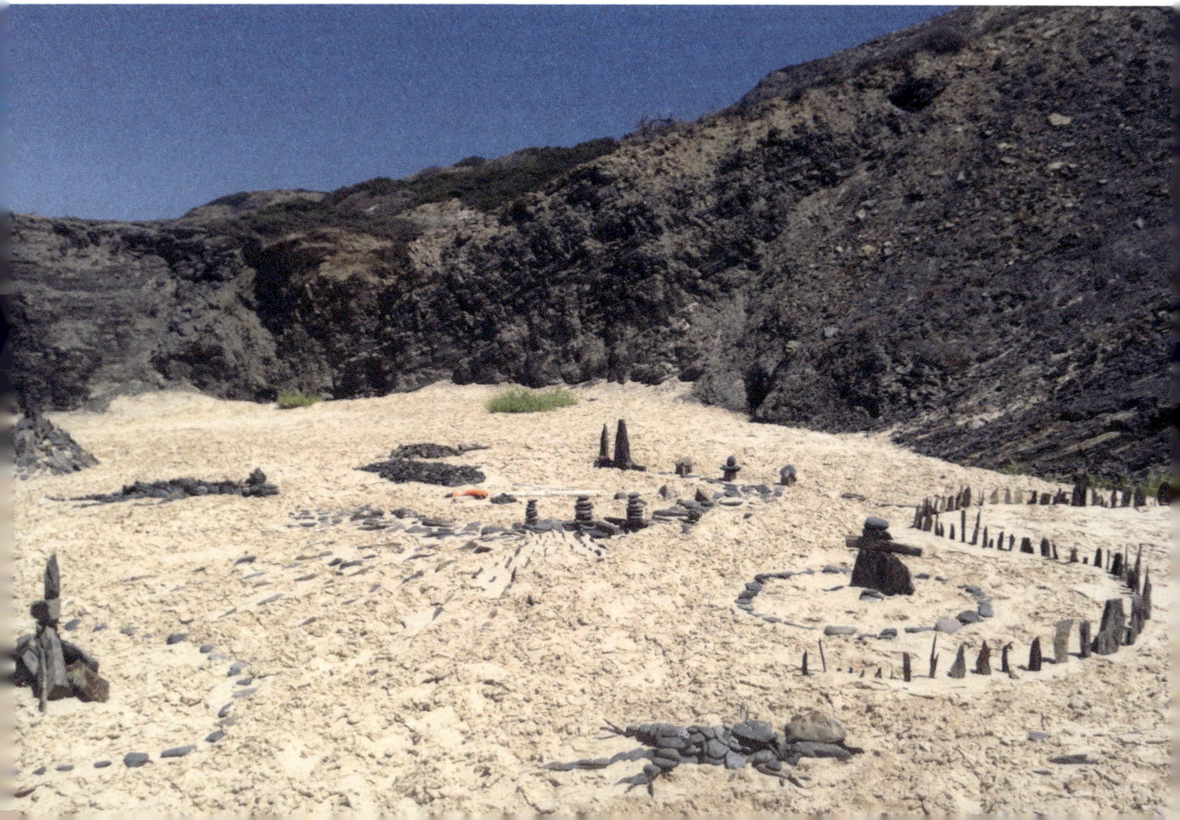

5. Fotos überzeichnen

Fotografien als Ausgangspunkt zu nehmen, um diese künstlerisch weiterzubearbeiten, sie z. B. zu überzeichnen, hat als Kreativ-Methode eine lange Tradition in der bildenden Kunst.

Gehen Sie mit der Absicht spazieren, Fotos zu machen, die sich dazu eignen, sie im Nachhinein als Zeichen- und Maluntergrund zu verwenden. Dabei sollten im anschließenden Übermalungsprozess die Bildinhalte des Fotos nach Möglichkeit thematisch aufgegriffen und weiterentwickelt werden. Es geht also nicht nur ums bloße Überzeichnen und Übermalen, sondern um die Korrespondenz von Fotografie und Zeichnung/Malerei und um die wechselseitige Ergänzung beider Techniken.
Sie haben zwei Möglichkeiten, die Fotografien zu gestalten: Entweder können Sie die Fotos ausdrucken und mit Stift, Farbe, Pinsel übermalen/überzeichnen oder Sie arbeiten digital mit einer Zeichensoftware (***Procreate, Photoshop*** ...).

rechte Seite: Einfache Strichzeichnungen, digital mit Procreate gezeichnet, lassen aus den langweiligen Landschaftsfotos kleine Bildergeschichten entstehen.

Gut zu wissen: Wenn Sie im Fotoprozess monochrome Flächen (Himmel, Schnee, Felder, Hausfassaden, Mauern, Böden etc.) finden und abbilden, können diese anschließend genug Ruhe und ausreichend Bühne für Ihre Zeichnungen bieten. So ist garantiert, dass Ihre Zeichnungen auf einem beruhigten fotografischen Untergrund stehen und den höchstmöglichen Kontrast bieten.

Materialien: *Handy/Kamera, Foto-Ausdrucke oder digitale Fotos, Farben, Stifte, Pinsel, Tablet, Zeichensoftware, Rechner, Drucker*

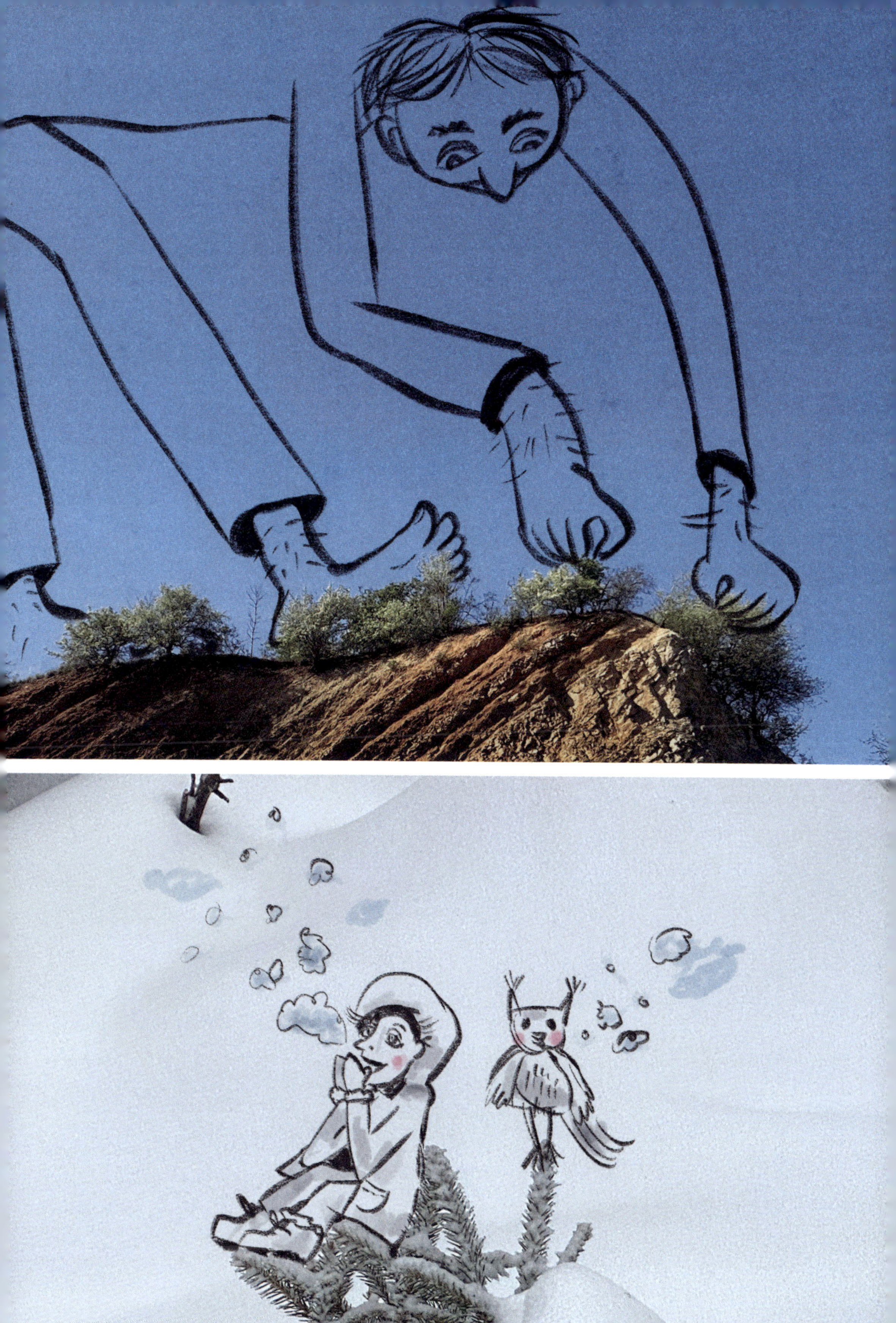

Land-Art

34

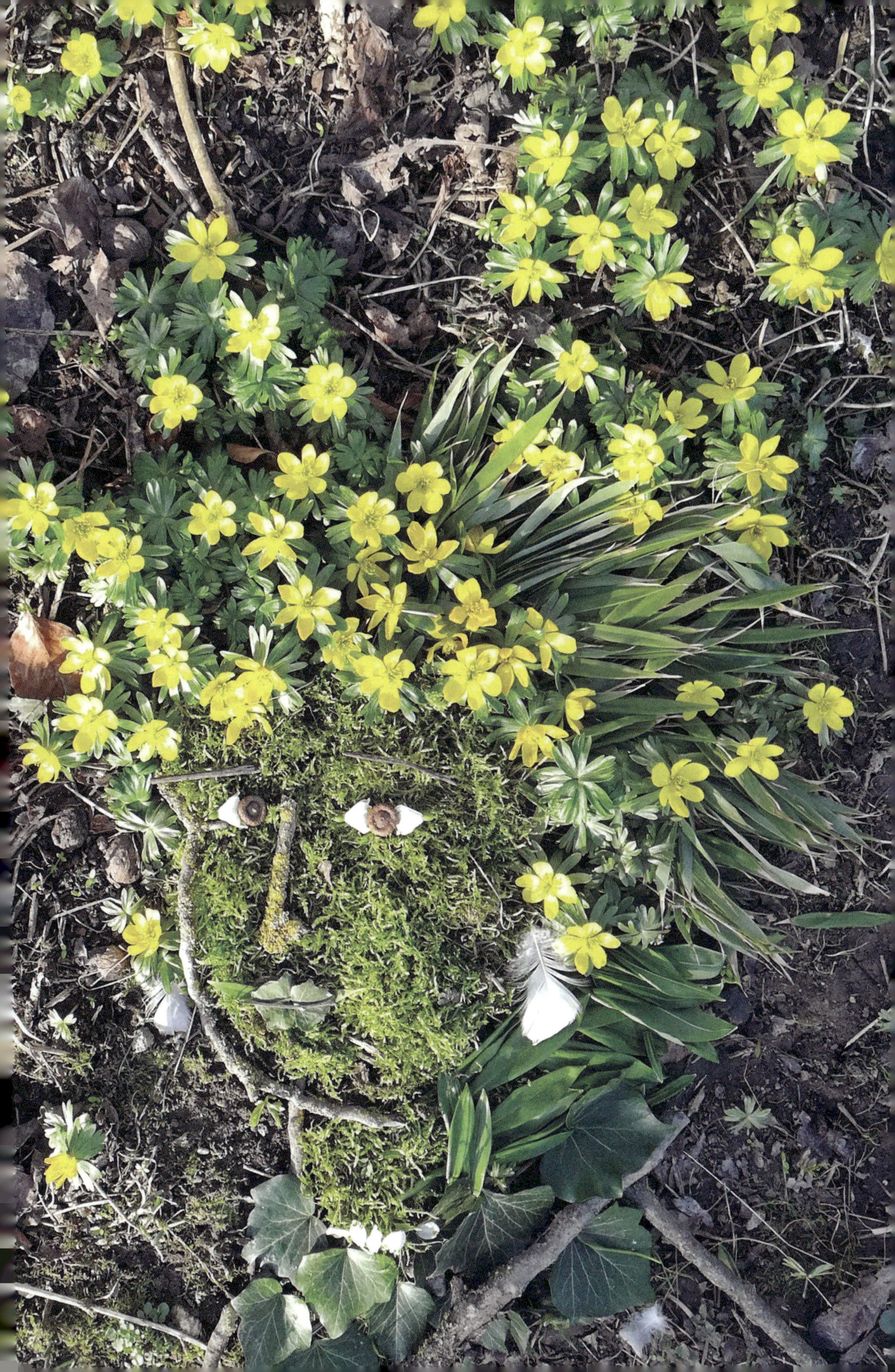

6. Vorbild Regenbogen

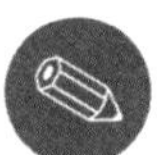

1. Gehen Sie raus in die Natur und versuchen Sie, Naturmaterialien verschiedener Farbigkeiten zu sammeln. Nehmen Sie sich dabei den Regenbogen mit seinem siebenfarbigen Verlauf als Vorbild. Es ergeben sich sieben mögliche Farben und deren Abstufungen: Rot, Orange, Gelb, Grün, Blau, Indigo, Violett.
Sammeln Sie die verschiedenen Farben in separaten Tüten, Dosen oder Klarsichthüllen. Versuchen Sie möglichst viele Abstufungen (Tönungen) einer Farbe zu bekommen, also z.B. fünf Rottöne, sechs Orangetöne, vier Gelbtöne etc.

2. Nehmen Sie die Sammlung und breiten Sie diese auf einem neutralen Untergrund aus (draußen: z.B. eine Wiese, ein Betonplatz oder drinnen: Fußboden, große Papierbahn). Versuchen Sie dabei, die Farben als Verlauf zu legen. Experimentieren Sie mit verschiedenen Legeformen (kreisrund, als lange Bahn/breite Streifen, unterschiedliche Formen nach Farben sortiert ...).

3. Fotografieren Sie sowohl während des Sammelns als auch Ihre gelegten Ergebnisse.

rechts: kein ganzer Regenbogen, aber eine tolle Sammlung aller Herbstfarben von Laubblättern

Land-Art: **Land-Art** als eigene Kunstrichtung entstand wahrscheinlich Ende der 1960er-Jahre in den USA. Dort ist sie auch unter dem Begriff ***Earth Works*** bekannt.
Inzwischen gibt es auf der ganzen Welt viele Kreative, die sich künstlerisch in den Austausch mit der Natur begeben und daraus temporäre Kunstwerke schaffen. Der wohl bekannteste Vertreter ist ***Andy Goldsworthy***. Schauen Sie sich gern mal seine beeindruckenden Arbeiten an!

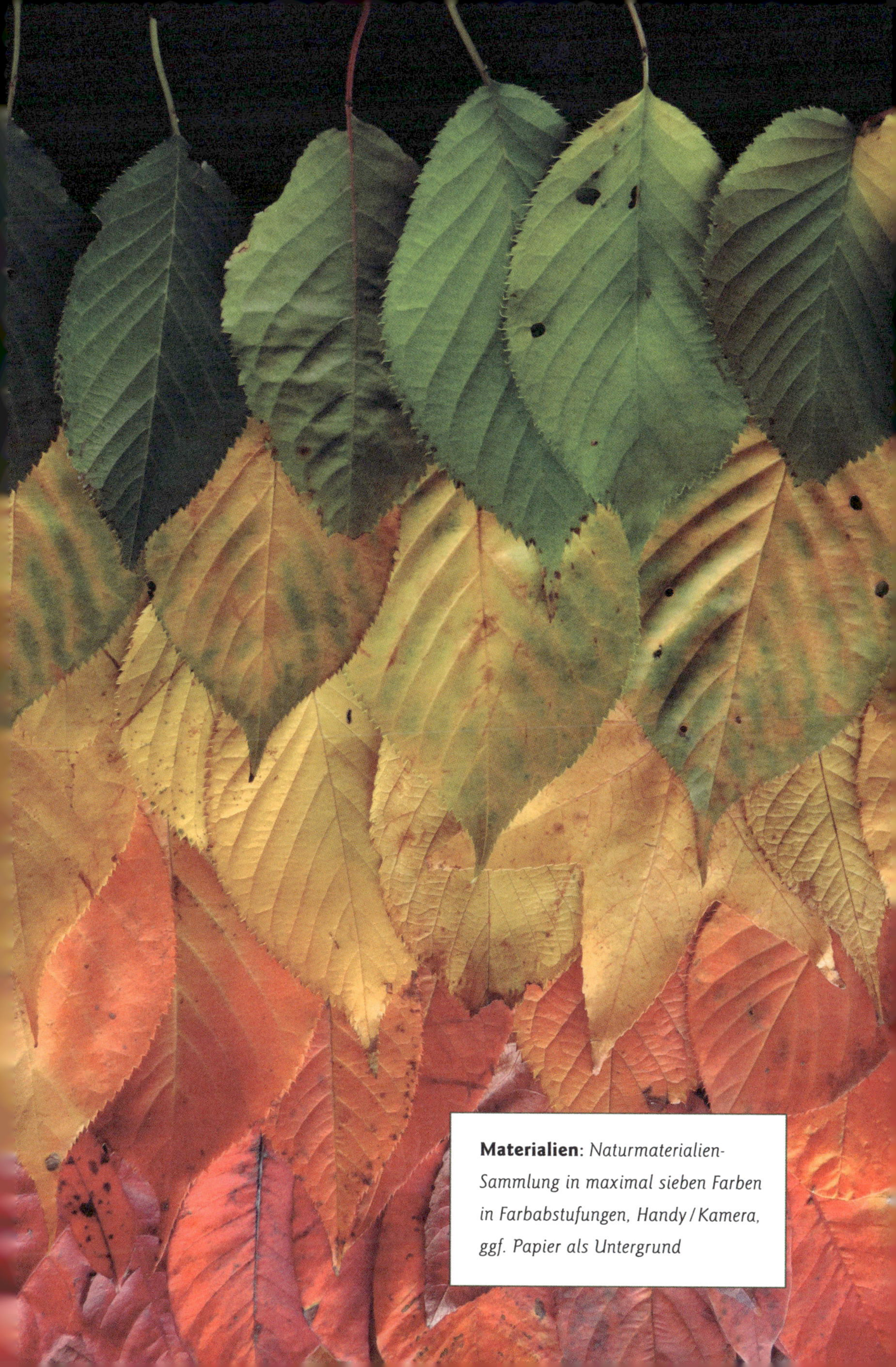

Materialien: *Naturmaterialien-Sammlung in maximal sieben Farben in Farbabstufungen, Handy / Kamera, ggf. Papier als Untergrund*

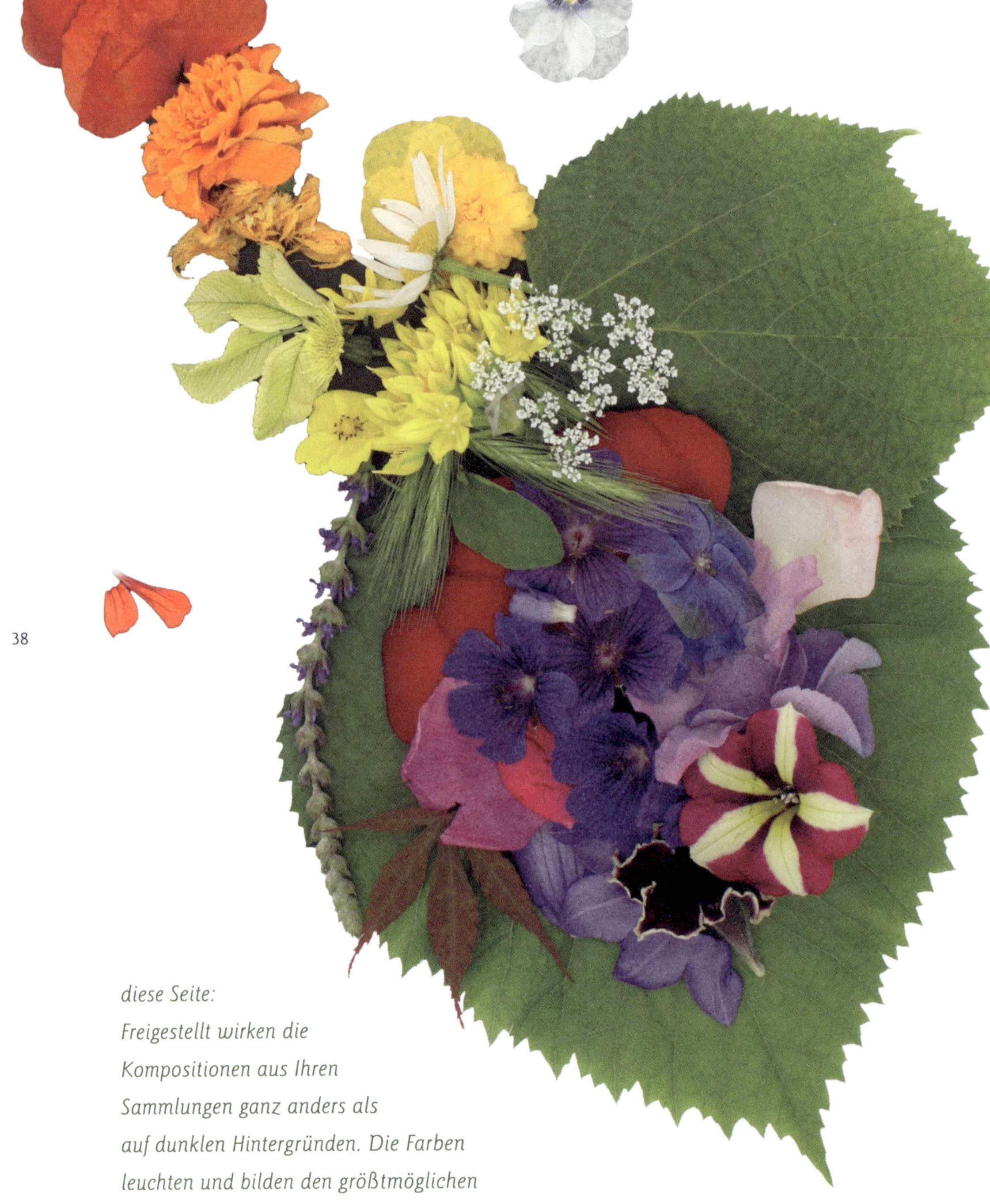

diese Seite:
Freigestellt wirken die Kompositionen aus Ihren Sammlungen ganz anders als auf dunklen Hintergründen. Die Farben leuchten und bilden den größtmöglichen Kontrast. Es lohnt sich daher, verschiedene Hintergründe auszuprobieren, um die von Ihnen gewünschte Wirkung zu erhalten.

rechts: Diese Teamarbeit von Schüler:innen wirkt wie ein Mandala und wurde unter Studiobedingungen fotografiert.

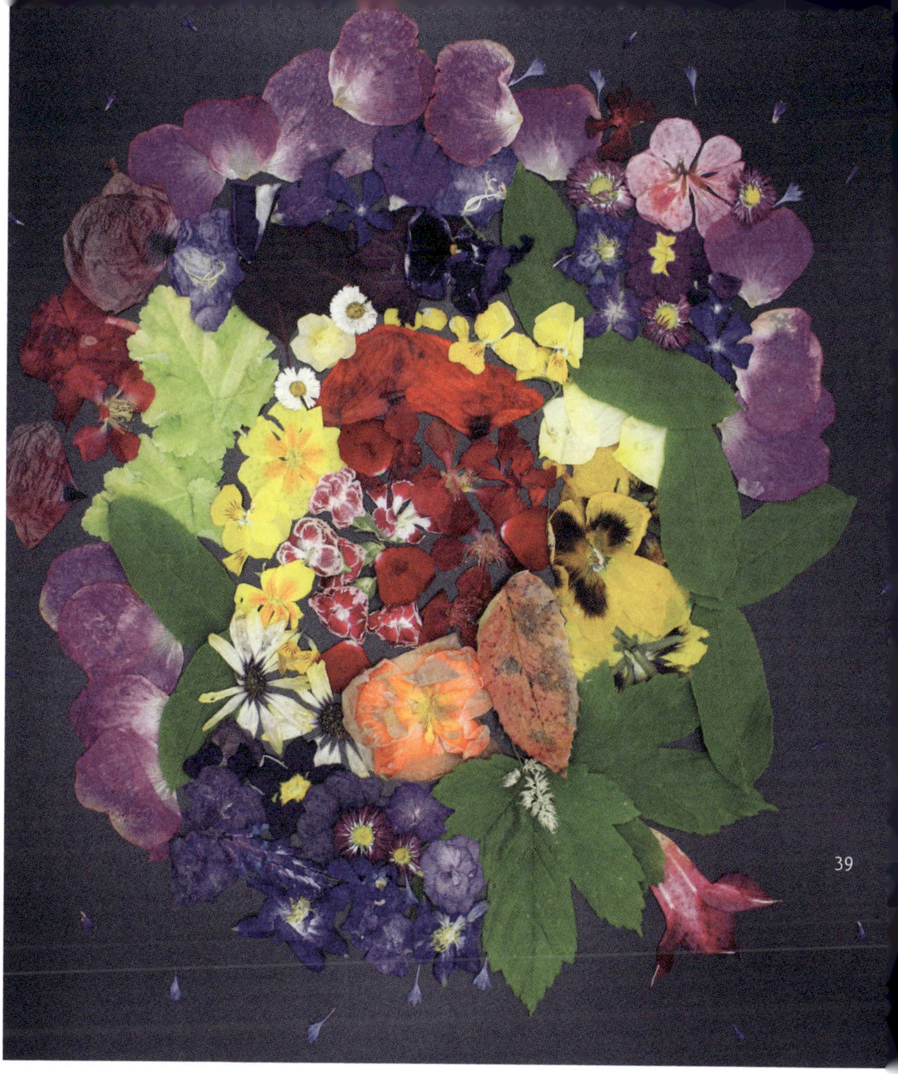

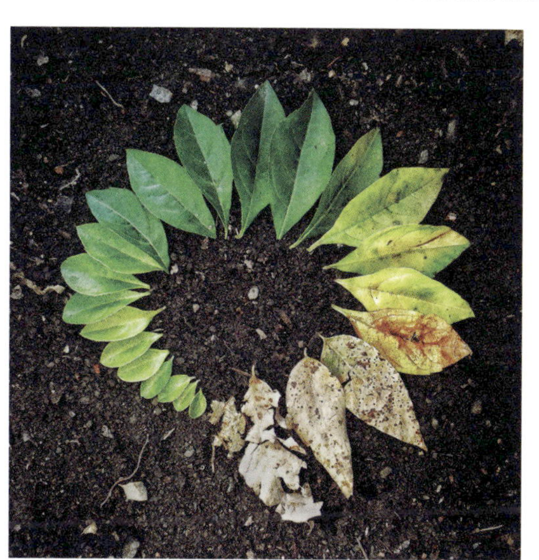

Varianten: Statt eines Farbverlaufs können Sie alternativ symbolisch einen Blattzyklus von der Entstehung bis zum Verfall legen, siehe linkes Bild. Oder Sie sammeln anstelle des ganzen Regenbogen-Spektrums nur eine Farbe mit all ihren Abstufungen und legen diese zu einem Bild. Welche Formen fallen Ihnen noch ein? Sie können die Naturmaterialien auch vorab pressen oder hinter Glas einfassen, in Harz gießen, Schmuck daraus fertigen …

7. Schwimmende Wasserkunst

1. Bauen Sie schwimmende Objekte. Das können Objekte aus gefundenen Naturmaterialien oder Objekte aus Papier sein, die Sie kunstvoll zu Wasser lassen und dabei als Aktion zeitgleich fotografieren.
Sie können in Serie arbeiten, d.h. Sie bauen mehrere gleiche Objekte oder auch verschiedene Einzelstücke und lassen diese zeitversetzt oder gemeinsam zu Wasser.

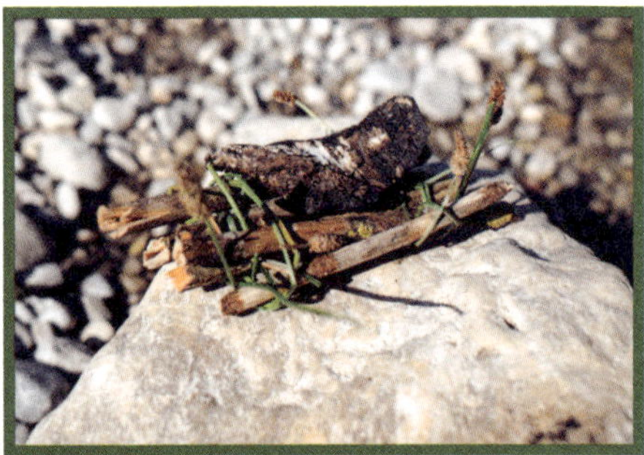

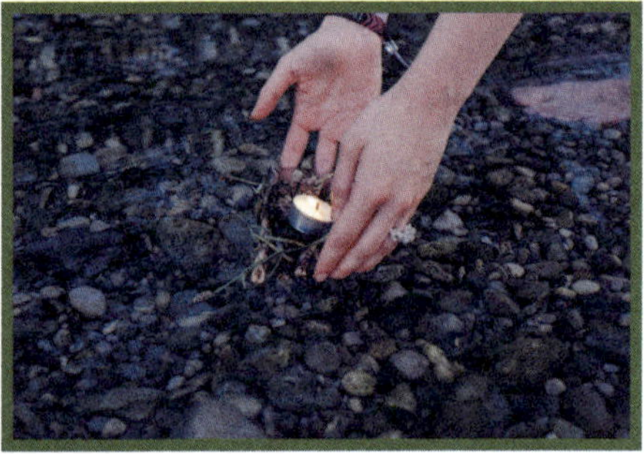

2. Formal: Welche ästhetischen Voraussetzungen könnten Sie Ihren schwimmenden Objekten vorab zuweisen? Fotografisch: Welches Objektiv müssen Sie verwenden, um die Szene gut einzufangen?

3. Überlegen Sie sich dazu einen stimmigen Bildtitel/eine Überschrift (Name der Objekte, Motto der Aktion etc.). Vielleicht sagt der Titel auch etwas über Ihre Intention aus oder schafft eine Atmosphäre, die das Bildmaterial unterstützt und deren Bedeutung unterstreicht.

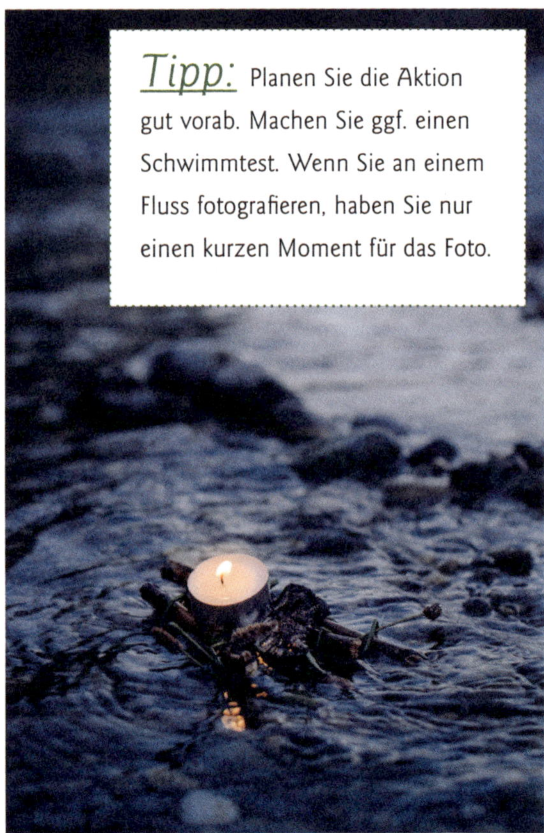

Tipp: Planen Sie die Aktion gut vorab. Machen Sie ggf. einen Schwimmtest. Wenn Sie an einem Fluss fotografieren, haben Sie nur einen kurzen Moment für das Foto.

diese Seite: kleines Floß für ein Teelicht aus Ästen, verbunden mit Gras

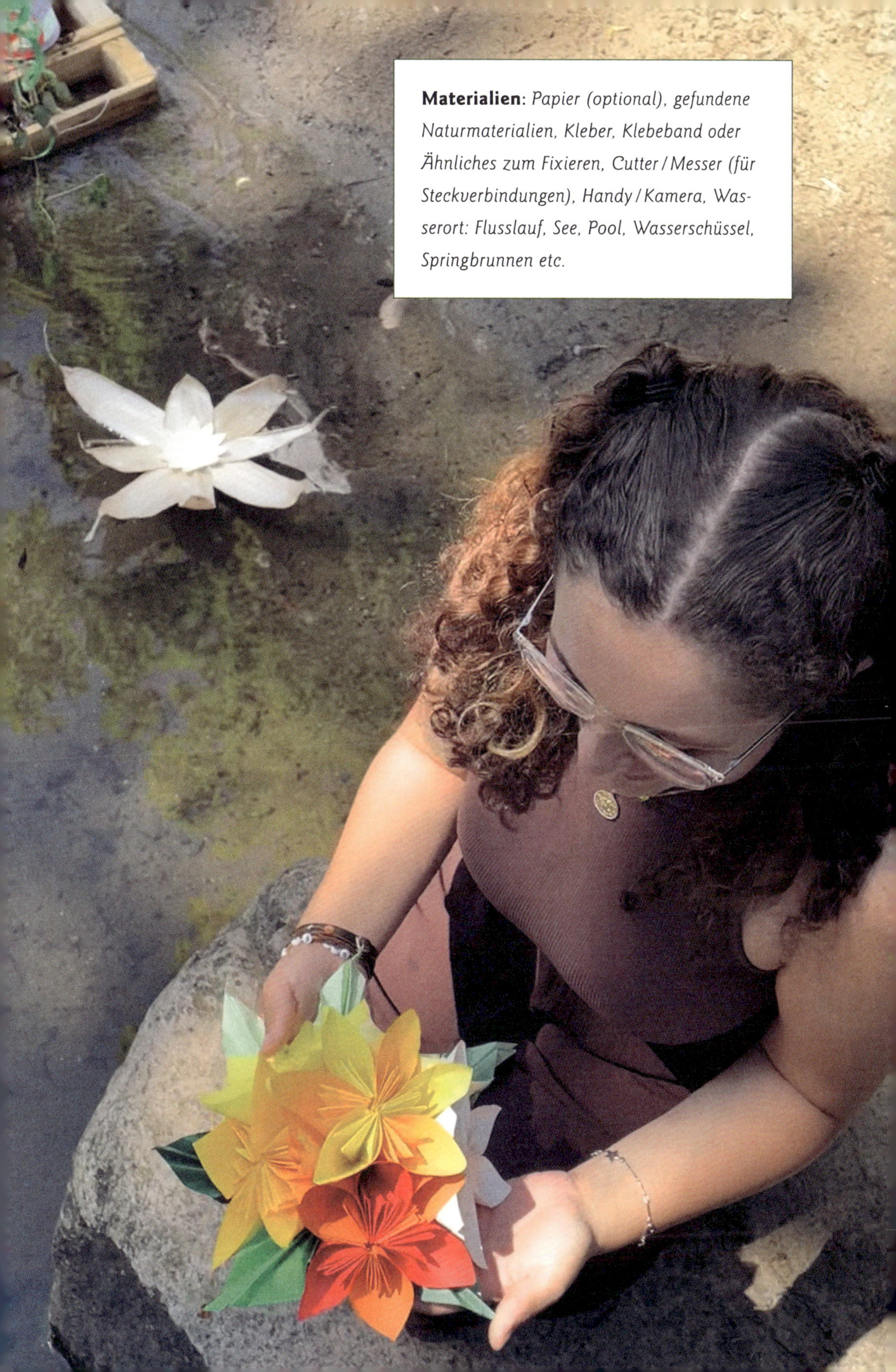

Materialien: *Papier (optional), gefundene Naturmaterialien, Kleber, Klebeband oder Ähnliches zum Fixieren, Cutter / Messer (für Steckverbindungen), Handy / Kamera, Wasserort: Flusslauf, See, Pool, Wasserschüssel, Springbrunnen etc.*

8. Mosaikbilder legen

1. Sammeln Sie interessant erscheinende Äste, Zweige, Blüten und Blütenblätter, Früchte und Blattwerk von Bäumen und Sträuchern.

2. Legen Sie diese nun zu mosaikartigen Bildern auf einen monochromen, kontrastreichen Hintergrund. Spielen Sie mit Wiederholung, Rhythmus, geometrischen Formen, Symmetrie. Legen Sie Varianten und halten Sie diese mit dem Fotoapparat fest.

3. Sie können auch gegenständlich und konkret werden: Nutzen Sie Ihre Sammlung, um Porträts zu legen. Das können bekannte Persönlichkeiten sein – oder Sie arrangieren mit Ihren gefundenen Materialien ein Selbstporträt.

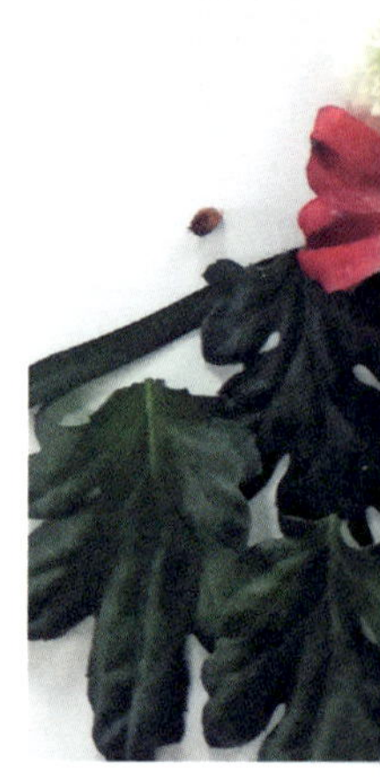

rechts oben:
schnell gelegte charakteristische Porträts

unten:
Naturmosaike auf Basis von Symmetrie und Geometrie, kreisförmig gelegt, mit Wiederholung gespielt, dazu passender, kontrastierender Hintergrund, alle Arbeiten von der Land-Art-Künstlerin **Jutta Steinreiter**

Materialien: *Naturmaterialien wie Äste, Zweige, Blüten, Blütenblätter, Früchte, Blattwerk (wichtig: Am besten von einer Sorte gleich 10–20 Stücke sammeln, z.B. 20 Tannenzapfen.), farbiges Papier / Karton, Handy / Kamera, Porträtvorlagen (optional)*

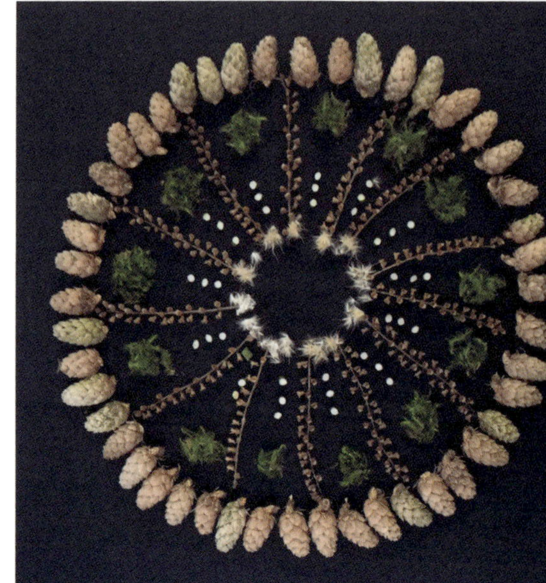

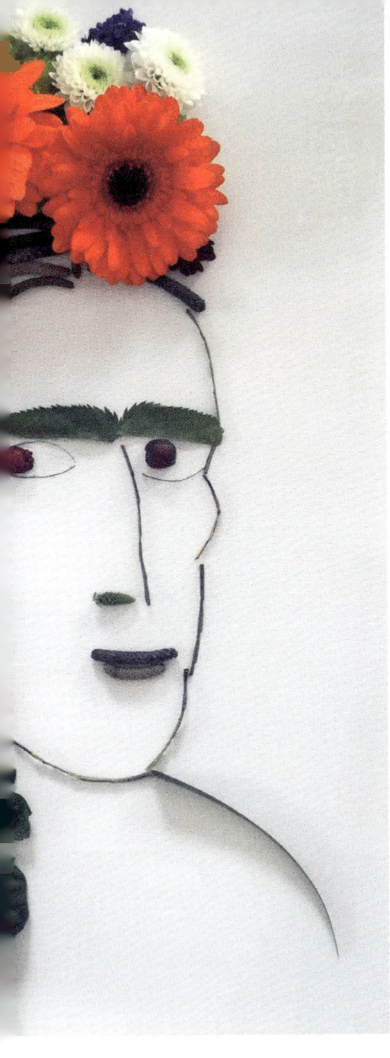

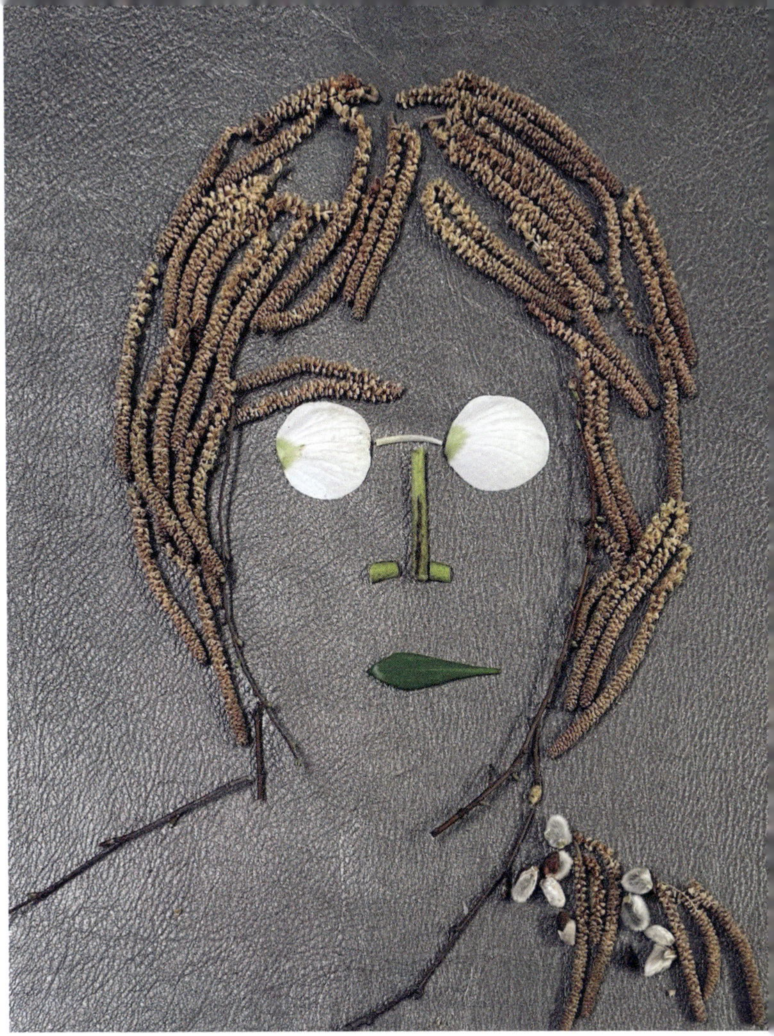

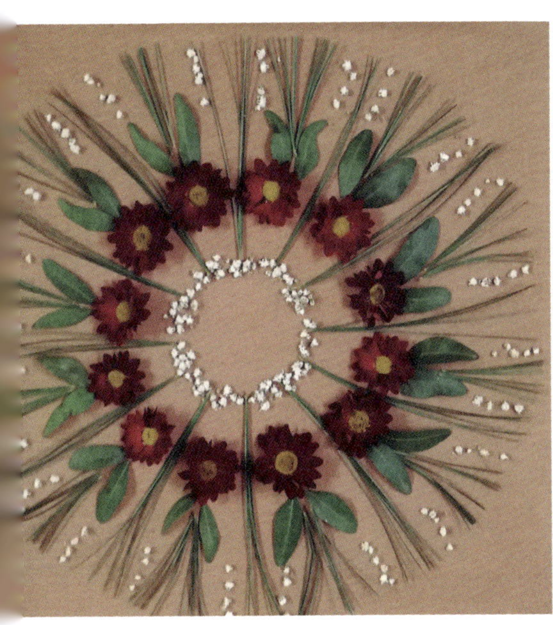

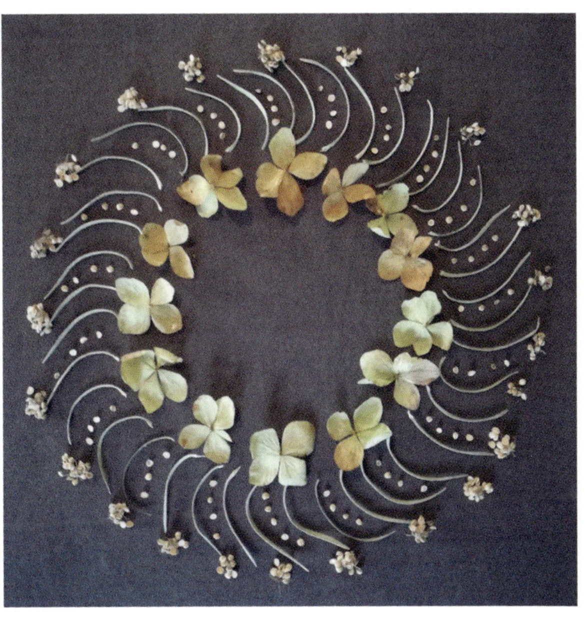

Gut zu wissen: Die Farben der gesammelten Blätter und Blüten verblassen bereits nach wenigen Tagen. Es empfiehlt sich also, die Sammlung binnen weniger Tage zu «verarbeiten». Pressen Sie die Sammlung vor dem Legen eine Nacht in einem dicken Buch oder Ähnlichem ein. So lassen sich die Einzelteile besser legen und liegen flacher auf.

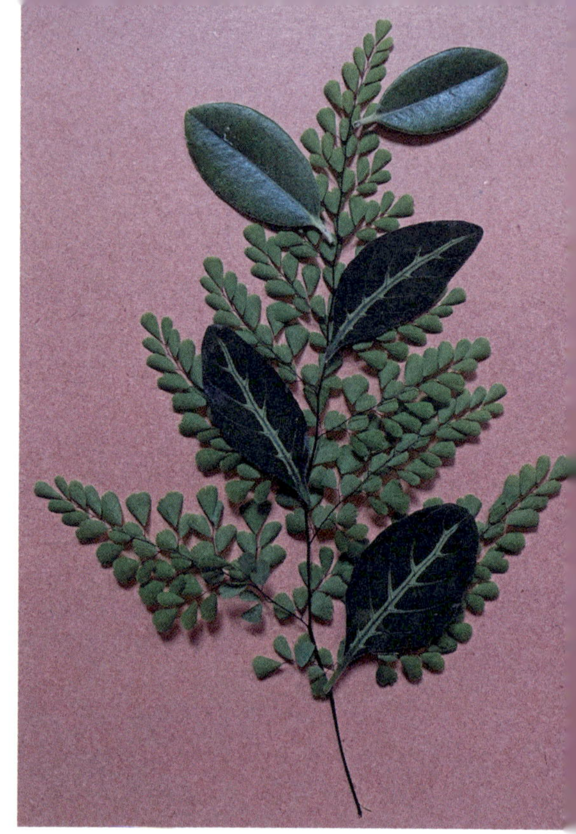

unten: Auf jedem Spaziergang sammelte ich einen Strauß voller Farben.

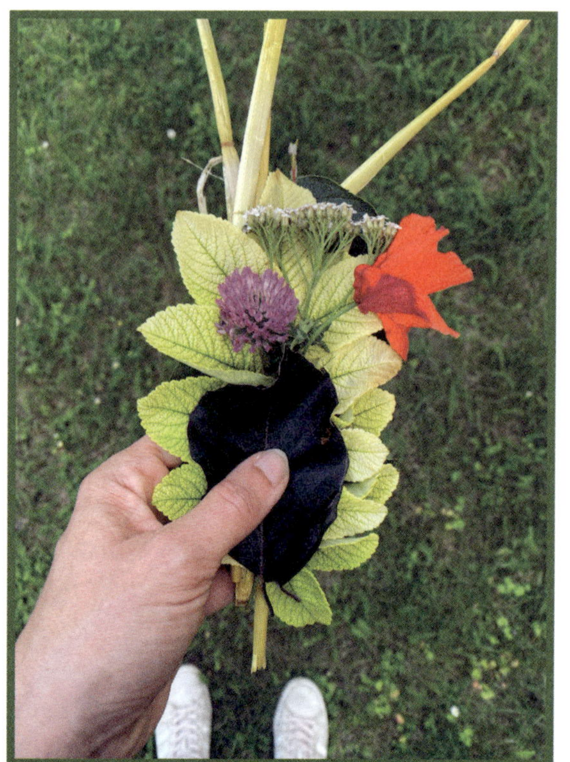

Doppelseite: Möglichst unterschiedliche Blätter und Blüten können zu «neuen Fantasiepflanzen» auf farbigem Hintergrund zusammengelegt werden. Oft bieten sich symmetrische Anordnungen an, da diese besonders harmonisch wirken. Sie können mit ähnlichen Farben spielen (oben) oder mit Kontrasten arbeiten (rechte Seite). Anschließend können Sie Ihre Legebilder, so wie sie sind, einrahmen (auch wenn Sie im Laufe der Zeit nach und nach im Rahmen vertrocknen und verblassen werden).

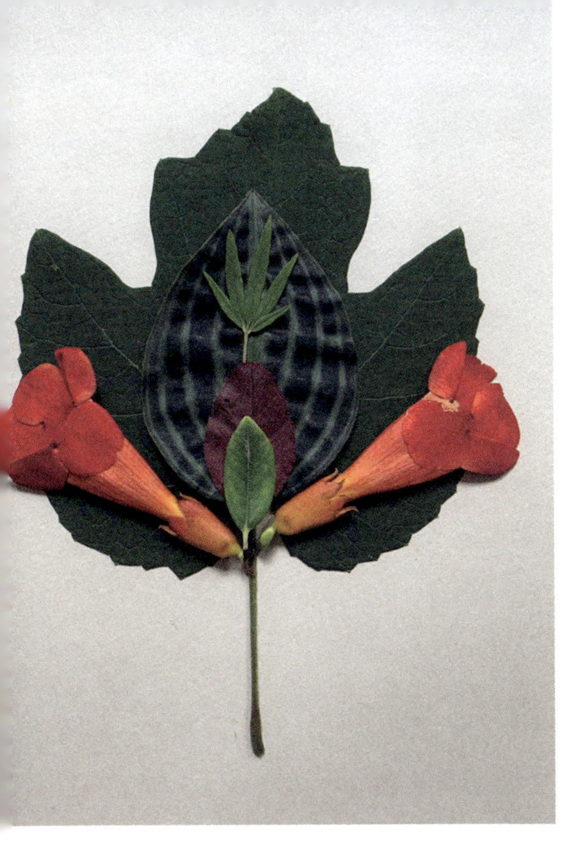

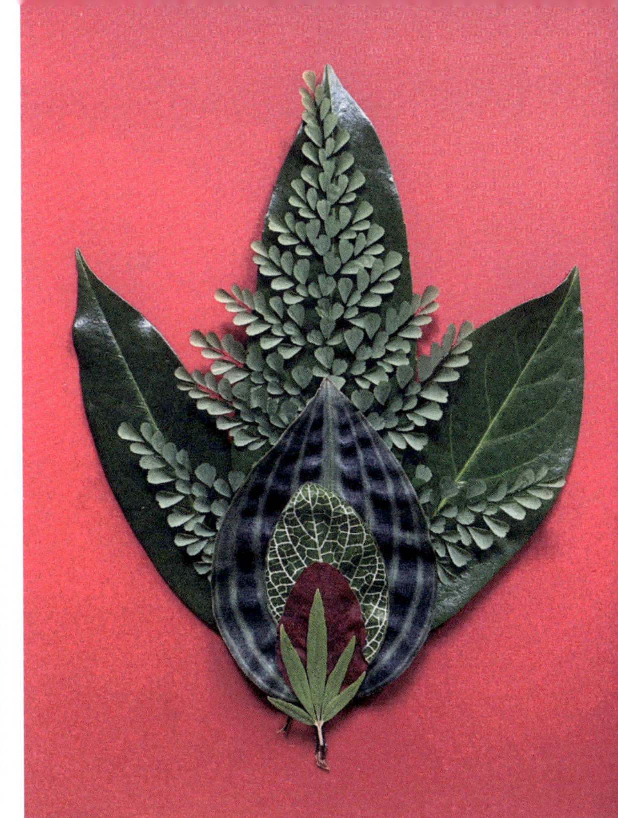

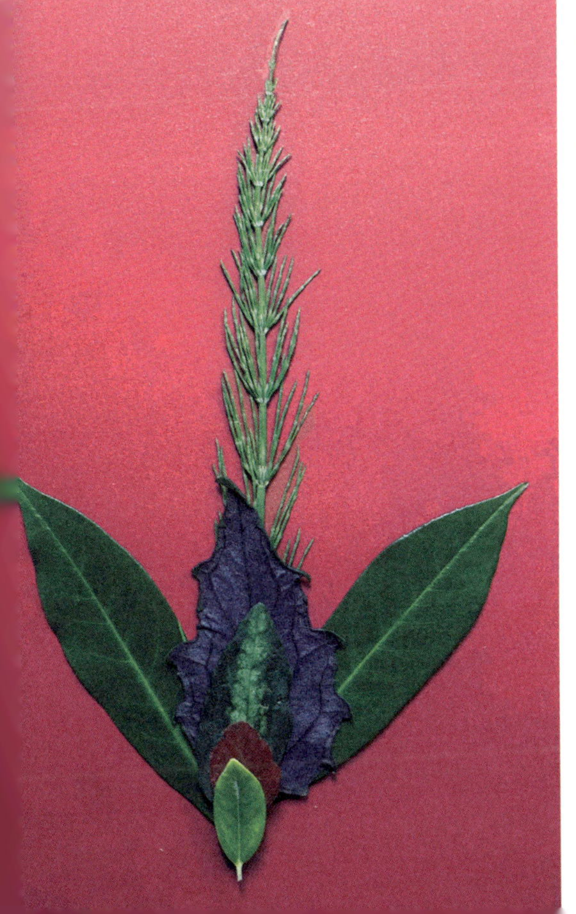

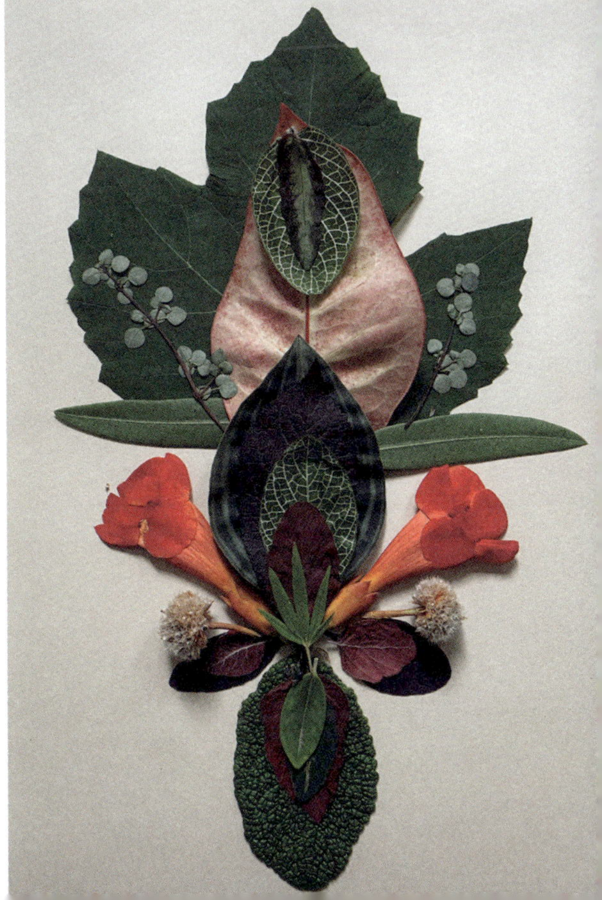

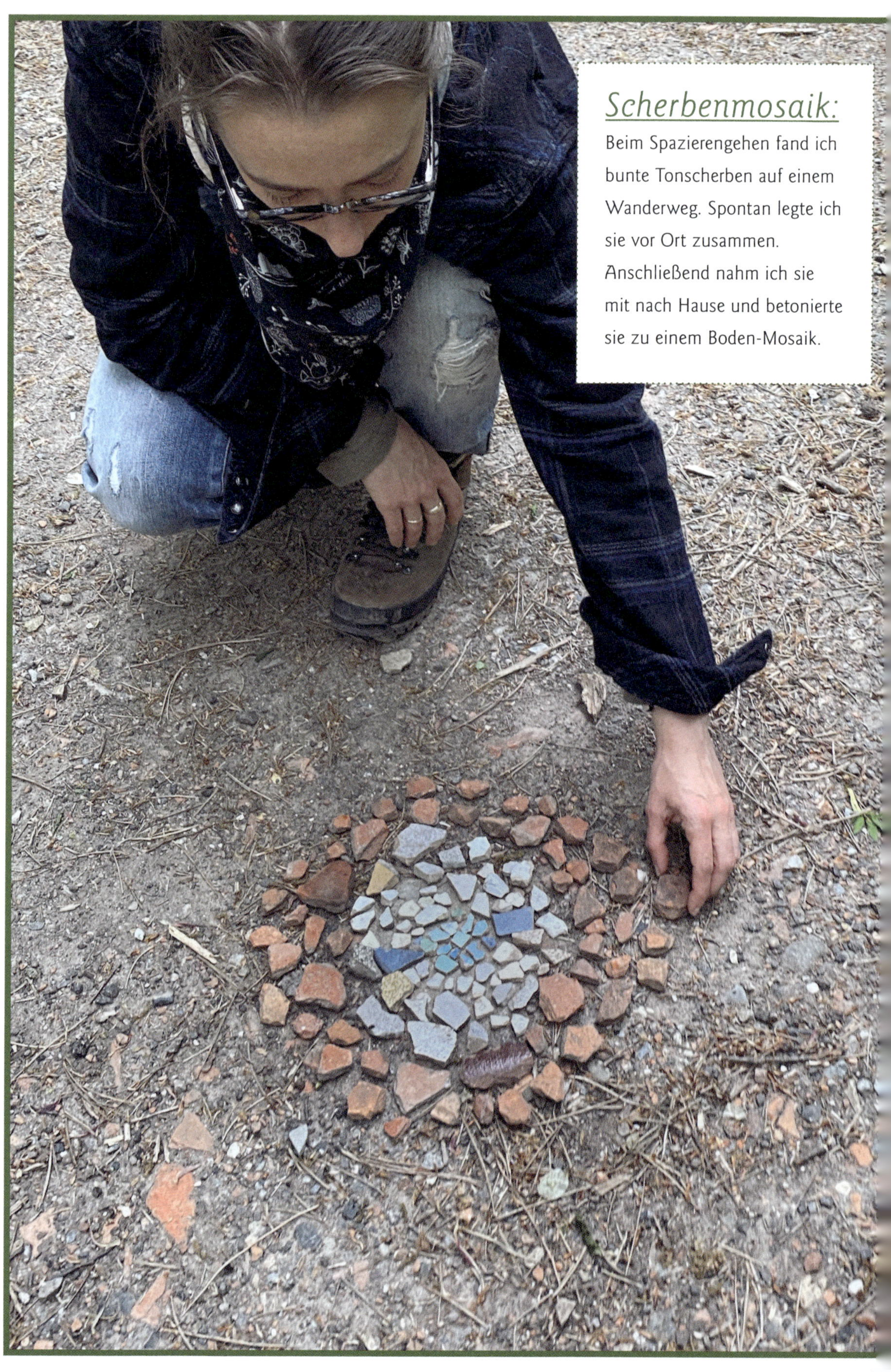

Scherbenmosaik:

Beim Spazierengehen fand ich bunte Tonscherben auf einem Wanderweg. Spontan legte ich sie vor Ort zusammen. Anschließend nahm ich sie mit nach Hause und betonierte sie zu einem Boden-Mosaik.

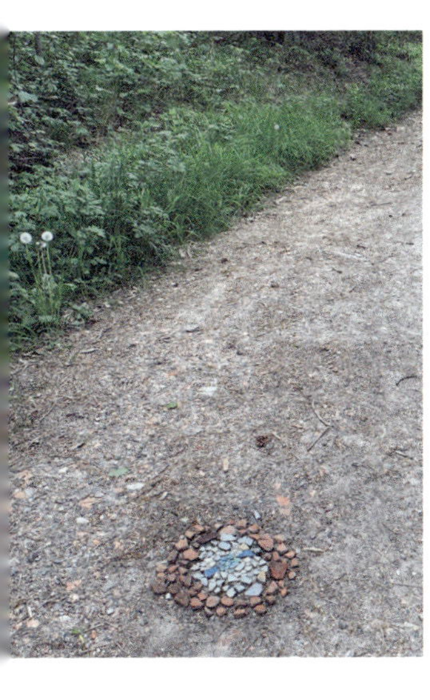

links: vor Ort ausgelegt

rechts: zu Hause neu auf schwarzem Karton ausgelegt

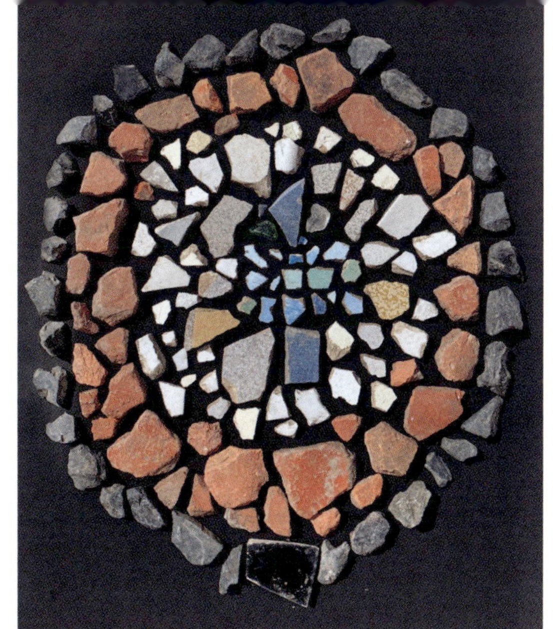

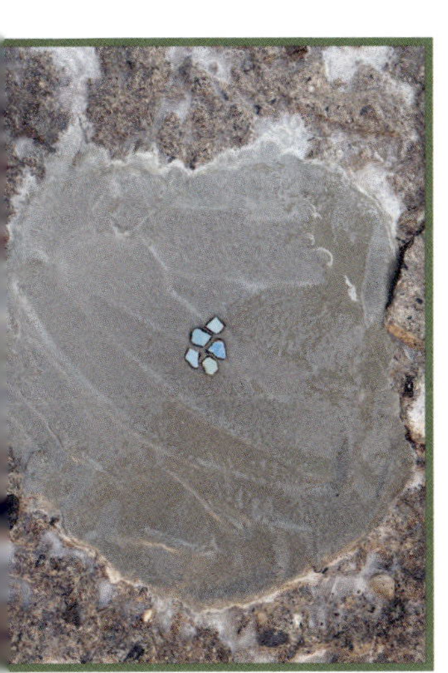

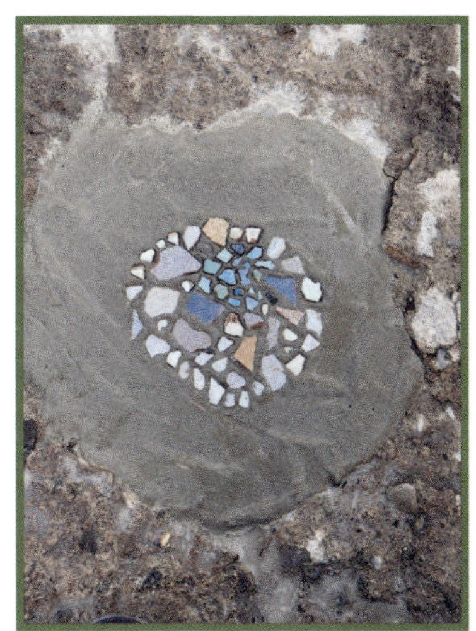

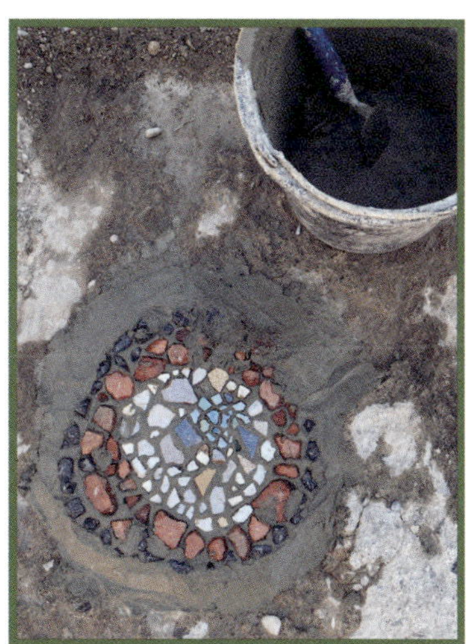

oben: Das Mosaik wird in einem Betonbett auf dem eigenen Hof einbetoniert.
unten links: Detailfoto der Steine
unten rechts: das fertige Mosaik

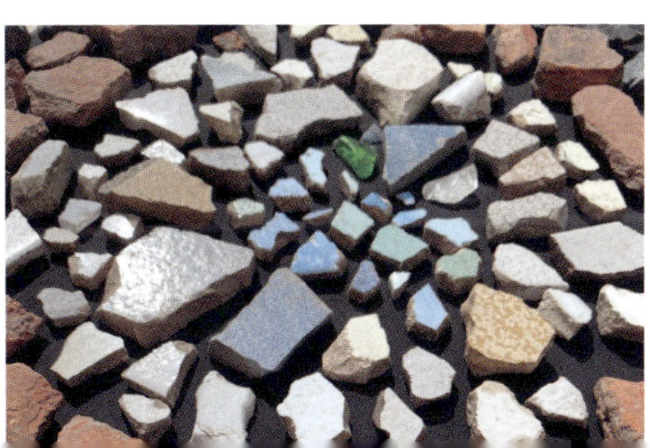

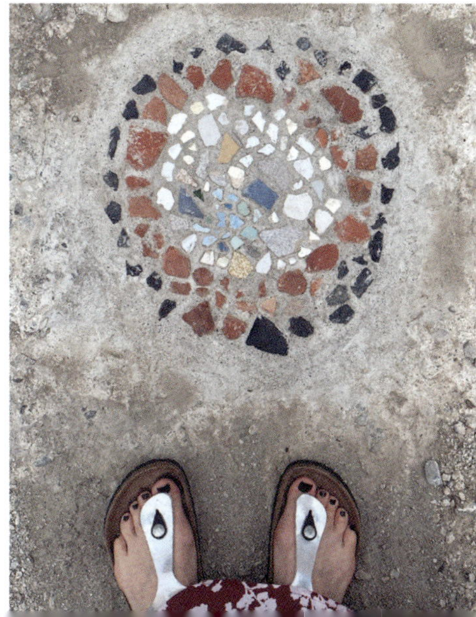

9. Geschmückte Natur

Die Natur an sich schmückt sich mit Blättern, Blüten, Früchten etc., um am Leben zu bleiben (Nährstoffaufnahme, Fortpflanzung). Ihr geht es nicht um Ästhetik und Schönheit. Durch farbige und gut duftende Blüten werden z. B. Insekten angelockt, die den Nektar konsumieren und dabei die Pflanze bestäuben. Nur wir Menschen sehen darin ästhetische Merkmale, finden eine Pflanze und ihren Blütenschmuck schön.

Überlegen Sie sich, welchen «Schmuck» eine Pflanze, die Sie draußen entdecken und auswählen, tragen könnte, wenn Sie es bestimmen dürften. Es geht hier um eine (der Pflanze nicht schadende, harmlose) künstlerische Intervention in das Landschaftsbild, das wir zu kennen glauben. Der «Schmuck» sollte der Natur selbst entnommen sein, darf aber nicht zur selben Pflanze gehören. Er sollte seriellen Charakter haben und bei Bedarf als Schmuck vervielfältigt werden können. Fotografieren Sie den Prozess und anschließend die Ergebnisse.

rechts: Skabiosenblüten werden zu einer Kugel geflochten und an einem langen Halm in einen Baum gehängt.

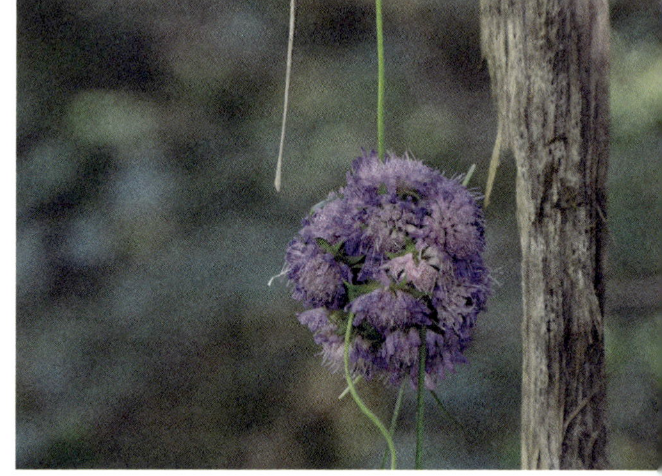

Materialien: *diverse Naturmaterialien, Handy / Kamera*

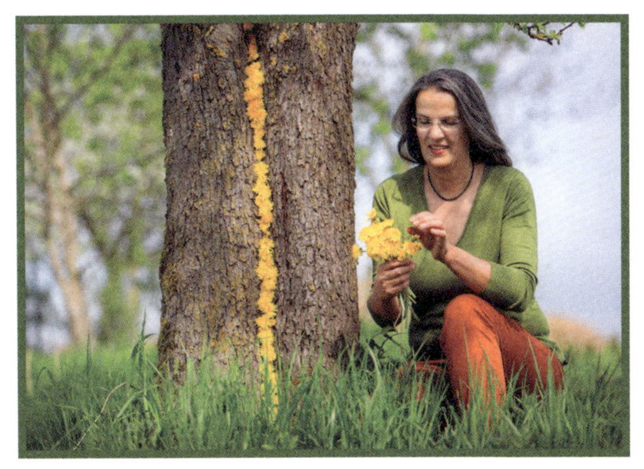

*links: Die österreichische Land-Art-Künstlerin **Jutta Steinreiter**. Sie verwendet ausschließlich Materialien aus der Natur. Ihre Arbeiten sehen Sie sowohl auf dieser Doppelseite als auch auf* *→ den Seiten 35, 42, 43 & 50.*

unten: einer von Juttas hängenden Blattteppichen

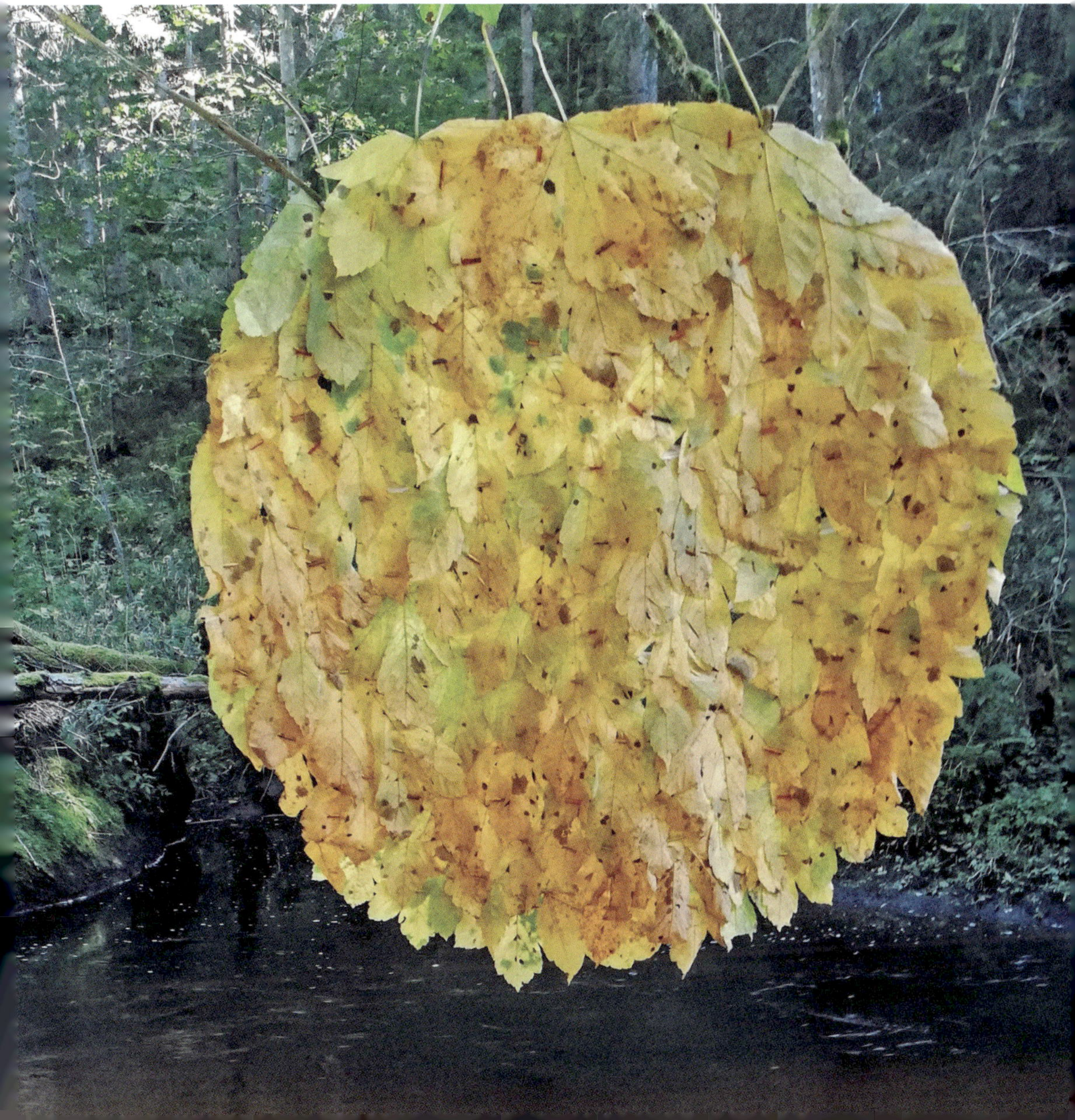

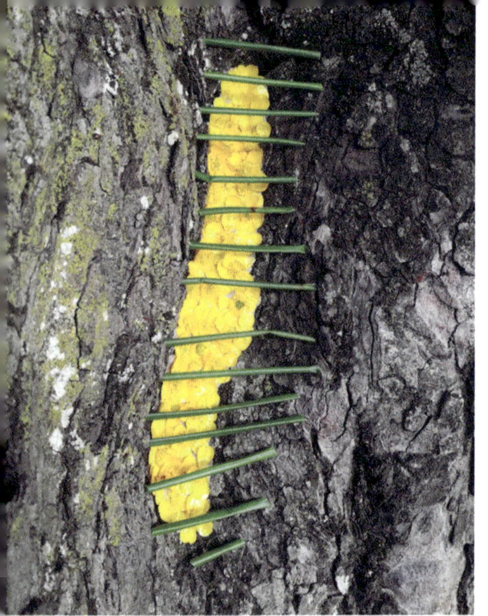

Variante: Wie könnten Sie Blütenblätter in Szene setzen? Pflücken Sie die Blüten, wo es erlaubt ist. Jetzt müssen Sie schnell sein, denn Ihr Material ist sehr empfindlich. Setzen Sie Ihre Idee szenisch um und begleiten Sie den Prozess fotografisch.

oben und rechts: Blüten werden kunstvoll mit Lehm oder Harz an den Stamm geklebt, mit Pflanzenstielen «vergittert» und zum Teil eingespannt. Gerade durch die starken Farben kann diese serielle Arbeit ihre Wirkung entfalten.

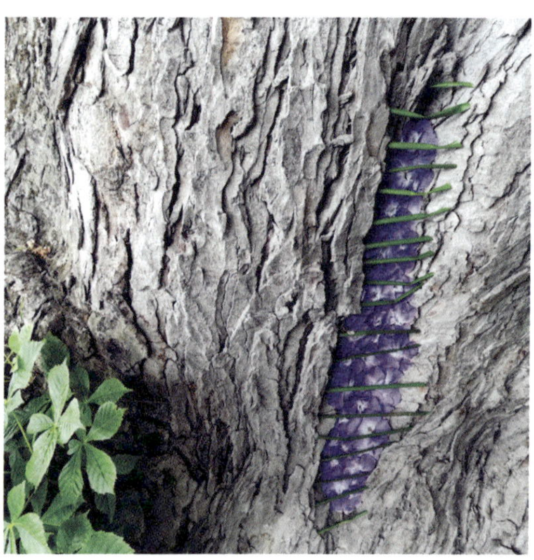

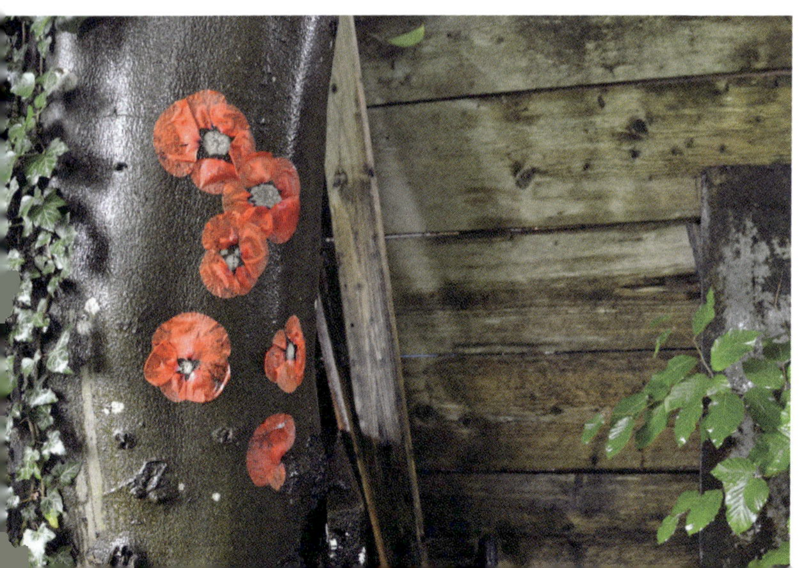

links: Mohnblumen-Blüten werden flach an einen regennassen Baum «geklebt».

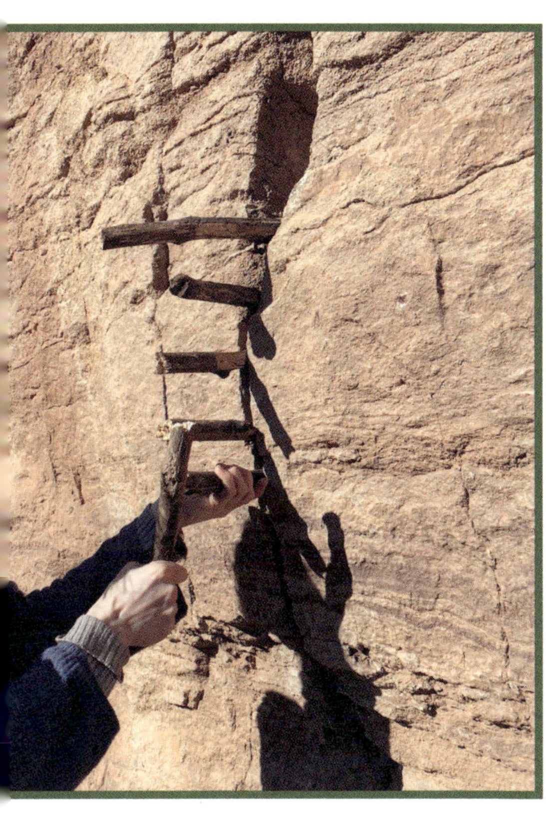

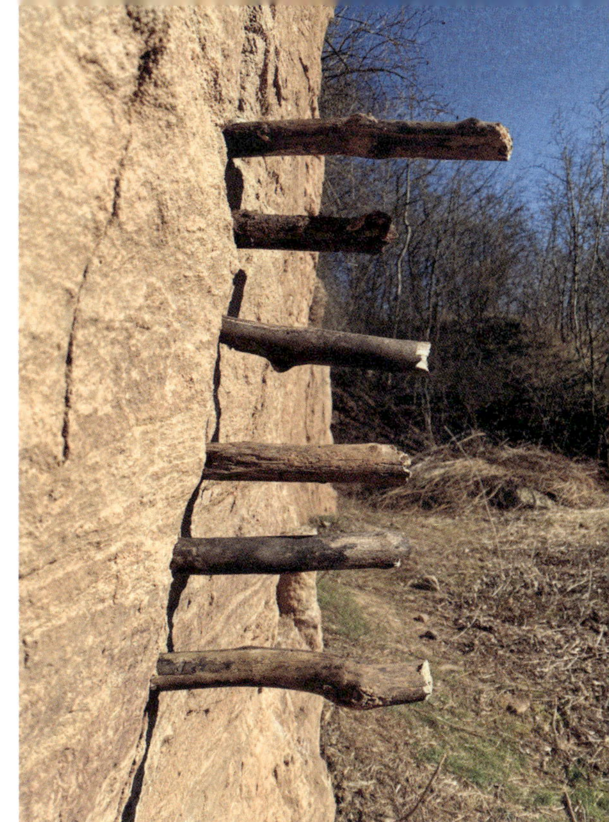

oben: Gefundene Äste werden auf die richtige Länge gebrochen und untereinander in eine Felsspalte geschlagen. unten: vor Ort gefundene und drapierte Schneckenhäuser

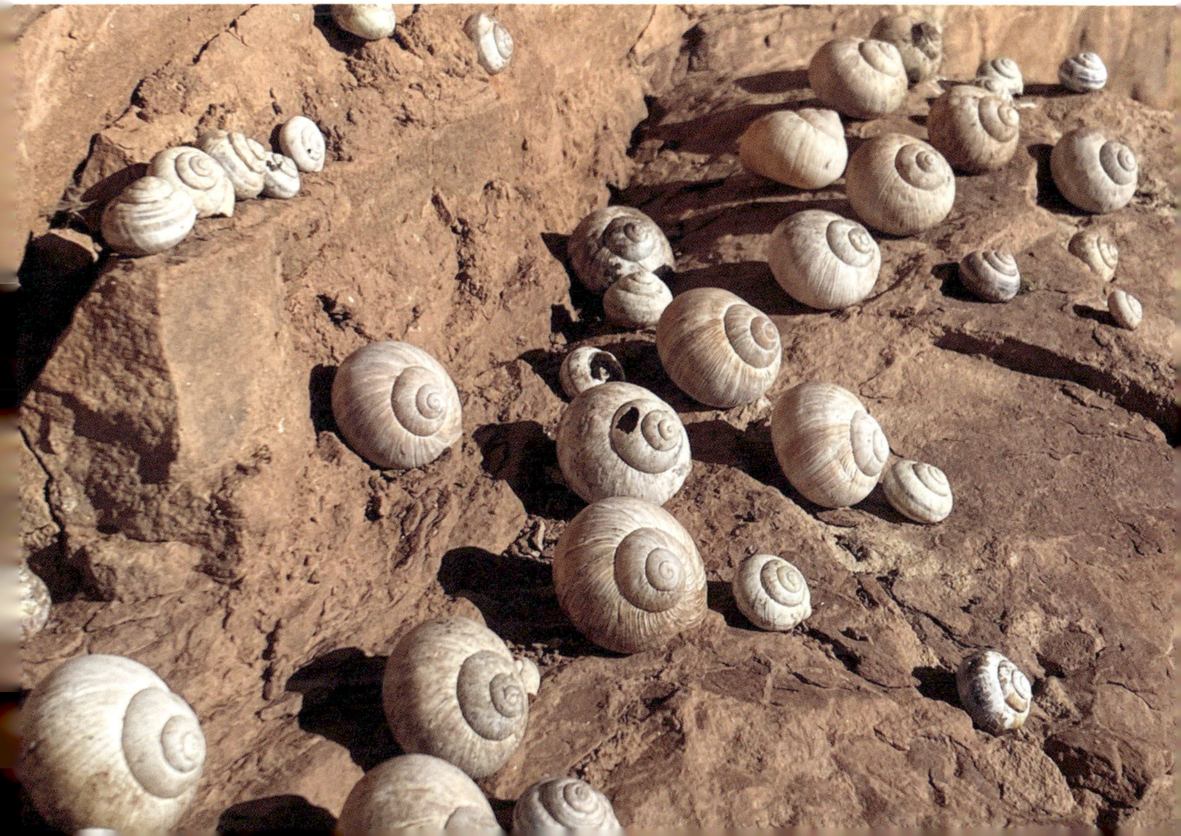

10. Typospaziergang

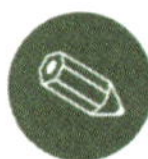

Haben Sie schon einmal beim Spazierengehen gelettert? Hier kommt das passende Projekt: Schreiben Sie aus gefundenen Naturmaterialien eine typografische Botschaft in die Landschaft. Fotografieren Sie anschließend das Ergebnis.

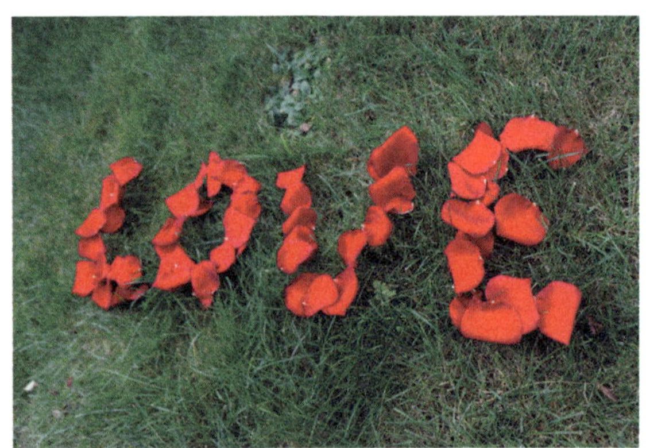

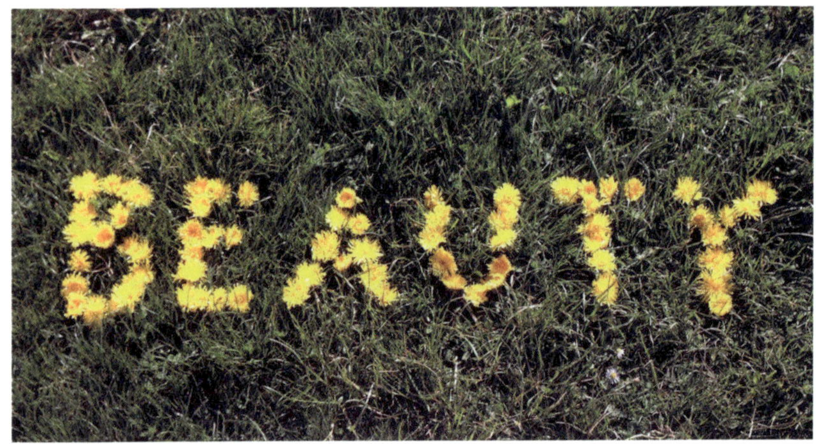

Der grüne Rasen bietet einen tollen Kontrast für die Arbeit mit Blumen und Blütenblättern.

rechte Seite oben: Blütenreste einer rosablühenden Kastanie. Ich konnte einfach nicht vorbeigehen! In wenigen Minuten habe ich mit meinen Füßen diese Botschaft in den Blütenteppich geschrieben.

rechte Seite unten: Vielfarbige Blätter bilden das Wort «Organic», die Farben wurden in ***Photoshop*** *nachbearbeitet.*

Materialien: *Naturmaterialien, Fundstücke, Handy / Kamera*

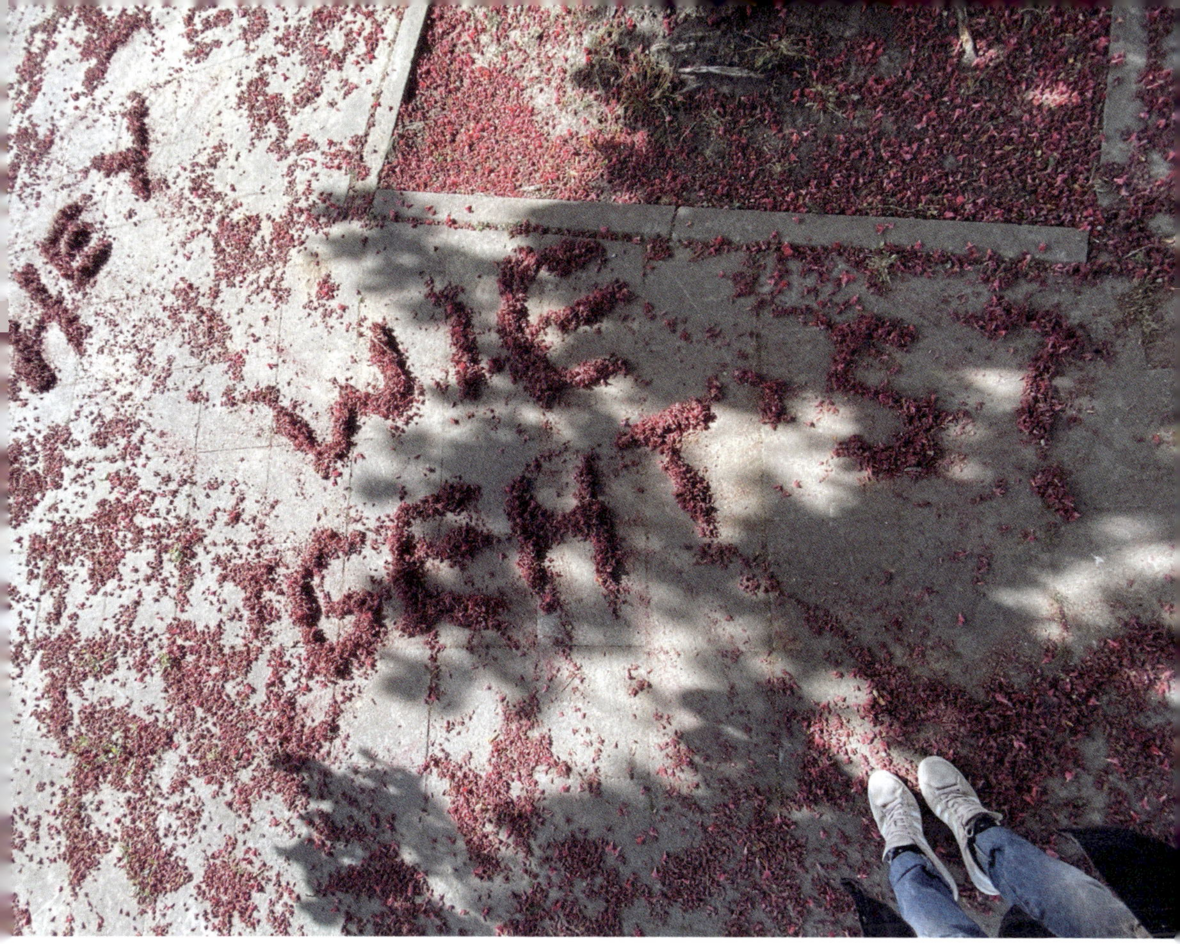

HEY
WIE
GEHTS?

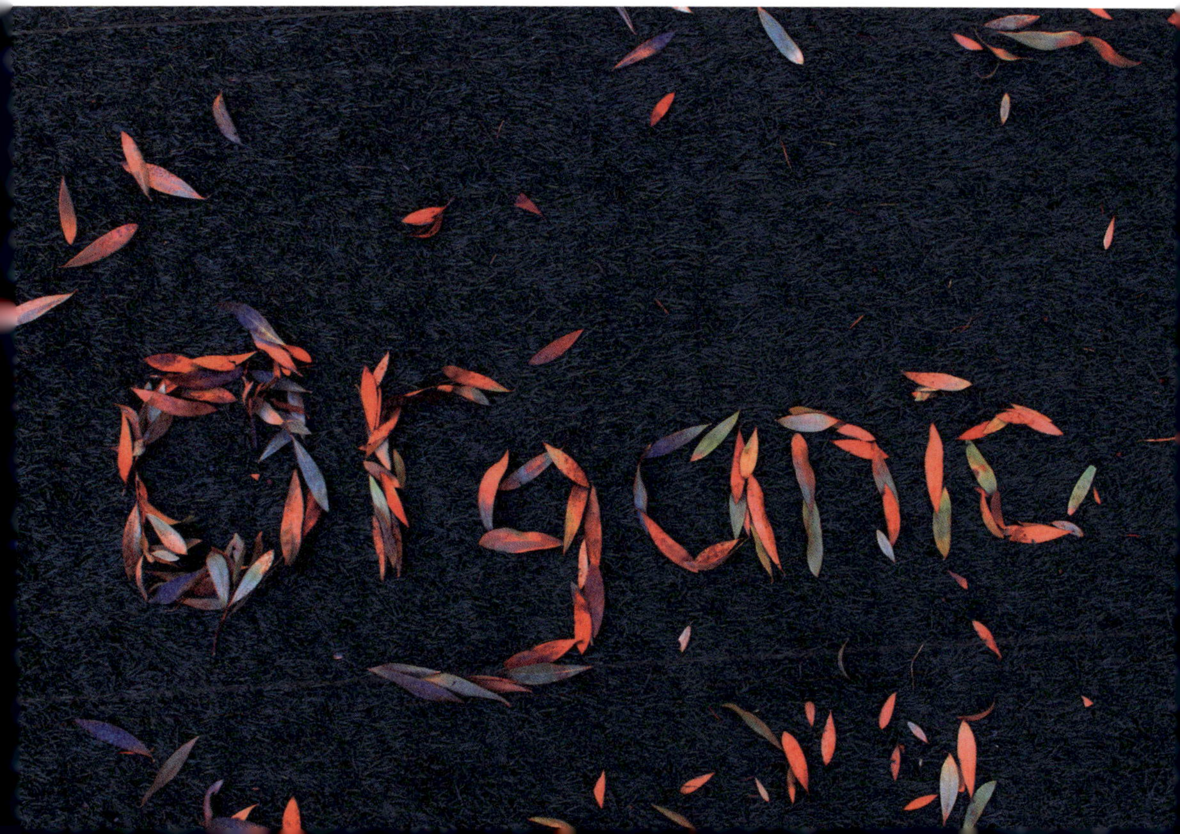

organic

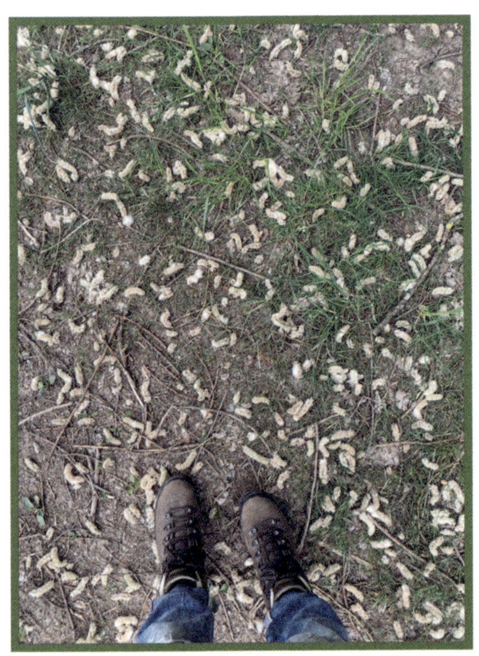

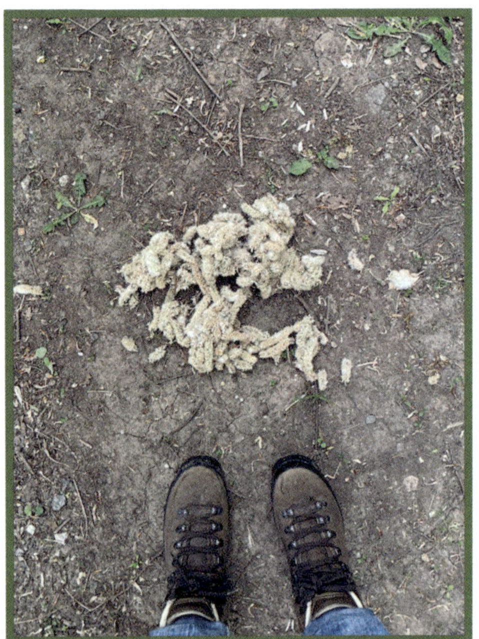

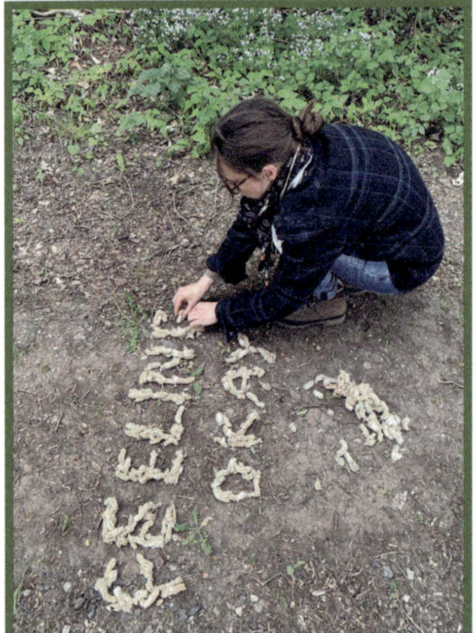

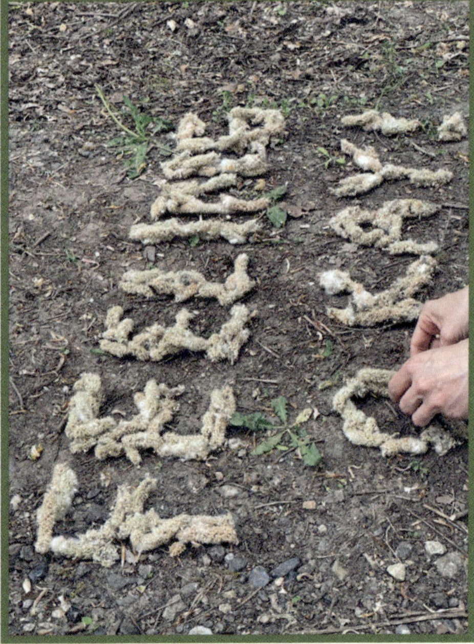

Spontane Land-Art-Typografie aus gesammelten Haselnuss-Blütenkätzchen. «Feeling okay!» ist entstanden als Antwort auf die Frage von → Seite 53 («Hey, wie geht's?»).

rechte Seite: Das gelegte Ergebnis aus der Ich-Perspektive fotografiert. Wer es wohl an diesem Tag beim Spaziergang gelesen hat?

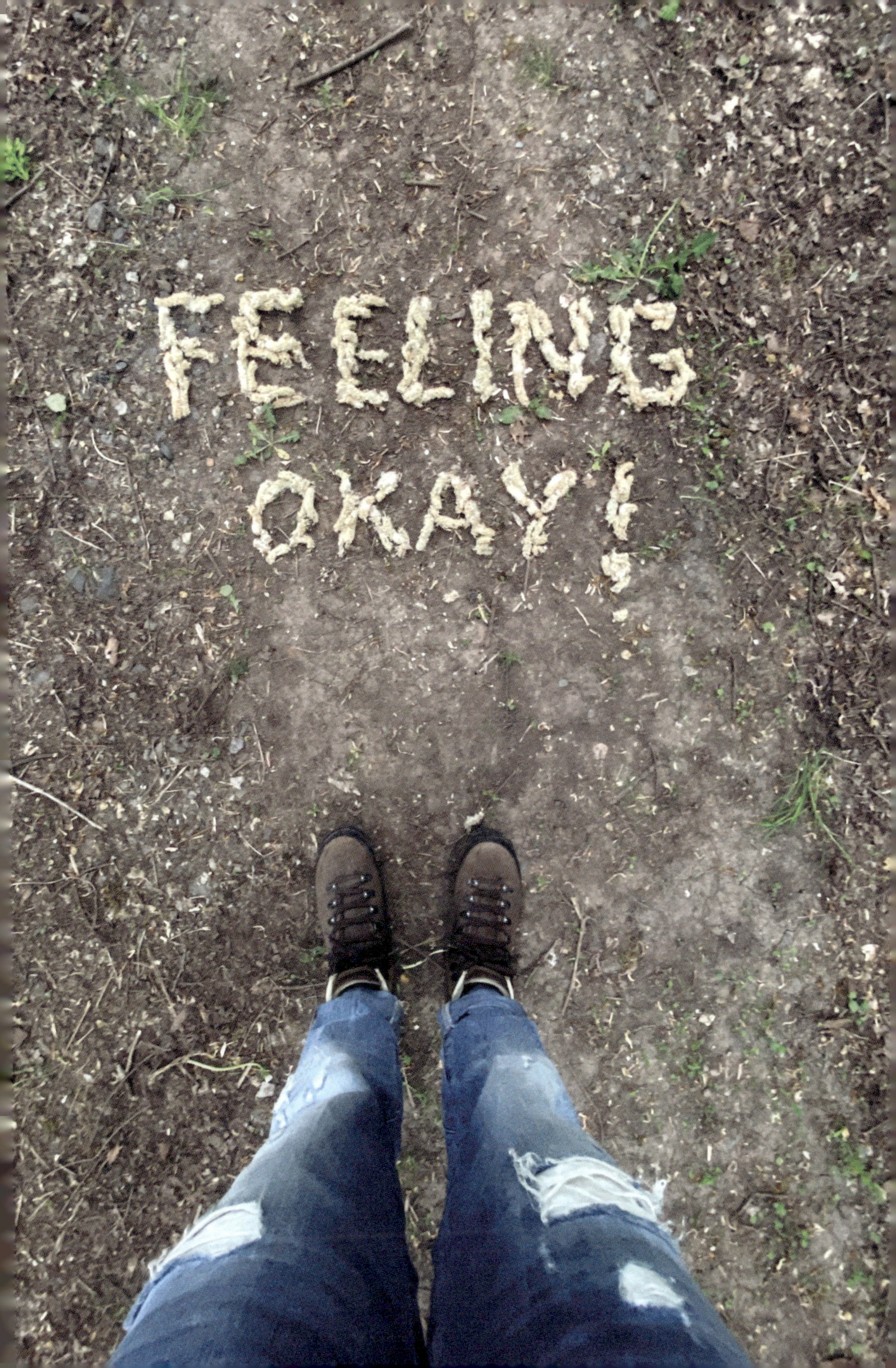
FEELING
OKAY!

Street Art & Urban Art

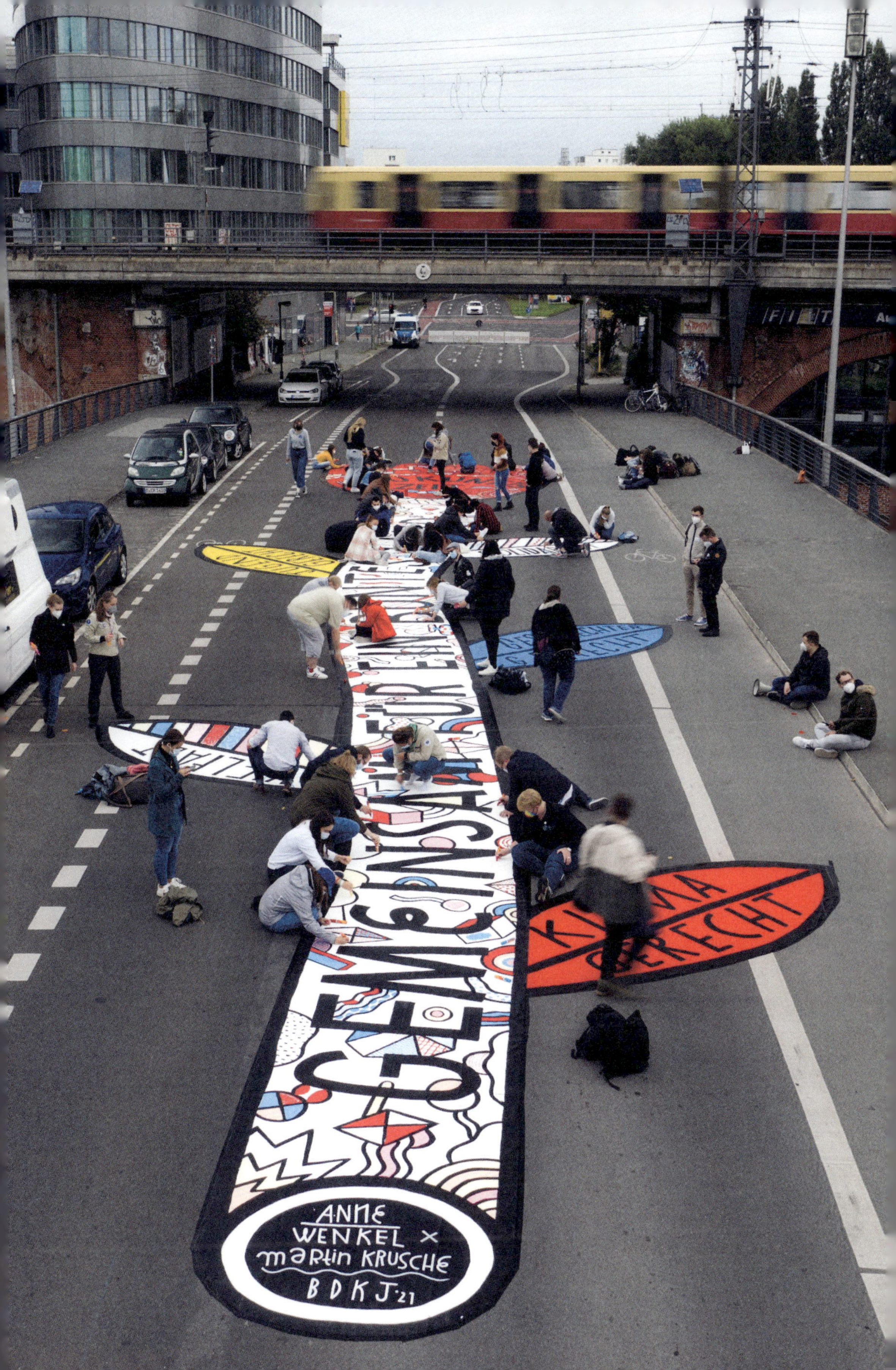
GEMEINSAM FÜR
KLIMA GERECHT
ANNE WENKEL × martin KRUSCHE
BDKJ·21

11. Graffiti

Graffiti ist verkürzt gesagt ein Genre der bildenden Kunst und bezeichnet Bilder und Schriftzüge im öffentlichen und privaten Raum, die mit verschiedensten Techniken (Malen, Zeichnen, Sprühen, Collagieren, Kleben …) aufgebracht werden. Graffitis können beispielsweise Geschichten erzählen, Statements abgeben, dekorativ sein und zum Nachdenken anregen.

1. Suchen Sie sich draußen eine freie Fläche – z.B. eine Wand, an der Graffiti erlaubt ist, oder Sie improvisieren eine mobile Einheit mit Plastikfolie, die Sie zwischen zwei Bäumen aufspannen – und werden Sie bildhaft in der Umsetzung.

2. Wählen Sie bei Bedarf eines der Themen aus der Liste (siehe Kasten unten), das Sie abstrakt oder gegenständlich visualisieren. Sie können auch frei und ohne Thema aktiv werden.

3. Arbeiten Sie allein oder im Team. Agieren Sie möglichst großflächig. Zeichnen Sie vorher einen Entwurf und setzen Sie diesen als Graffiti um. Sie können sprayen, kleben (Collagen mit Papierteilen, z.B. mit Kopien, siehe auch beim Street-Art-Künstler **Bansky**), schablonieren, tapen oder mit Farbe malen.

4. Fotografieren Sie den Entstehungsprozess und das fertige Ergebnis. Inszenieren Sie das Foto und kombinieren Sie es ggf. mit einem Porträt. Das ist für die Einschätzung der Größenverhältnisse visuell informativ.

rechte Seite: Malerisches Graffito zum Thema «Freiheit», das visuell noch mehr Sinn ergibt, wenn man es mit einer Person fotografiert.

Themen zur freien Wahl: Freiheit, Der innere Schweinehund, Gut gegen Böse, Abstrakt, Klimawandel, Schlaraffenland, Alice im Wunderland, Peter Pan, Zoo, Zeitmaschine, Die sieben Todsünden, Social Media, Science Fiction, Mut, Fernweh, Der kreative Flow, Feminismus, Gleichberechtigung, Artenvielfalt, Identität, Superhelden

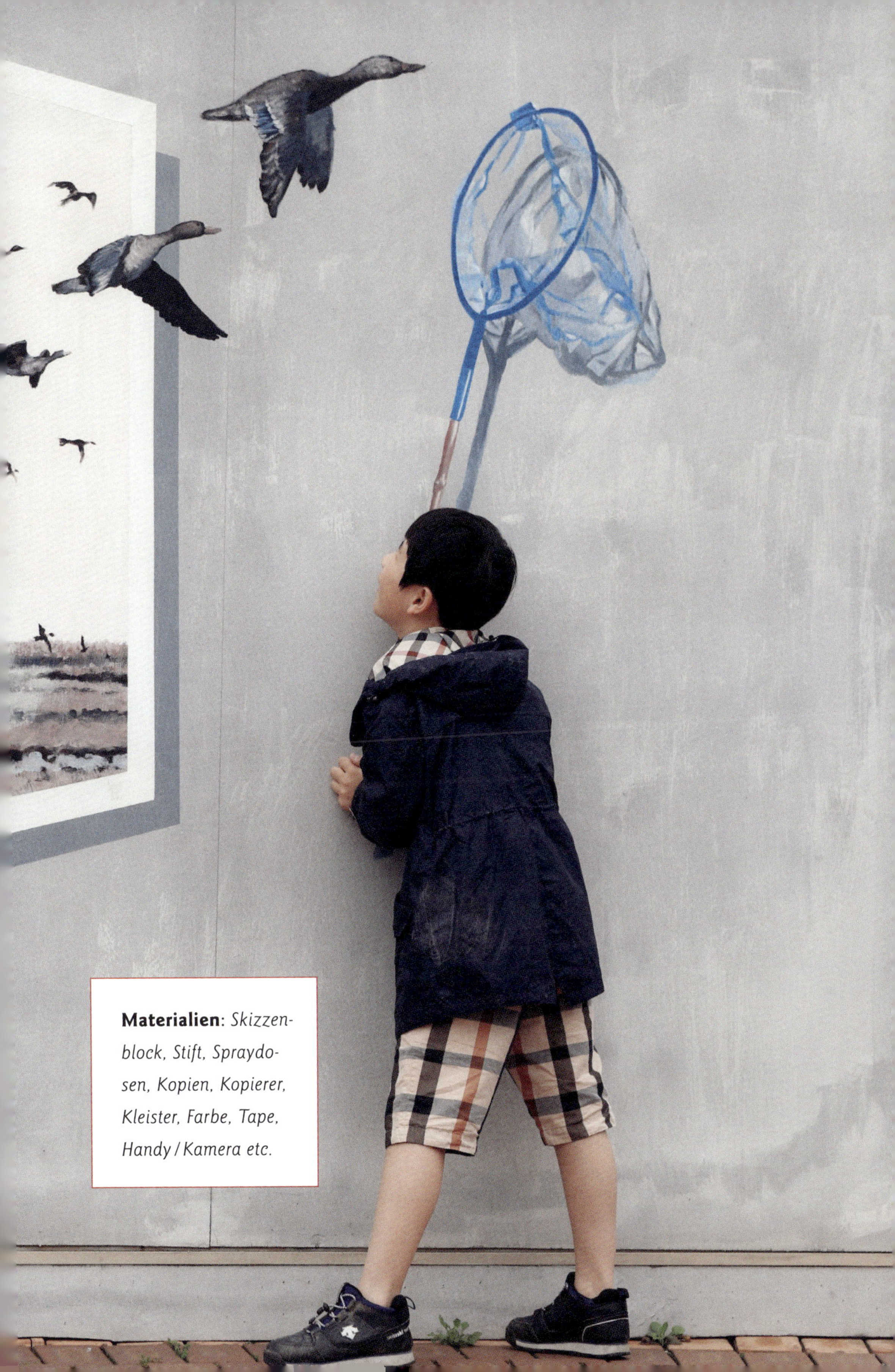

Materialien: *Skizzenblock, Stift, Spraydosen, Kopien, Kopierer, Kleister, Farbe, Tape, Handy / Kamera etc.*

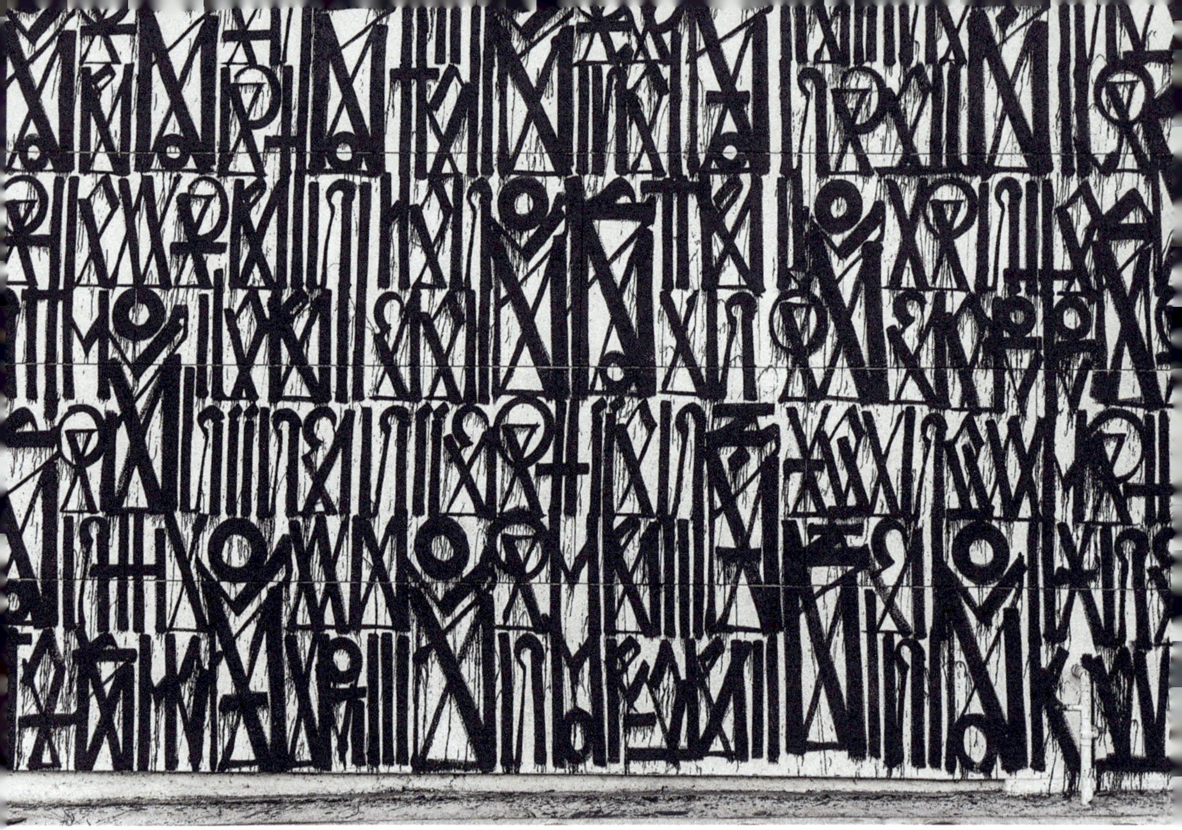

oben: Abstrakte, schwarze Zeichen auf weißer Wand wirken wie Schrift oder Glyphen.
unten: «Mural», teilweise sind die Blumenelemente mit Schablonentechnik gesprüht.

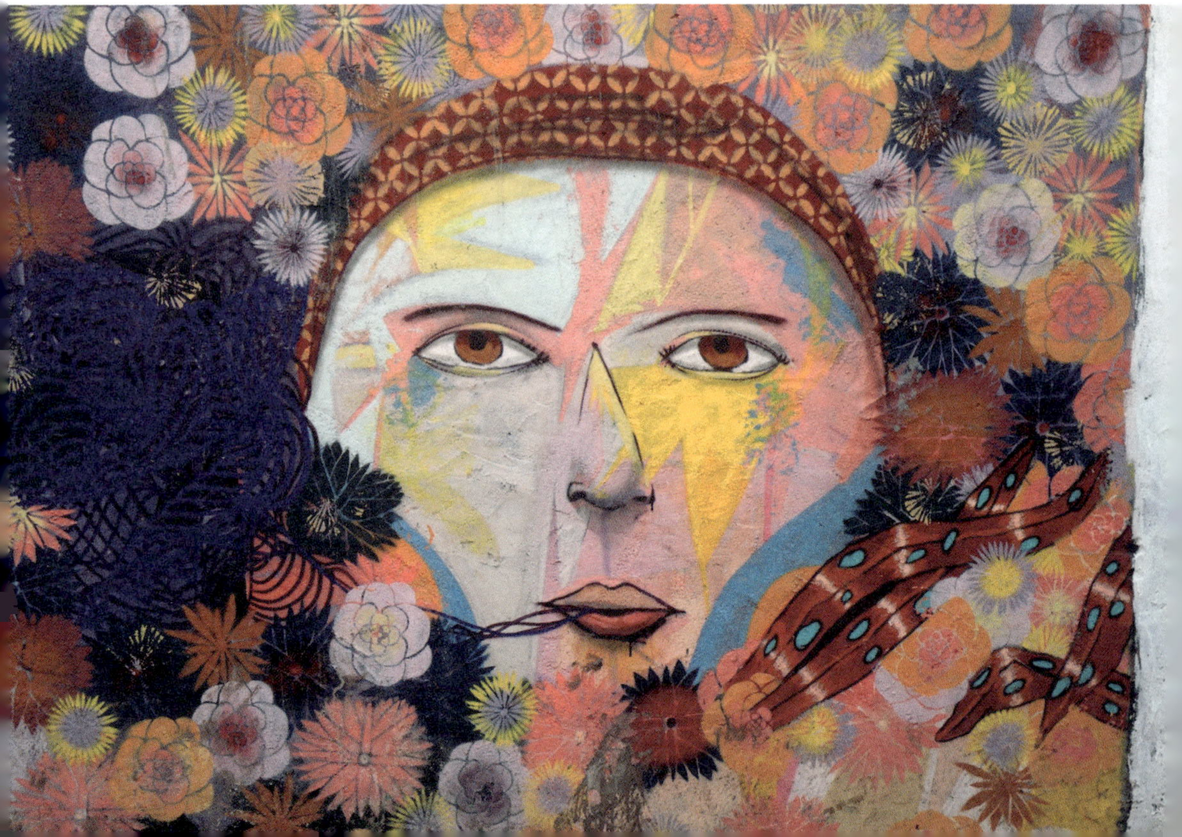

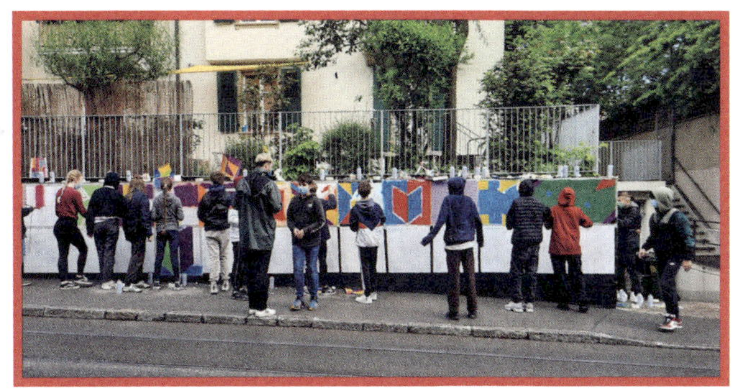

*Schweizer Schulprojekt des Künstlers **Julian Burkhard**: Die Schüler:innen gestalteten je ein Quadrat eines abstrakten Gesamtbilds für eine Mauer. Es durften nur grafische Formen aus geraden Linien (keine Rundungen) gesprüht werden.*

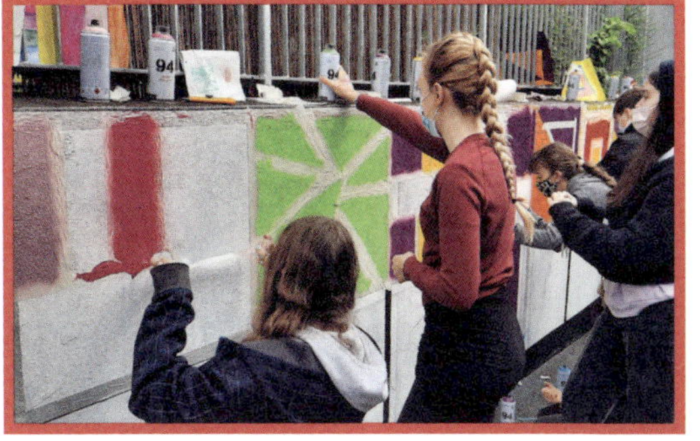

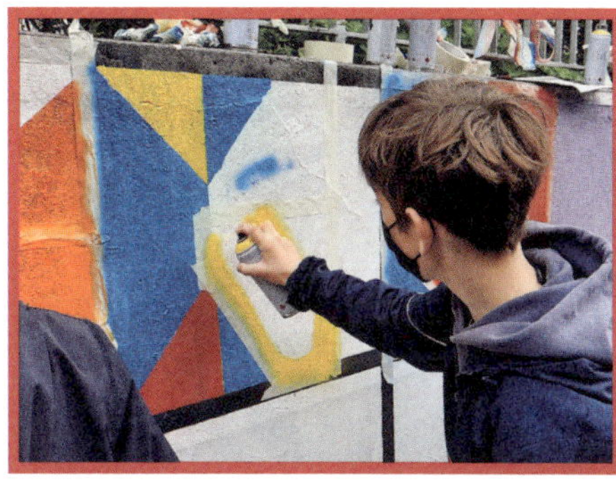

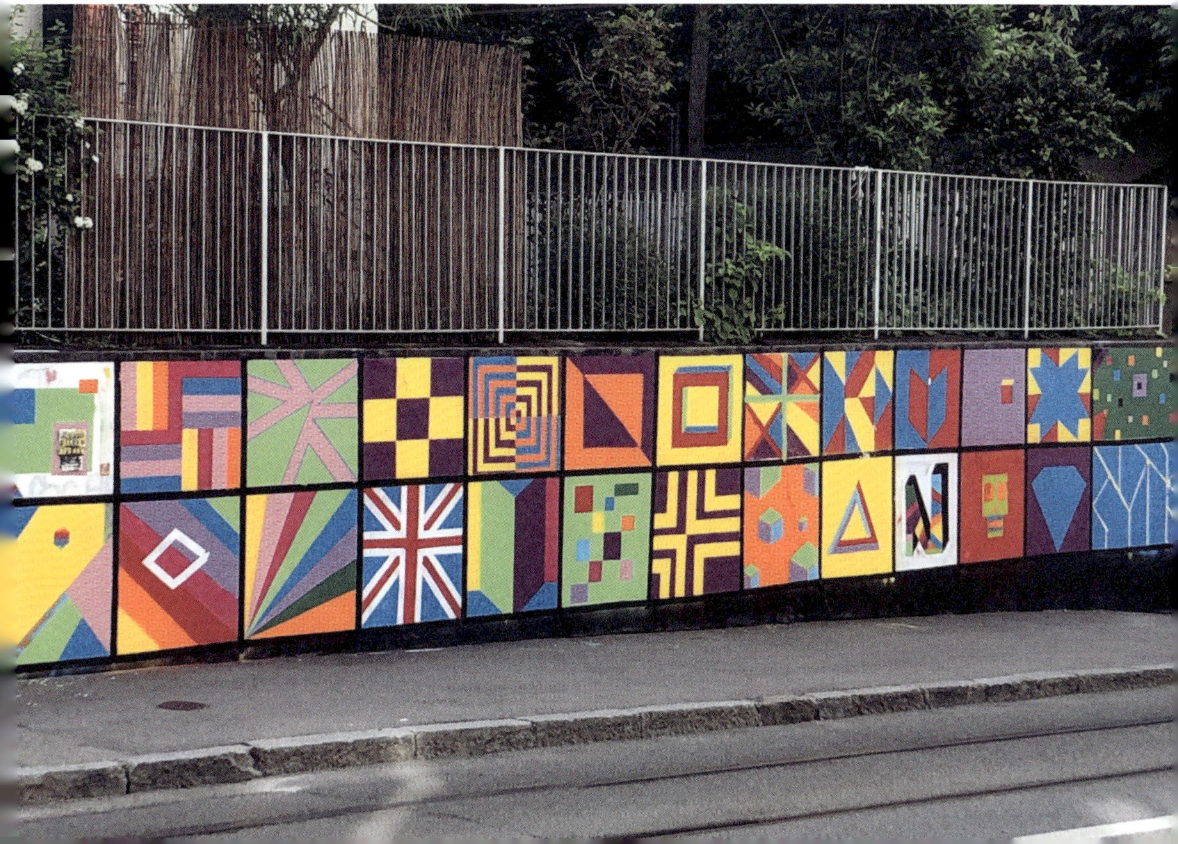

12. Tape Art

Tape Art ist ein Teilbereich der Urban Art. Hier wird nicht wie bei Graffiti mit flüssiger Farbe, sondern stattdessen mit bunten Tapes gearbeitet. Die Bilder bestechen vor allem durch ihre klaren Kanten und geraden Linien, da sich Rundungen nur schwer umsetzen lassen.

1. Recherchieren Sie zum Thema Street Art, Graffiti und Tape Art. Schauen Sie sich Tape-Art-Künstler:innen an, z. B. ***Die Klebebande***, ***Tape That***, ***Tape Over*** oder ***No Curves***.

2. Überlegen Sie sich vorab ein Motiv, machen Sie sich dazu eine große Skizze. Nutzen Sie anschließend verschiedenfarbige Tapes (z. B. Gewebe-, Folien- oder Vlies-Klebebänder in einer Breite von ca. 5 cm), um Ihr eigenes Tape-Art-Kunstwerk zu erstellen. Es sollte mindestens DIN A2, gern viiiiel größer sein. Der Vorteil von Tape im Gegensatz zu Graffiti: Man kann es hinterher wieder ablösen. Sie können Brücken, Betonböden, Wände (wo es erlaubt ist und gefällt) tapen.

Denken Sie dran: Das Material erlaubt keine kurvigen und zu detaillierte Motive. Bleiben Sie also «einfach» in den Formen. Spielen Sie abstrakt oder gegenständlich mit Farb- und Flächenkontrasten.

*Die Gründer **LaMia** (Lamia Michna, Tape Over) und **ROB** (Robert König, Tape Over) bei der Arbeit*

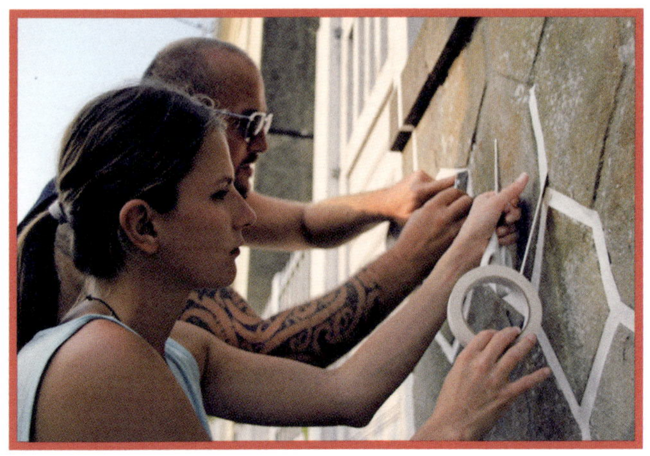

Materialien: *Tape nach Bedarf und Vorliebe (ca. 5 cm breit), Schere, Cutter, Maßband (optional), Bleistift, Papier, Handy / Kamera*

rechts:
Mehrere Meter hohe Tape-Art-Fassade beim «Transurban Festival» in Köln von ***Thomas Meissner*** *(Tape That). Er hat dort mit schwarzem Gewebeband getapt.*

unten:
Fassaden-Installation in Havanna mit Gewebeklebeband, geklebt von ***Stephan Meissner, Nicolas Lawin, Adrian Dittert*** *(Tape That), Teil von «Tape Art Around The World» in Cuba*

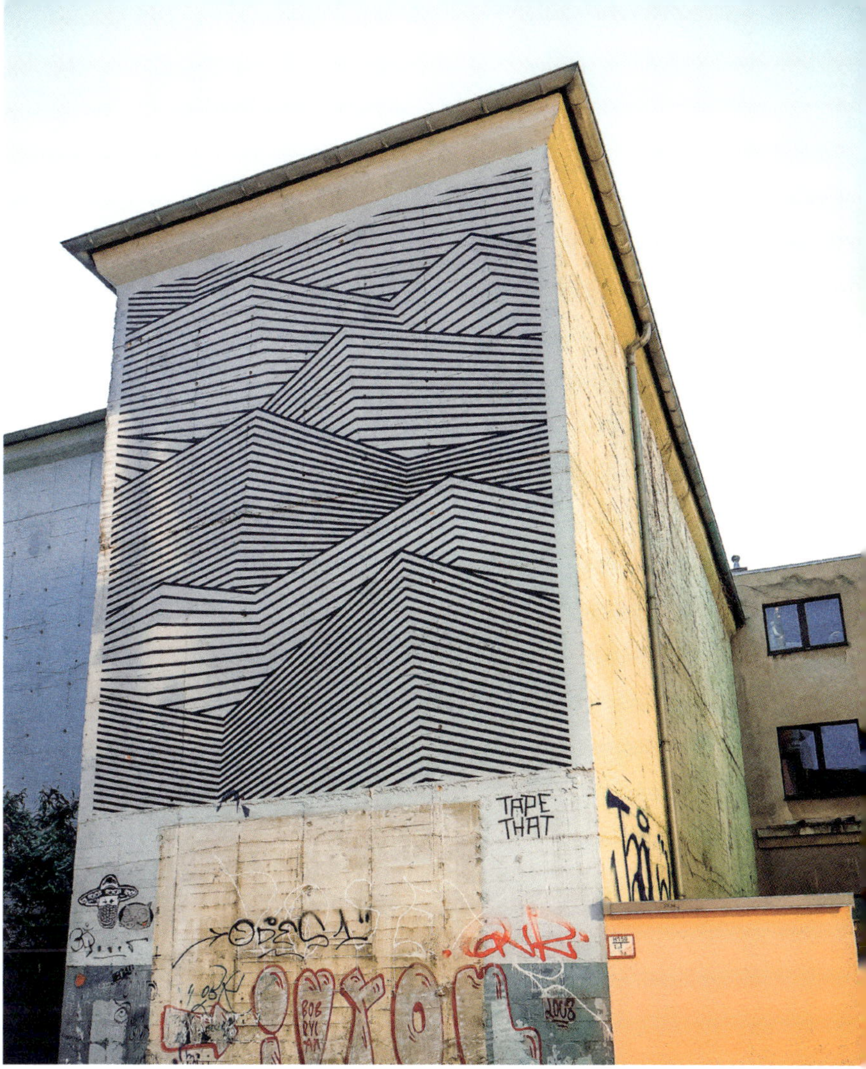

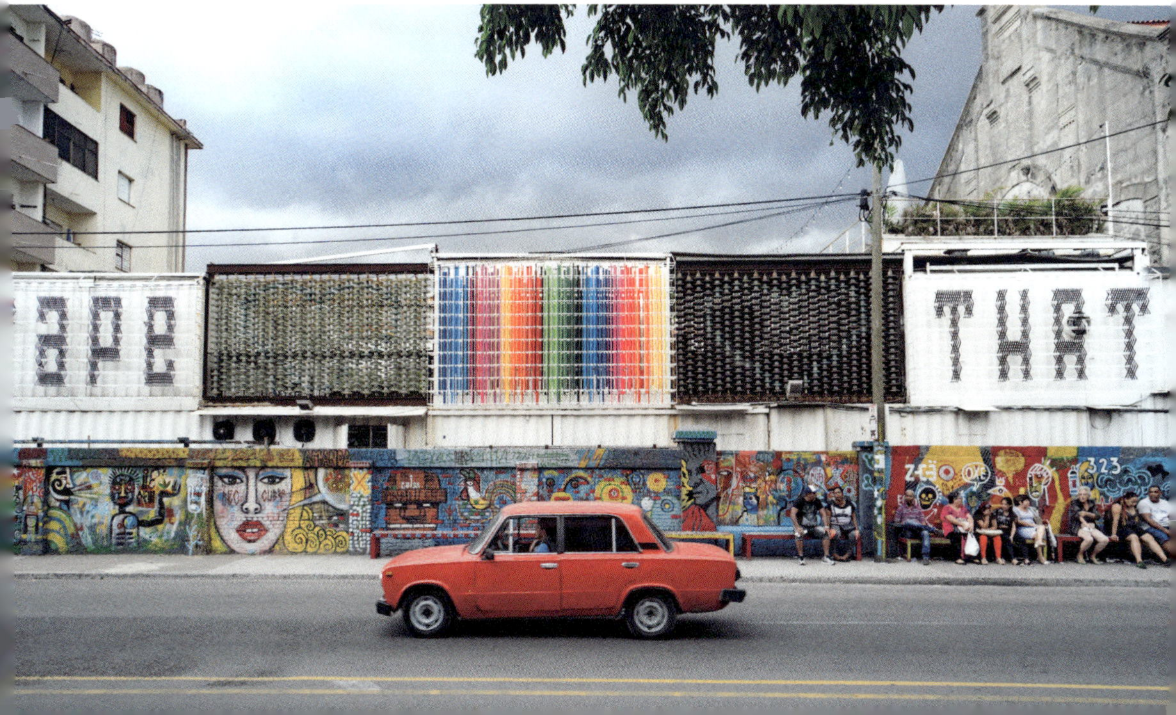

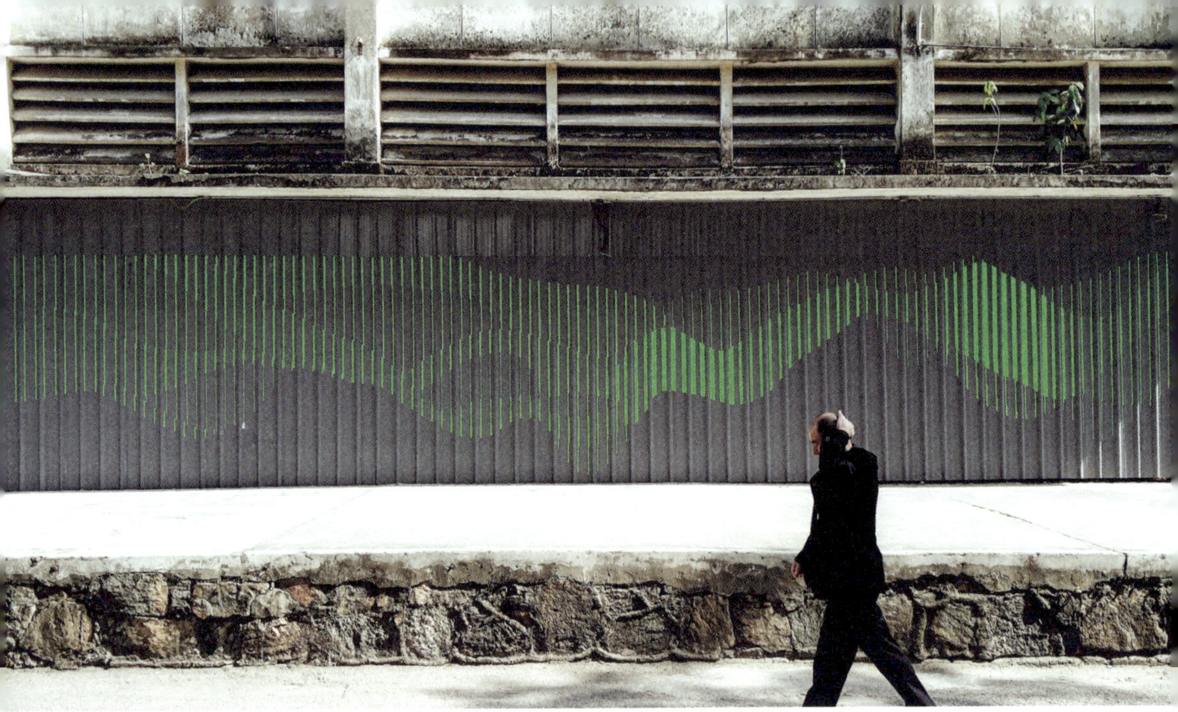

Gut zu wissen: Achtung bei glatten Oberflächen wie Glas oder empfindlichen Untergründen! Nicht immer lässt sich das Tape rückstandlos abziehen. Dann brauchen Sie entsprechende Putzmittel, um die Klebereste abzulösen.

*oben: «Sinus», Tape-Art-Installation der Gruppe **Tape That** im Redtory Art Center, Guangzhou, China*

*unten: «EURYDICE LOST», Tape Art von **BUFF DISS** mit weißem Gewebeband*

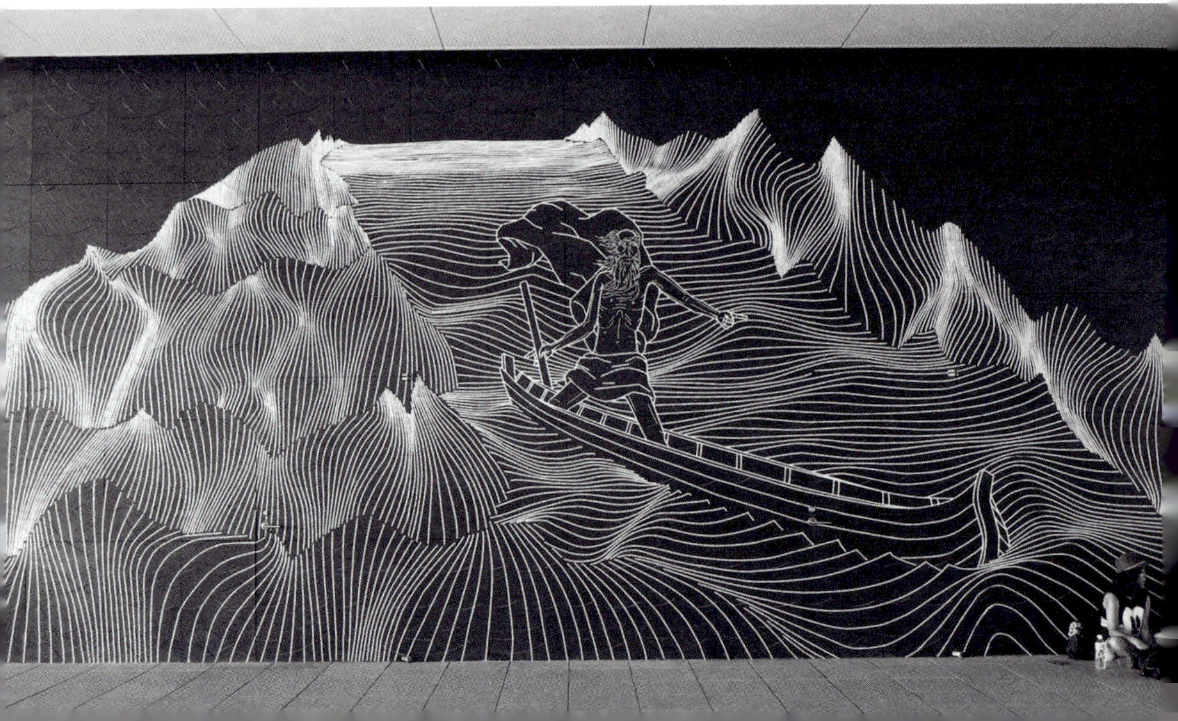

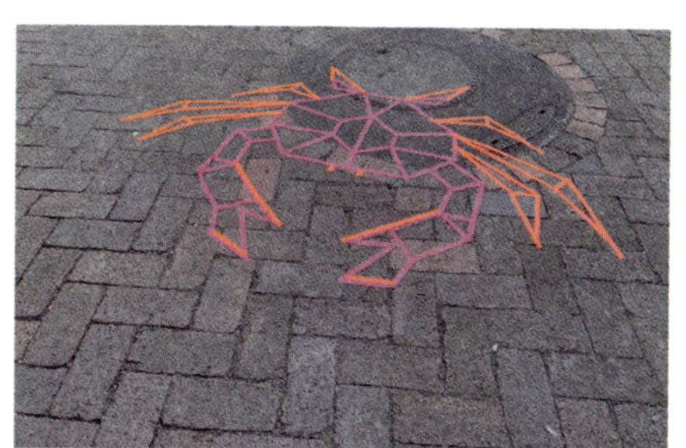

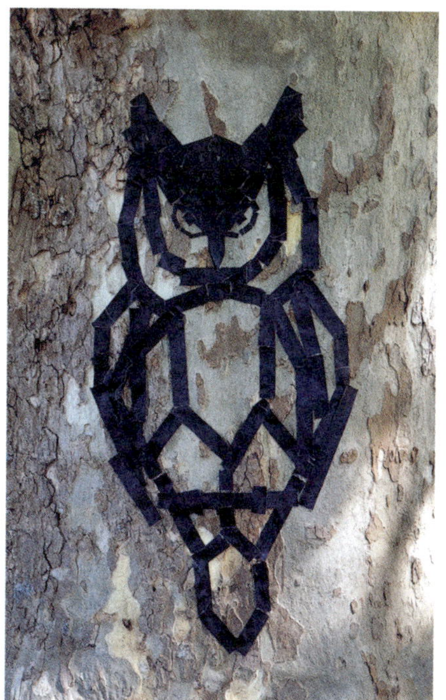

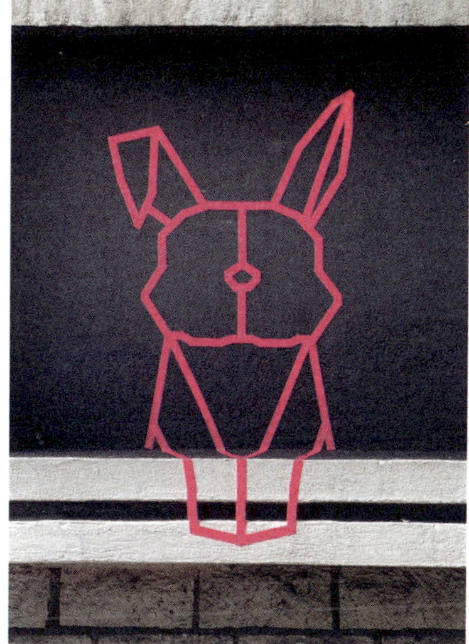

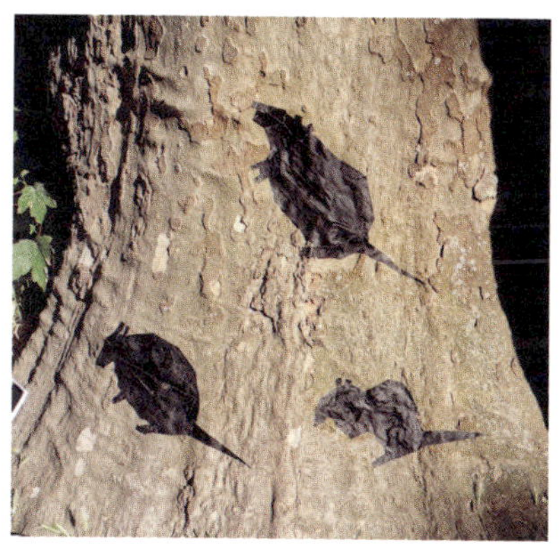

Tape-Art-Projekt an einer Berufsschule, Aufgabe war es, abstrakte Tierfiguren in freier Wildbahn zu tapen.

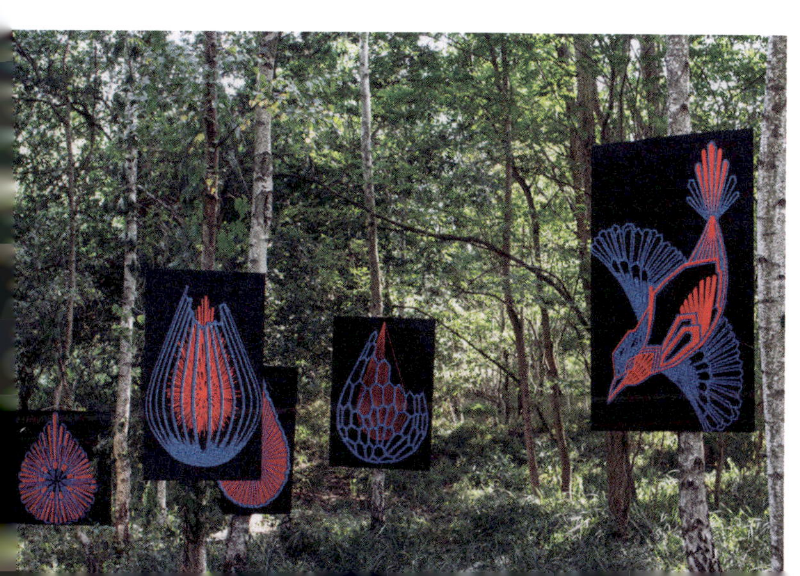

links: «RAIN FOREST», interaktive Tape-Art-Installation von **Tape Over**, auf dem «Wilde Möhre Festival»

13. Guerilla Knitting

Haben Sie sich schon einmal gefragt: Wie kann ich meinen urbanen Lebensraum bunter gestalten? Wie bringe ich (m)eine künstlerische Position in den städtischen Raum, sodass alle es sehen können? Welche Möglichkeiten besitze ich, mit deren Hilfe ich ganz einfach meine Umgebung verändern und interessanter, bunter machen kann?

Eine Möglichkeit ist das «Einkleiden» urbaner Objekte, wie Poller, Verkehrsschilder, Zäune und Brücken. Vielleicht haben Sie solche bunt verstrickten Objekte bereits in Ihrer Umgebung bemerkt.

Guerilla Knitting ist ein Teil der **Guerilla-Art-Bewegung** und eine Form von Street Art, bei der Objekte im öffentlichen Raum durch das Strickwerk verändert und erweitert werden.

Wenn Sie stricken oder häkeln können oder gern stricken bzw. häkeln lernen wollen: Fertigen Sie für ein Objekt Ihrer Wahl im öffentlichen Raum (z.B. direkt vor Ihrer Haustür) ein neues «Kleid». Messen oder schätzen Sie dazu vorab dessen Umfang und Länge. Sie können auch Woll- und Garnreste nehmen oder Sie wählen gezielt eine bestimmte Farbe oder Farbkombination.

unten: Mehr Kunst als Fahrrad, das eingestrickte Rad ist in jedem Fall ein Hingucker!

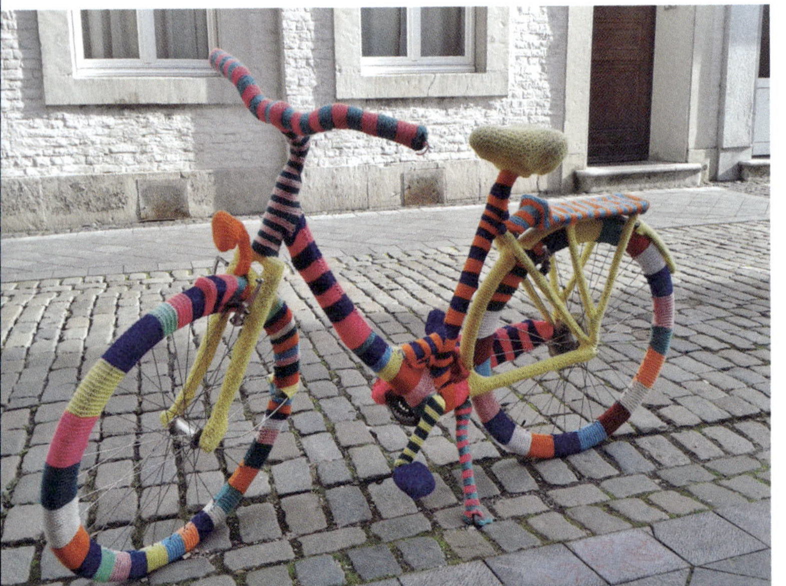

rechte Seite: Diese zwei umstrickten Regenrinnen-Abflussrohre habe ich bei einem Spaziergang in Wolfenbüttel entdeckt.

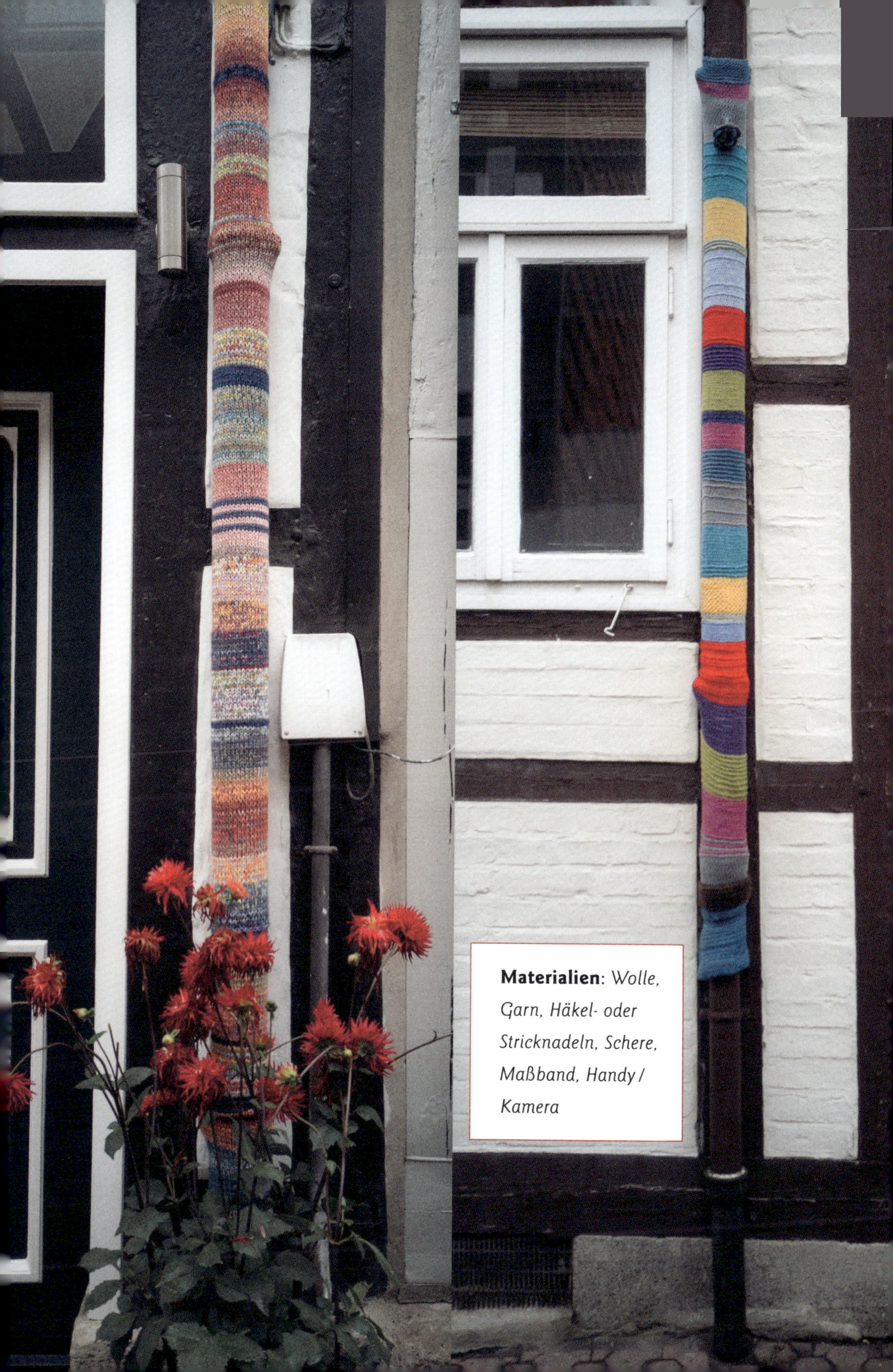

Materialien: *Wolle, Garn, Häkel- oder Stricknadeln, Schere, Maßband, Handy / Kamera*

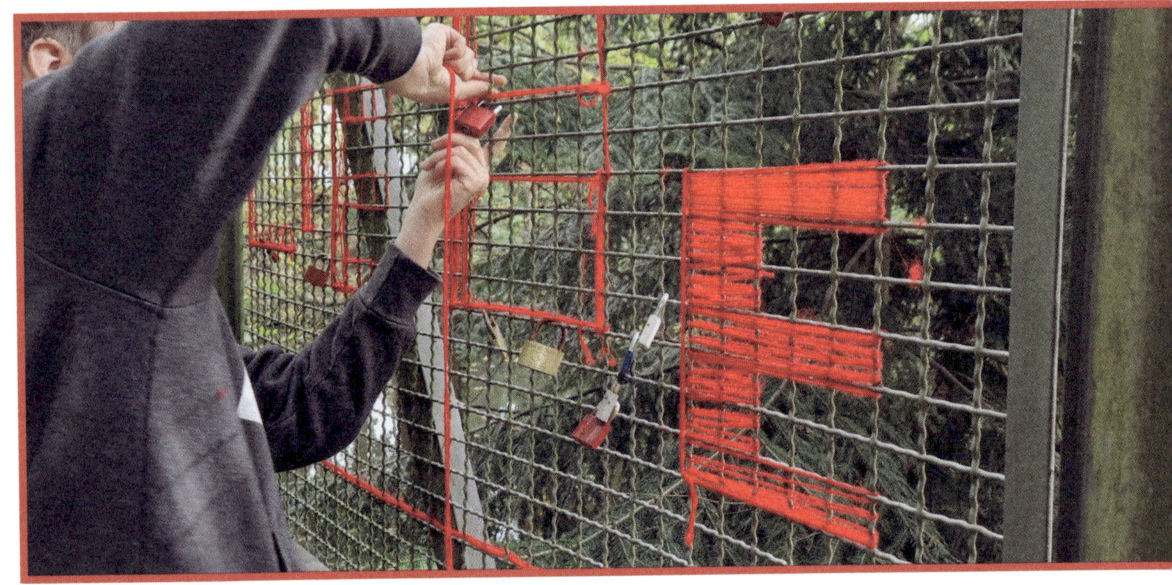

diese Seite: Hier wurde eine Brücke mit roter Wolle eingewebt. Die gewebten Herzen nehmen augenzwinkernd Bezug zum Ritual der «Liebesschlösser», die man an Brücken auf der ganzen Welt findet und die Verliebte dort als Zeichen ihrer ewigen Liebe anschließen.

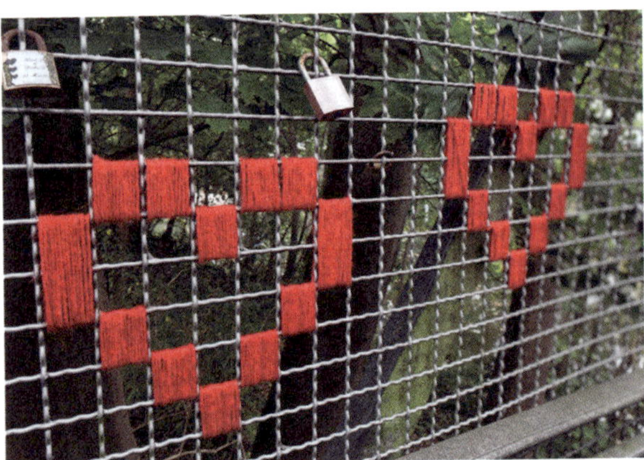

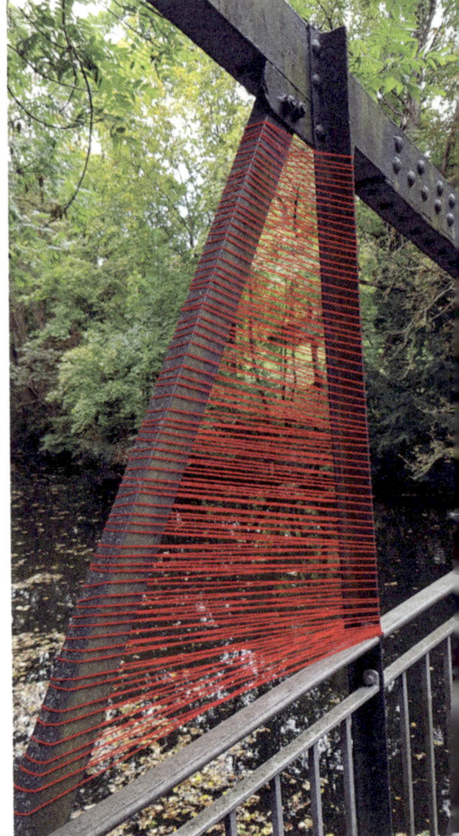

Variante: Wenn Sie nicht stricken können, gehen Sie auf die Suche nach einem Ort, der sich für eine wollene Intervention eignet, wie z.B. eine Brücke oder ein Bauzaun, und experimentieren Sie mit verschiedenen Wickel- und Flechttechniken. Verwenden Sie dafür Wolle, Garn oder Schnur.

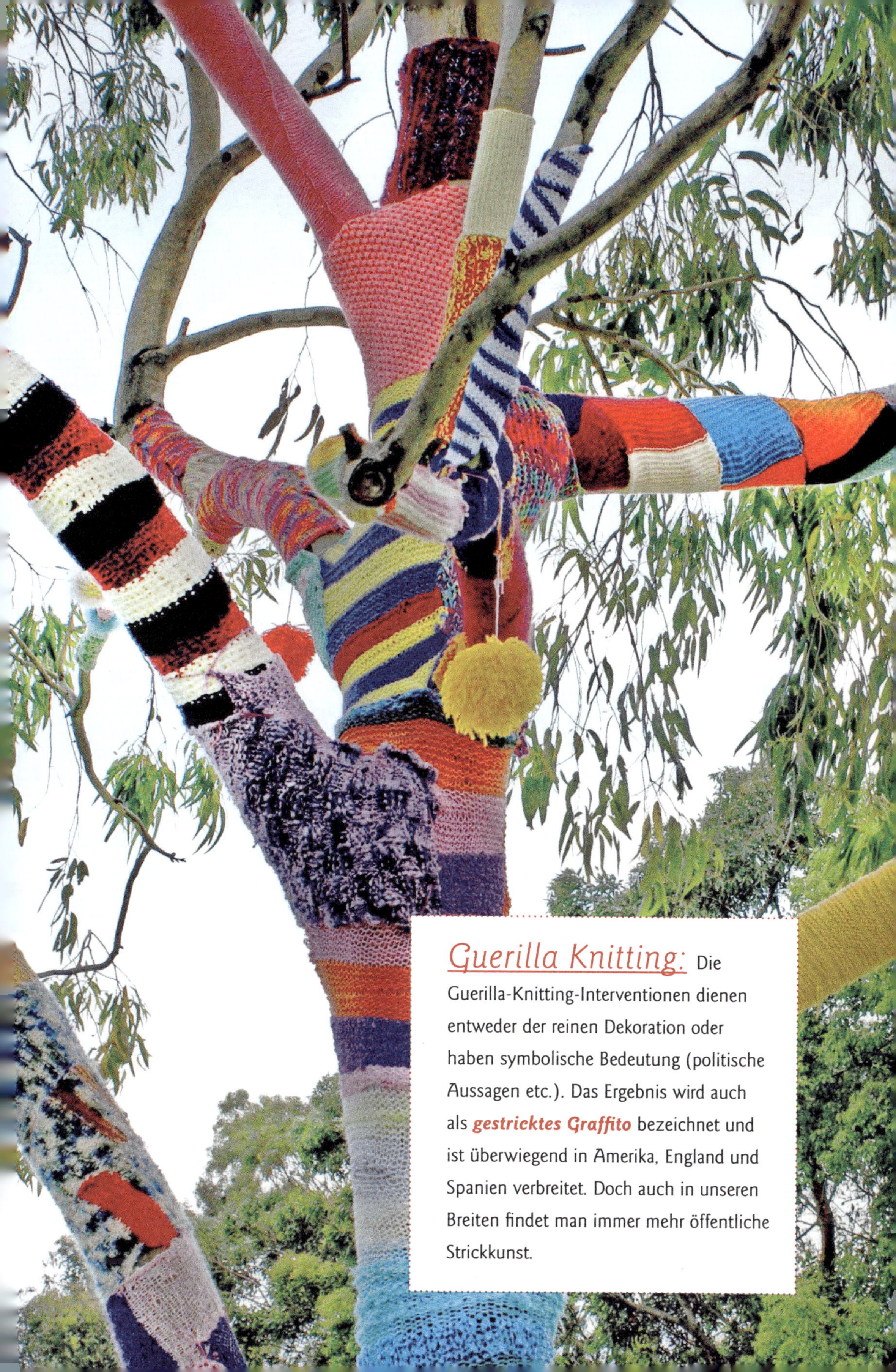

Guerilla Knitting: Die Guerilla-Knitting-Interventionen dienen entweder der reinen Dekoration oder haben symbolische Bedeutung (politische Aussagen etc.). Das Ergebnis wird auch als ***gestricktes Graffito*** bezeichnet und ist überwiegend in Amerika, England und Spanien verbreitet. Doch auch in unseren Breiten findet man immer mehr öffentliche Strickkunst.

14. Kunstautomaten

Automaten gibt es bereits seit der Antike. Der nachweislich erste Kunstautomat wurde von den deutschen Künstlern ***Karl von Monschau*** und ***Willy Gallinowski*** Ende der 1970er-Jahre erdacht. Seitdem gibt es immer mehr Maschinen, die Kunstwerke im öffentlichen Raum verkaufen, an denen man sich selbst bedienen kann.
Ich selbst habe mit ***Tatendrang-Design®*** mehrere alte Zigarettenautomaten erworben, sie umgebaut und in Braunschweig aufgestellt. So können regionale Künstler:innen dort ihre Kunstwerke verkaufen, von Klangkunst über Malerei, Zeichnung, Text, Performance, Objekt, Schmuck, Buch, Comic … war schon fast alles dabei!

1. Überlegen Sie sich eine künstlerische Edition im Kleinformat (z. B. mit den Maßen einer Zigarettenschachtel), bestehend aus zehn Arbeiten (Unikate oder Serie). Genre und Medium sind frei wählbar.
Sie können malen, zeichnen, Klangkunst oder Musik machen (USB-Stick oder Download-Code), schreiben, plastisch arbeiten usw.
Fragen Sie sich: Was macht meine Edition aus? Gibt es zehn identische Arbeiten, die Sie durchnummerieren, oder ist jedes Werk ein Unikat?

unten: Das bin ich vor einigen Jahren beim Umbau der gebrauchten Zigaretten- in wunderschöne Kunstautomaten.

2. Die Schachtel dient als Verpackung und Schutz und kann bereits auf den Inhalt und den/die Absender:in hindeuten, wenn Sie sie mitgestalten. (Ich kaufe immer weiße Blanko-Schachteln und gebe sie an die Künstler:innen weiter, die sie befüllen und gestalten können.)

3. Sie können Ihre Edition anschließend einem bzw. einer Kunstautomaten-Betreiber:in zum Weiterverkauf anbieten oder die Schachteln zu einer Gelegenheit selbst zum Verkauf anbieten oder sie verschenken.

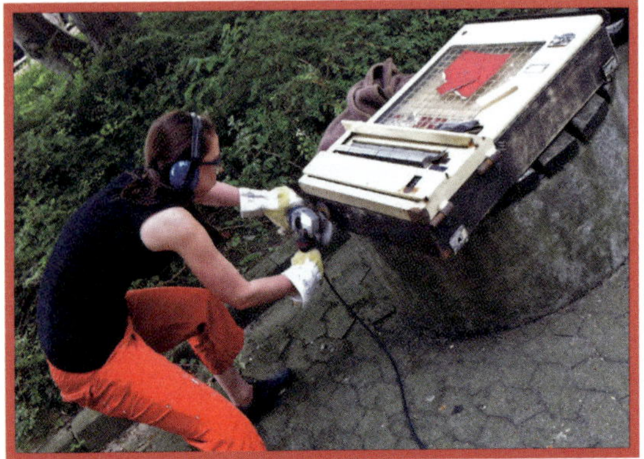

Materialien: *divers, je nach Kunstrichtung, ggf. Kunstautomaten-Vertrieb*

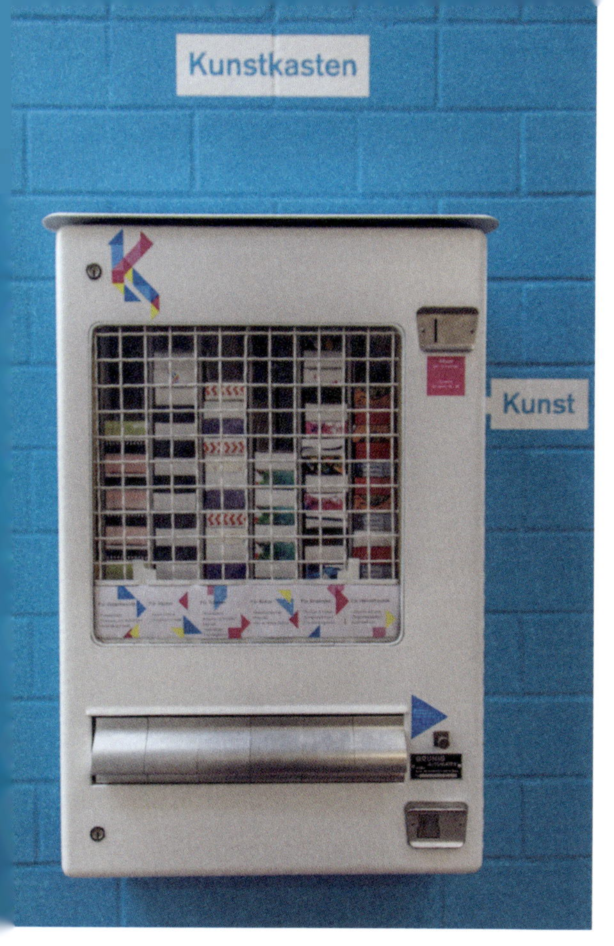

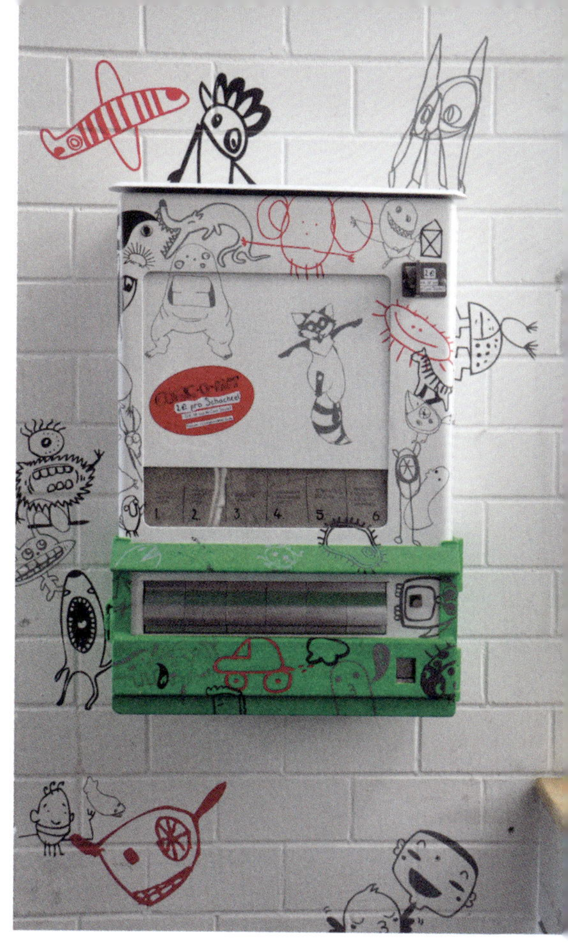

oben: So sehen meine Automaten nach dem Umbau und der neuen Lackierung aus.
unten: Ein umgebautes Kofferschließfach wird zum Kunstautomaten, gesehen in Enschede/NL.

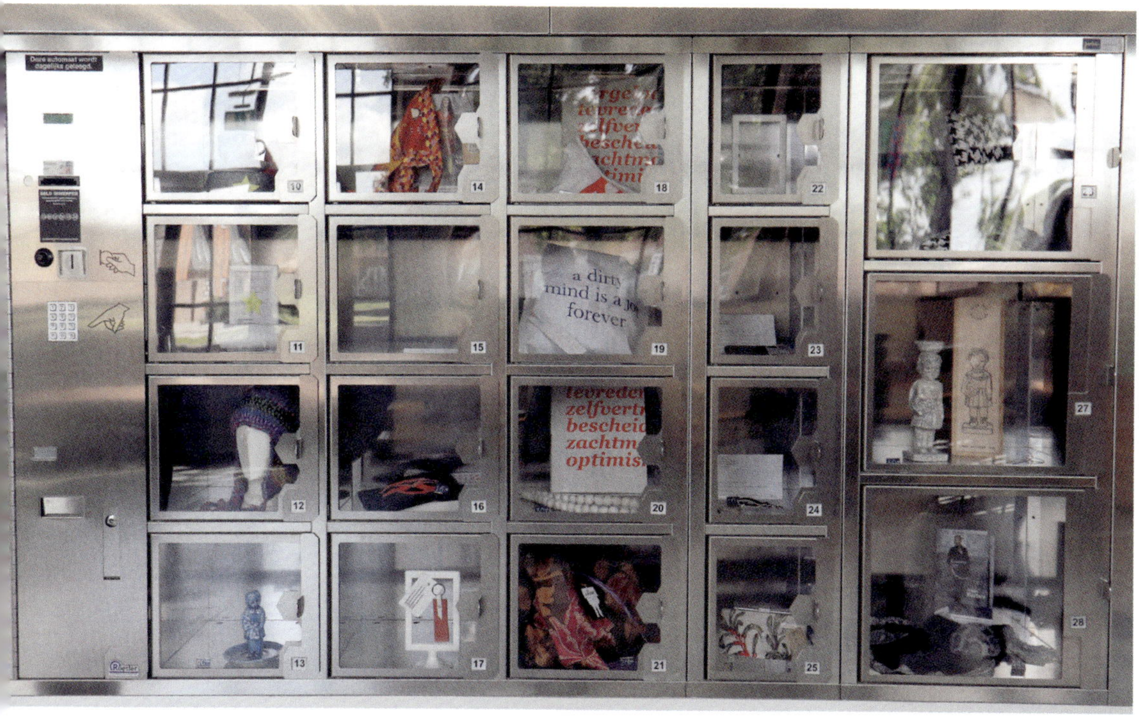

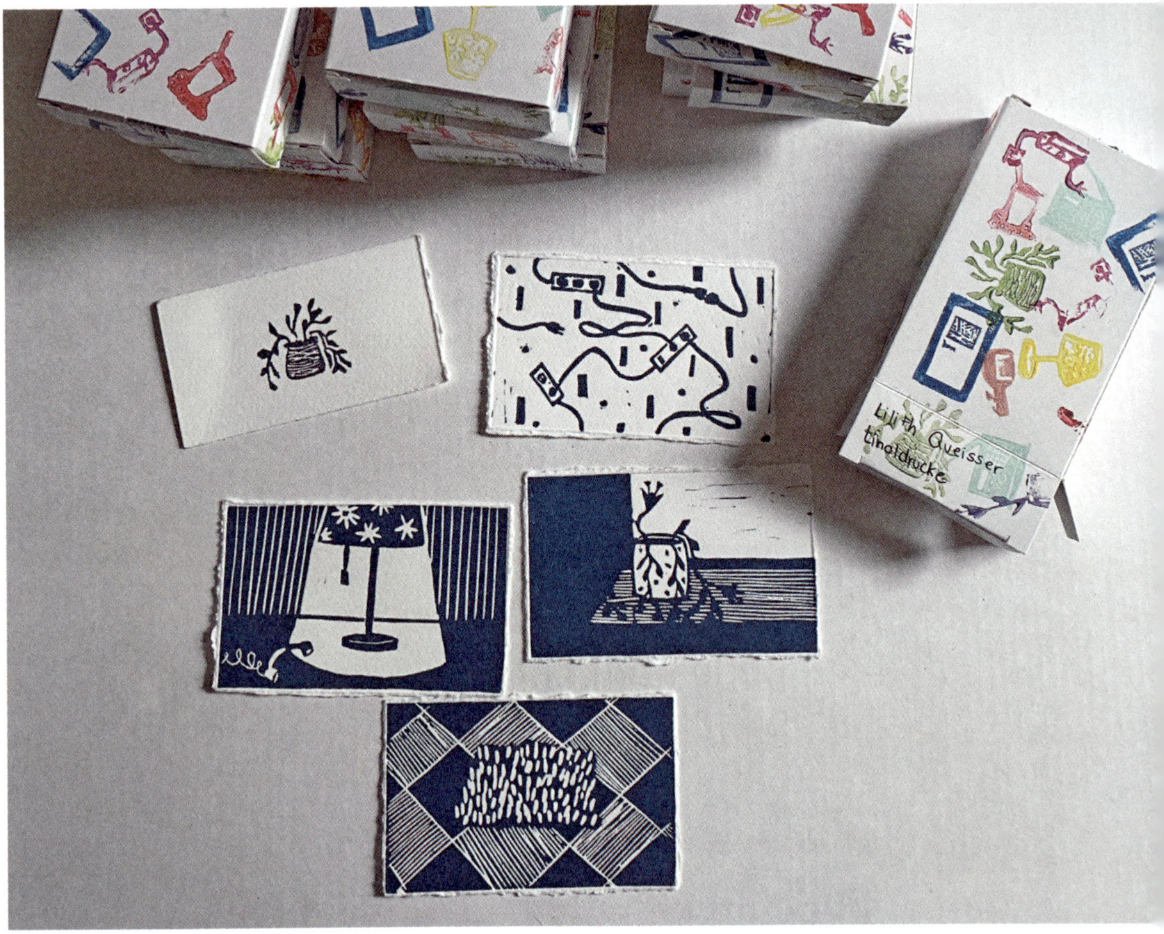

Lilith Queisser
Linoldrucke
POP-
ART
Portraits
POP-
ART
Portraits
POP-
POP-

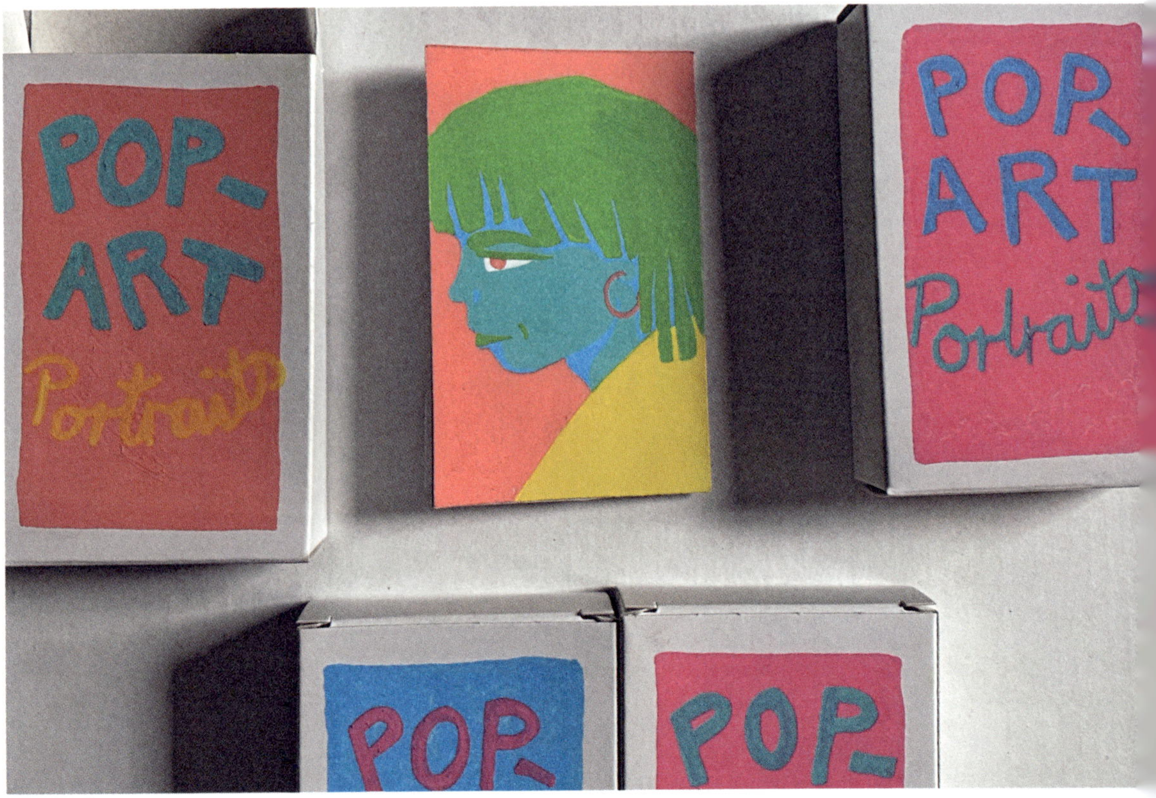

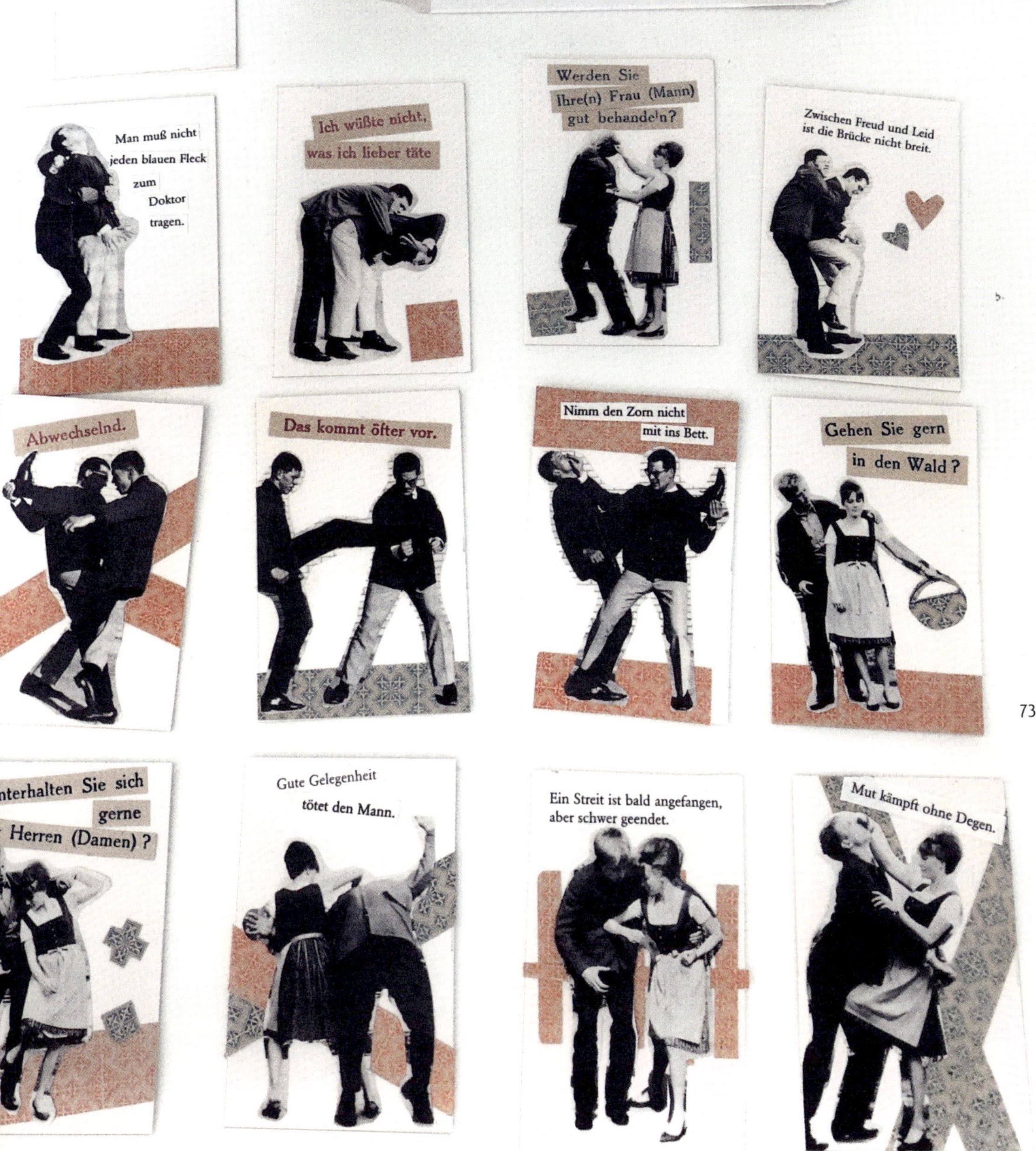

73

linke Seite oben: Eine monochrome Linolschnitt-Edition mit Einblicken in Wohninterieurs, dazu passend wurden die Schachteln farbig bestempelt.
linke Seite unten: Eine bunte Acrylmarker-Edition mit zehn verschiedenen ***Pop-Art****-Porträts, auch hier wurden die Schachteln von Hand und in derselben Technik gestaltet.*

diese Seite: 12er-Edition von Original-Collagen in Text und Bild im Miniformat auf Pappe

15. Streetwear: Print the Streets

1. Gehen Sie zu zweit durch die Stadt und schauen Sie sich nach abdruckbaren Flächen und Objekten des öffentlichen Raums um. Sie werden diese sehr wahrscheinlich auf dem Boden finden. Das können z. B. Gullideckel, Abstreif- und Belüftungsgitter, Pflastersteine und Beschilderungen sein.

2. Nehmen Sie wasserlösliche Farbe(n), z. B. Textilfarbe, Linoldruckfarbe, Acrylfarbe und alte Kleidungsstücke mit, die Sie bedrucken wollen (alte Jeansjacke, T-Shirt, Sweatshirt, Hose etc.). Zusätzlich empfiehlt sich ein Behältnis mit Leitungswasser, um die Farbe anschließend rückstandslos zu entfernen. Ebenso braucht es einen Pinsel oder eine Farbwalze, um die Farbe aufzutragen. Die Farbe vorher z. B. auf einem Stück Pappe auswalzen (ist sauberer, als sie direkt aufzutragen).

3. Drucken Sie nun interessante Strukturen Ihres gefundenen Objekts vor Ort ab, indem Sie das Objekt mit Pinsel oder Walze einfärben und dann die Textilie auflegen, abreiben und vorsichtig abziehen. Versuchen Sie, mit sauberen Händen zu arbeiten. Waschen Sie anschließend alle Farbe vom Objekt ab.

... auf der nächsten Seite geht die Aufgabe weiter!

rechte Seite: Schönes Ergebnis eines Luftgitter-Abdrucks. Es kommt nicht immer auf Perfektion an. Hier finde ich die Stellen, an denen das T-Shirt beim Abdruck Falten geschlagen hat, durch die dynamischen Formen ästhetisch sehr ansprechend.

Materialien: *Farbe, Walze, Pinsel, Textilien (secondhand, alt ...), Wasser, Bügeleisen (im Backofen geht es ggf. auch), Lappen, Pappe, Handy / Kamera*

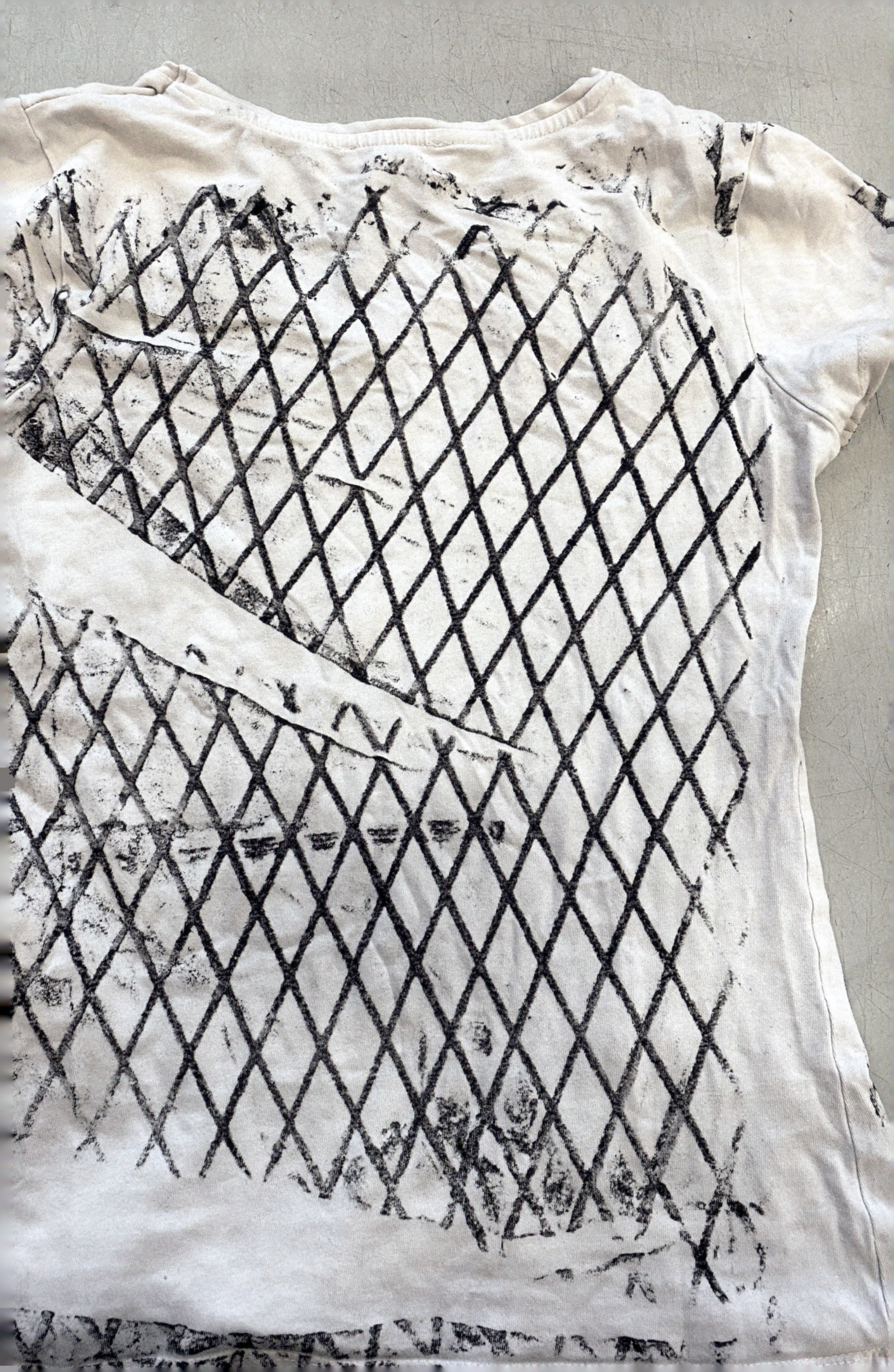

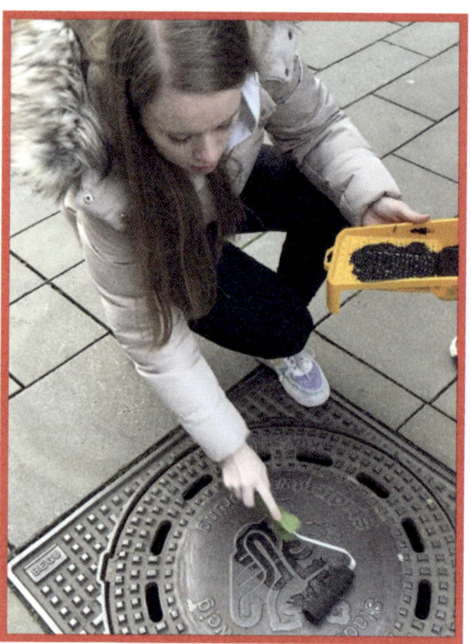

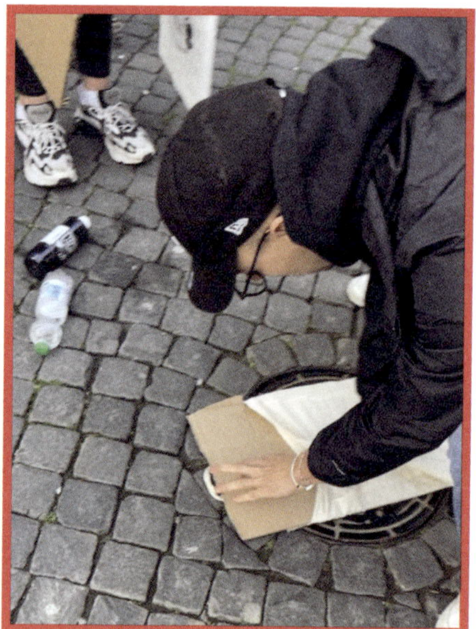

oben: Making-of-Fotos vom Abdruckprozess in der Stadt

Fortsetzung von Seite 74:

4. Bügeln Sie ggf. zu Hause auf links gedreht mit Butterbrotpapier über die Farbe, sodass sie waschfest wird.

5. Dokumentieren Sie die Schritte 1 bis 4 fotografisch.

6. Inszenieren Sie ein Fotoshooting für die neue Kleidung. Verstehen Sie die Kleidung als Ihre Mode-Kollektion. Denken Sie sich eine Social-Media-Fotokampagne dazu aus, die mindestens aus einer Serie von drei Bildern besteht.

No-Gos:

- *Privatgrundstücke betreten*
- *Privatobjekte abdrucken*
- *Stolpersteine und andere Gedenksteine abdrucken*
- *wasserunlösliche Farben verwenden*
- *Farben & Materialien in der Natur entstorgen*

rechte Seite: cooles Posing mit dem fertig gedruckten T-Shirt vor der passenden Street-Art-Kulisse

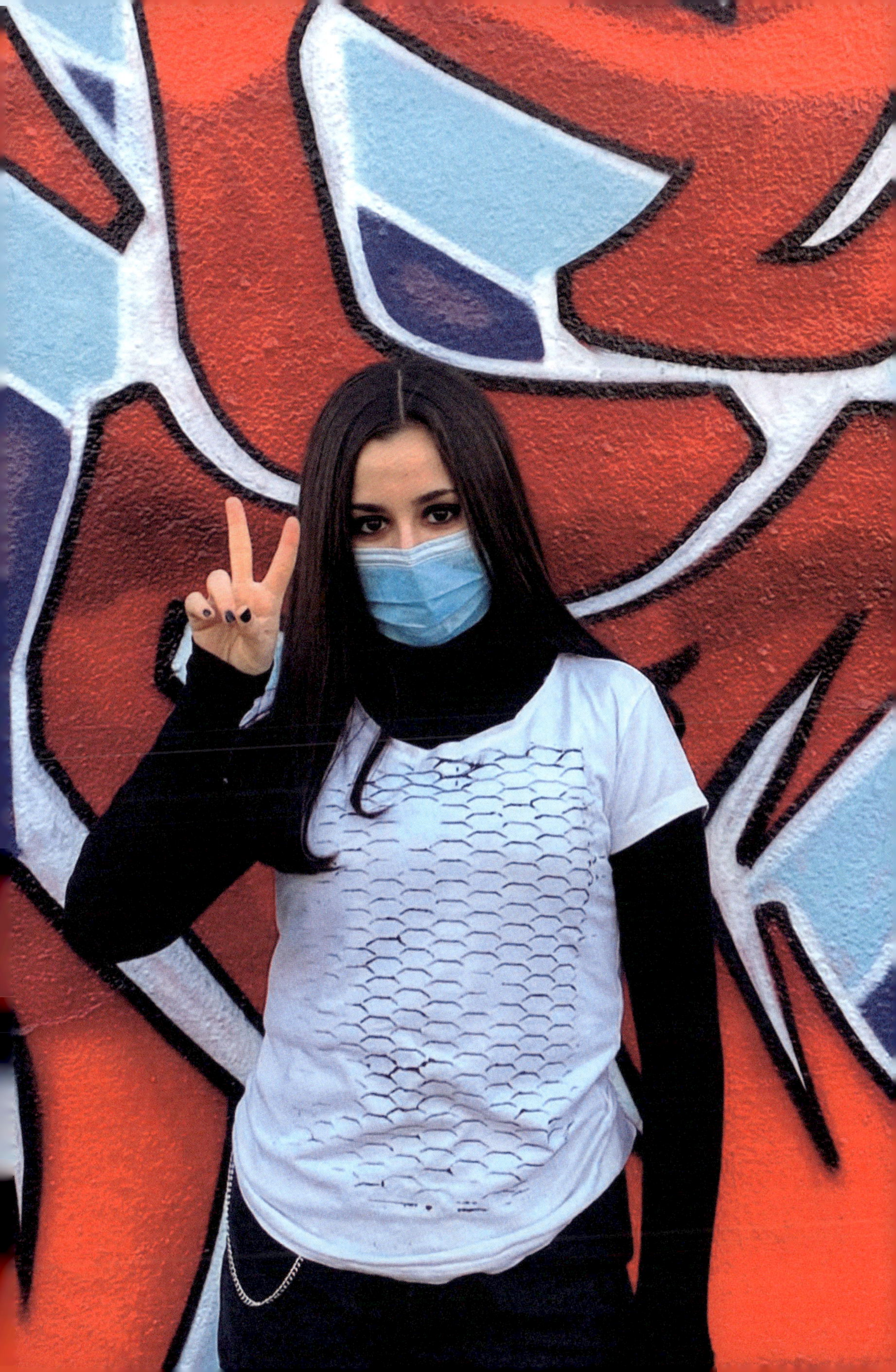

16. Street Photography

Street Photography ist ein bekanntes Genre der Fotografie. Allgemein ist damit eine Fotografie gemeint, die im urbanen Raum und auf öffentlichen Plätzen entsteht, also auf den Straßen. Es kann aber auch in und durch Schaufenster oder in Cafés hineinfotografiert werden. Dabei greift der/die Fotograf:in Menschengruppen oder einzelne Personen fotografisch heraus, oftmals als Momentaufnahme und unbeobachtet. Straßenfotografie kann Millieustudien abbilden. Nicht selten werden erzählende Bildserien aufgenommen.

1. Beschäftigen Sie sich vorab mit dem Thema, schauen Sie sich bekannte Street-Fotograf:innen wie z.B. ***Martin Parr***, ***Henri Cartier-Bresson*** oder ***Vivian Maier*** an.

2. Gehen Sie anschließend mit einer guten Kamera und offenen Augen durch die Stadt oder den Park, auf der Suche nach Szenen, Momentaufnahmen oder erzählenden (z.B. witzigen, skurrilen) Situationen.

unten: ein Geschäftsmann auf den Straßen Bolognas

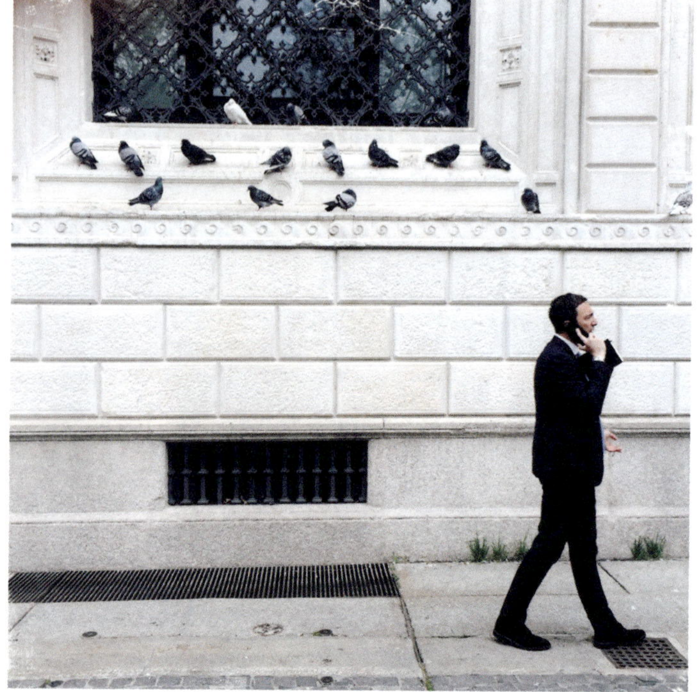

rechte Seite: Ein einsames Luftballonpferd vor einer gemauerten Wand bildet den perfekten ruhigen und urbanen Augenblick.

Materialien: *Recherchehilfen (Internet, Bücher), Handy / Kamera*

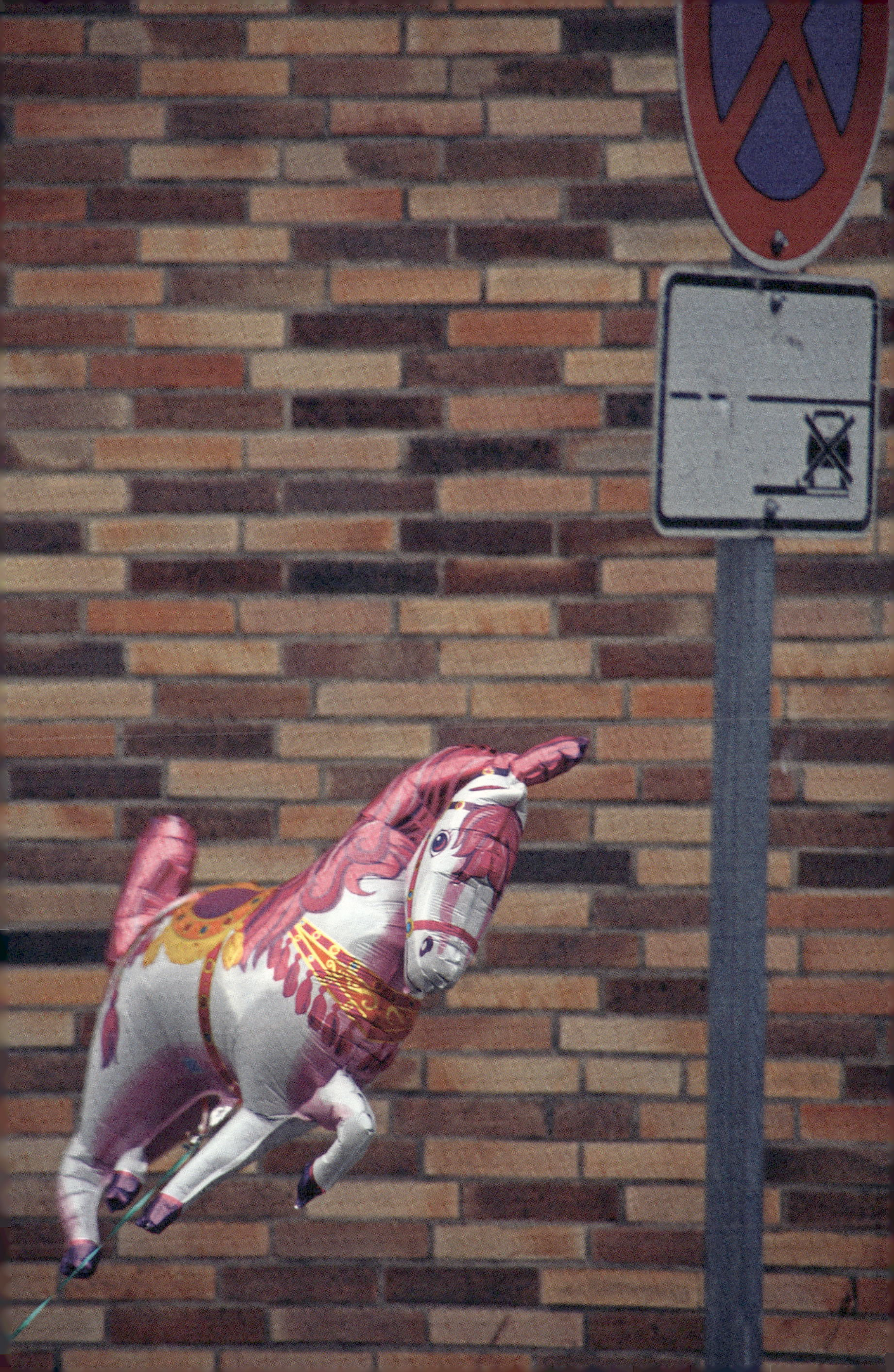

Gut zu wissen: Menschen ohne ihre Erlaubnis und ohne ihr Wissen zu fotografieren, ist ein heikles Thema. Im Gegensatz zu öffentlichen Personen haben Privatleute das Recht am eigenen Bild. Street Photographer arbeiten oft in einer Grauzone. Meistens fragen sie nicht um Erlaubnis, berufen sich eventuell auf die Kunstfreiheit.
Bestenfalls arbeiten sie so, dass die fotografierten Menschen nicht zu erkennen sind oder als Passant:innen in der Masse untergehen.
Wollen Sie beim Fotografieren auf Nummer sicher gehen, fragen Sie vorab um Erlaubnis bzw. hinterher mit dem entstandenen Motiv – oder fotografieren Sie den Moment so, dass der abgebildete Mensch nicht zu erkennen ist (z.B. aufgrund einer Verkleidung, als Hinterkopf).

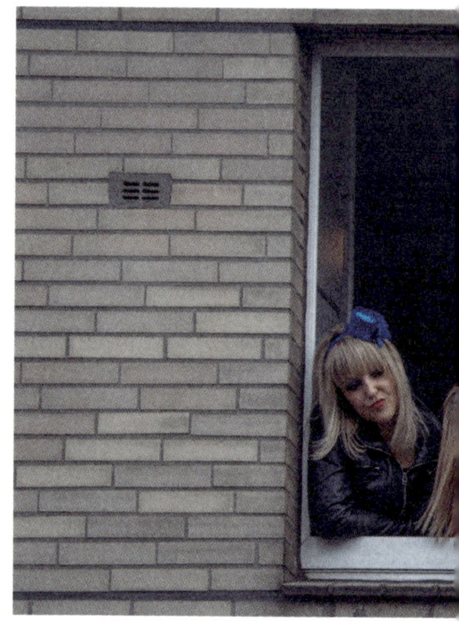

obere Reihe: Schaulustige beim Karnevalsumzug

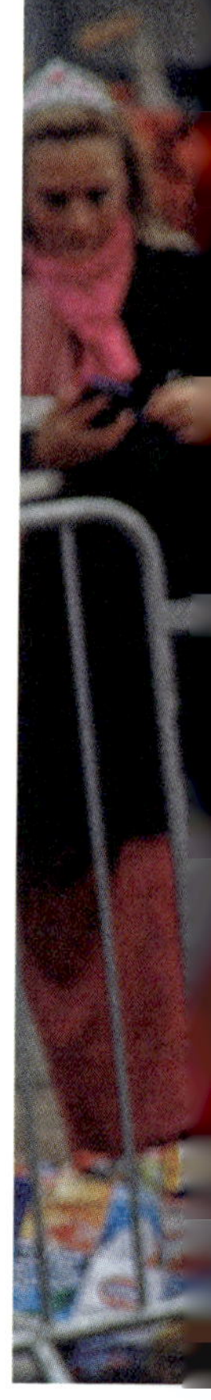

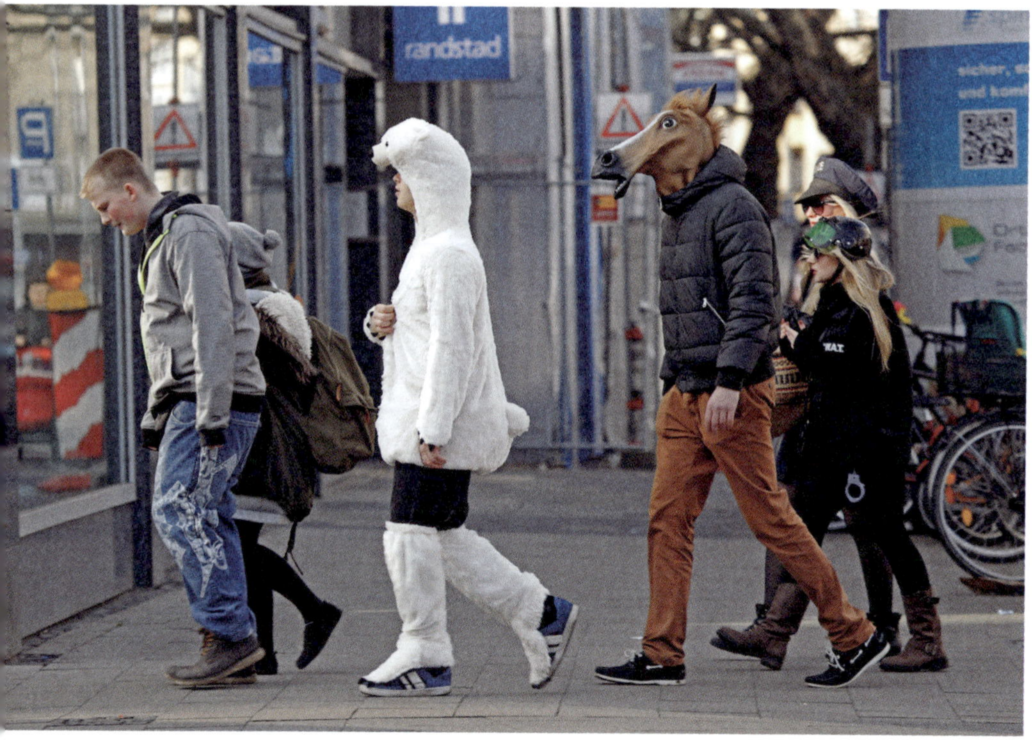

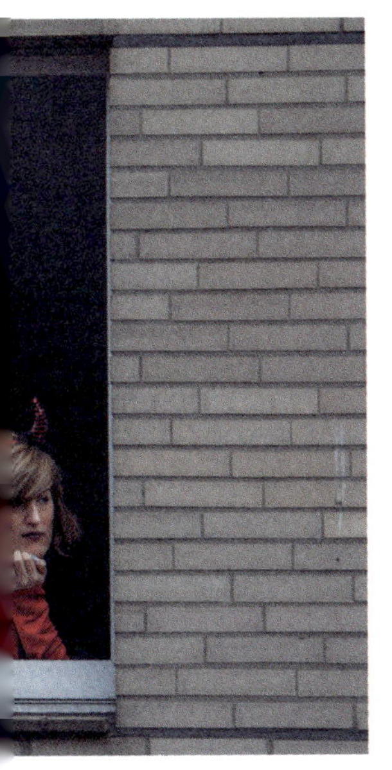

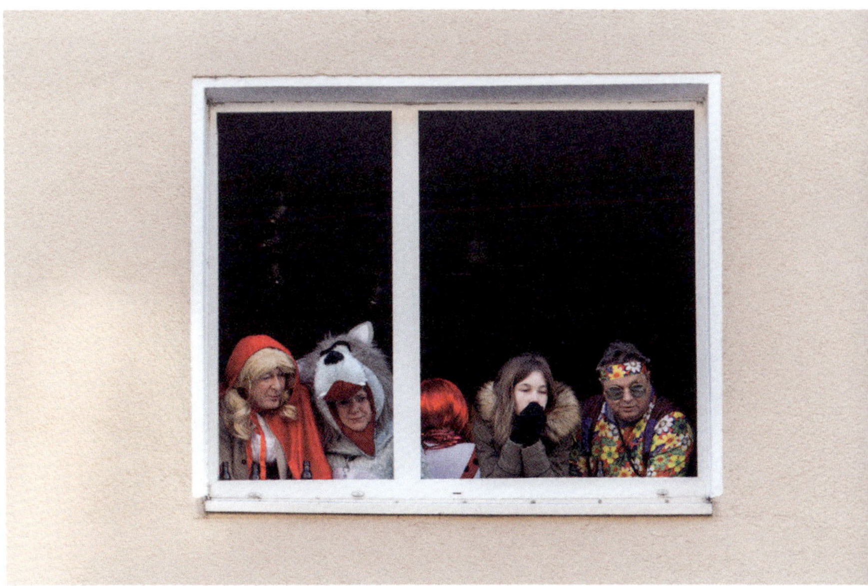

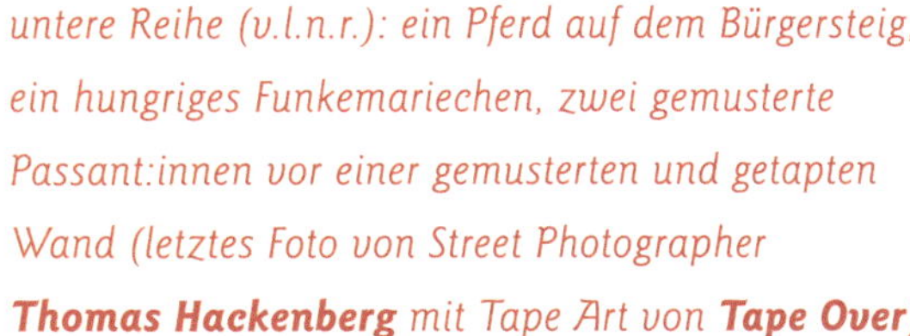

untere Reihe (v.l.n.r.): ein Pferd auf dem Bürgersteig, ein hungriges Funkemariechen, zwei gemusterte Passant:innen vor einer gemusterten und getapten Wand (letztes Foto von Street Photographer ***Thomas Hackenberg*** *mit Tape Art von* ***Tape Over****)*

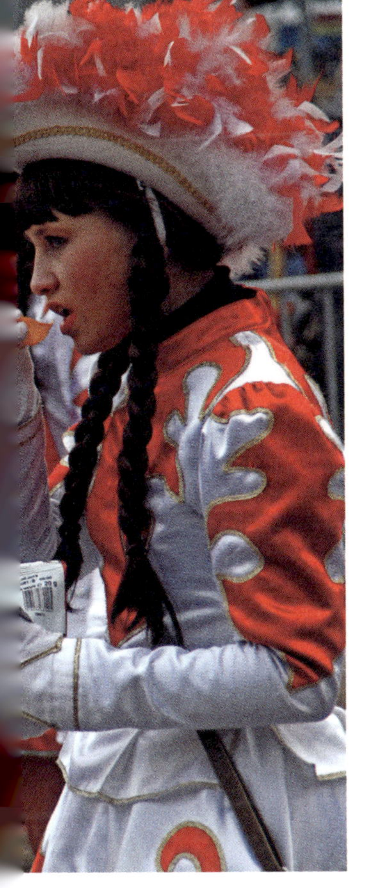

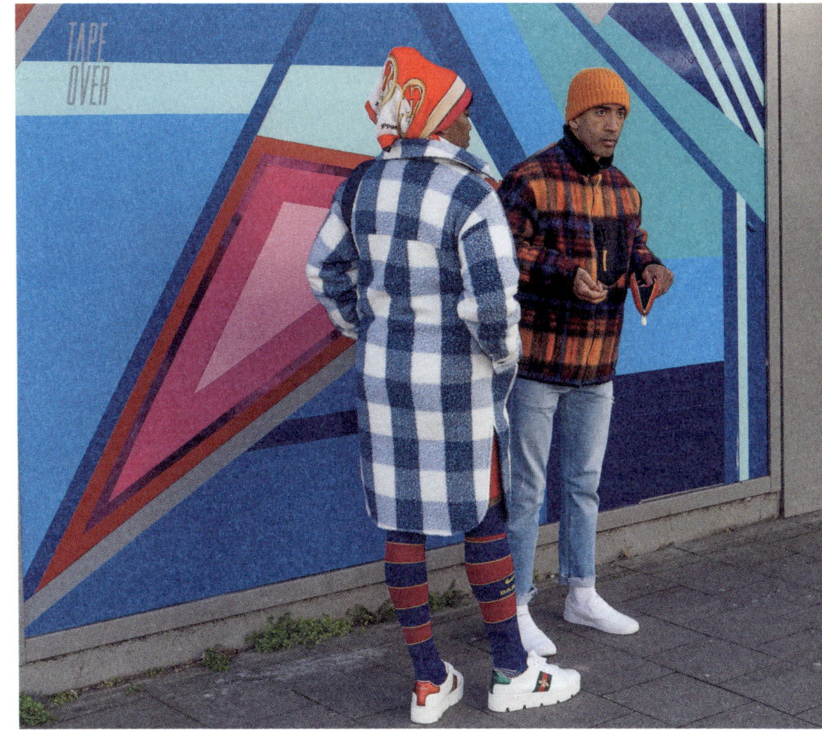

17. Fotografische Trugbilder

Trugbilder sind schon immer der Hingucker gewesen. Im Laufe der Zeit und mit neuen Technologien entwickeln auch sie sich weiter. Ob visueller Zaubertrick im ***TikTok***-Video oder perspektivische Täuschungen im ***Instagram***-Foto: Trugbilder sind schön anzusehen und bringen Spaß!

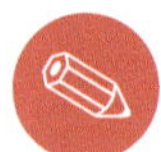

Suchen Sie sich eine/n Partner:in und gehen Sie zusammen raus. Nehmen Sie Ihre Kameras mit. Überlegen Sie sich verschiedene Bildideen (mindestens zwei pro Person), die Sie umsetzen wollen. Eine/r ist Fotograf:in, eine/r ist Model. Besprechen Sie die Ideen und dann setzen Sie sie um. Achten Sie hier bitte auf gute Fotoqualität (Lichtverhältnisse, interessante Perspektive, Details, Gesamteindruck).

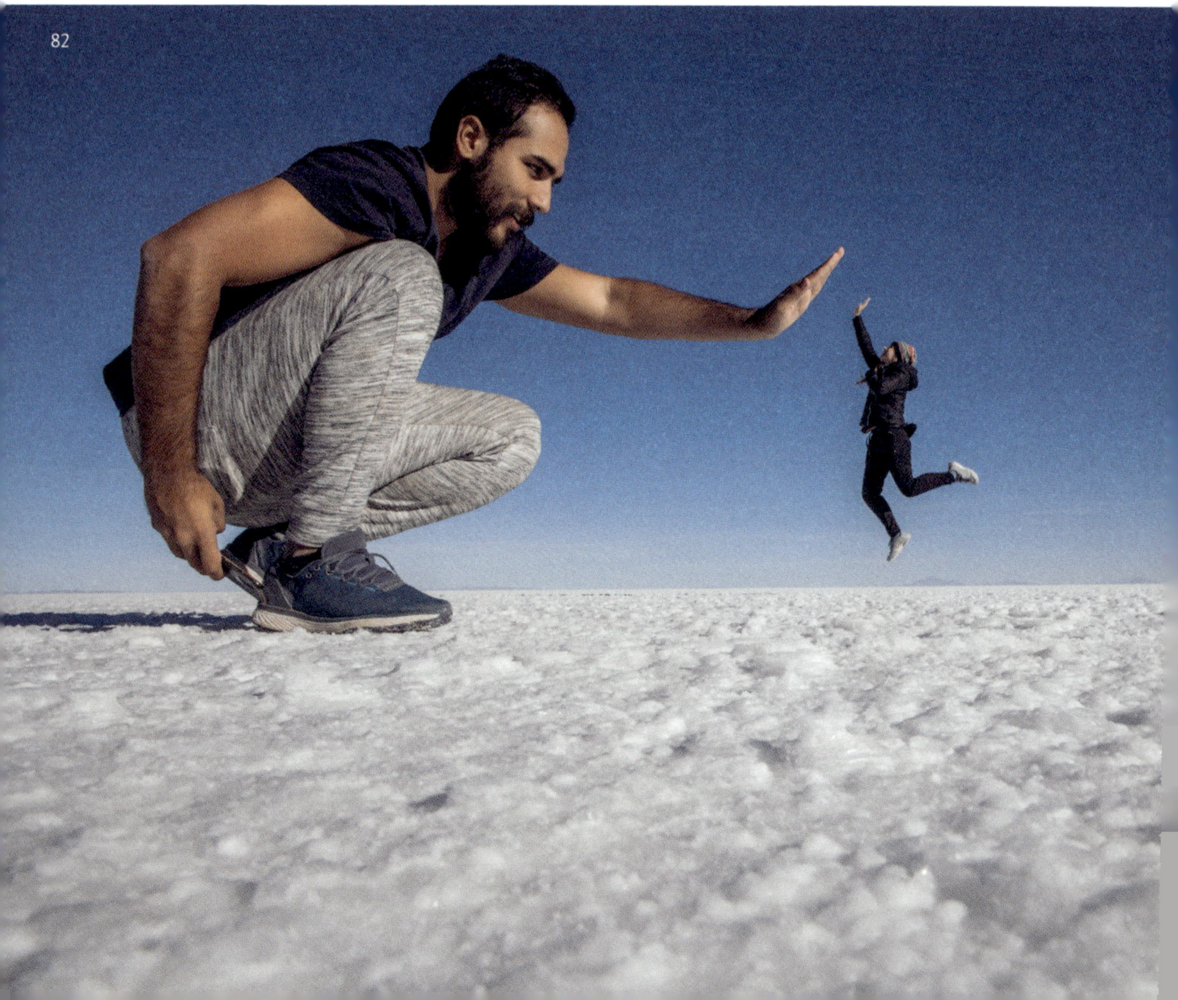

Gut zu wissen: Entscheidend bei Trugbildern ist übrigens die richtige Perspektive. Diese finden Sie durch Ausprobieren.

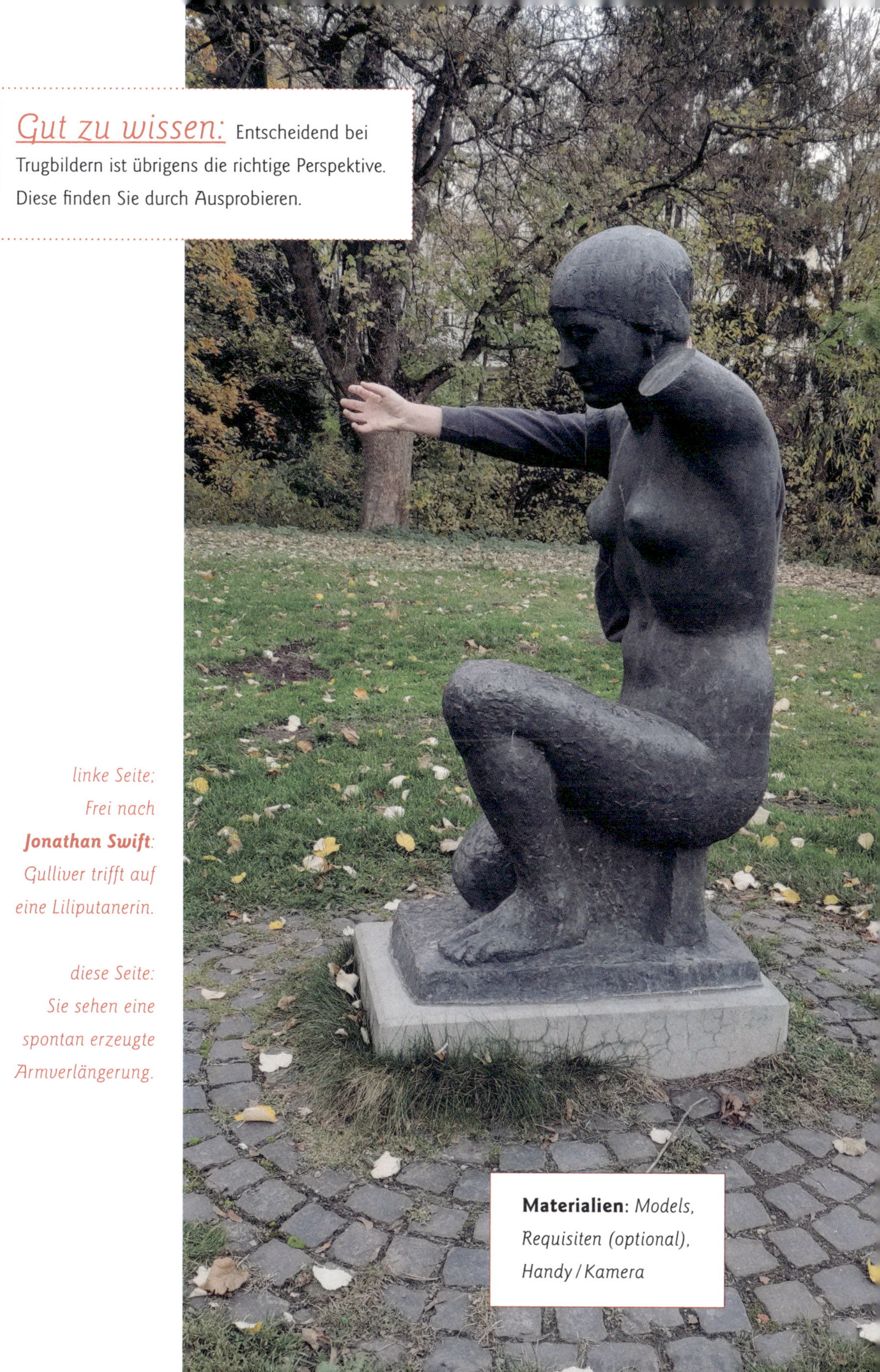

linke Seite: Frei nach ***Jonathan Swift****: Gulliver trifft auf eine Liliputanerin.*

diese Seite: Sie sehen eine spontan erzeugte Armverlängerung.

Materialien: *Models, Requisiten (optional), Handy / Kamera*

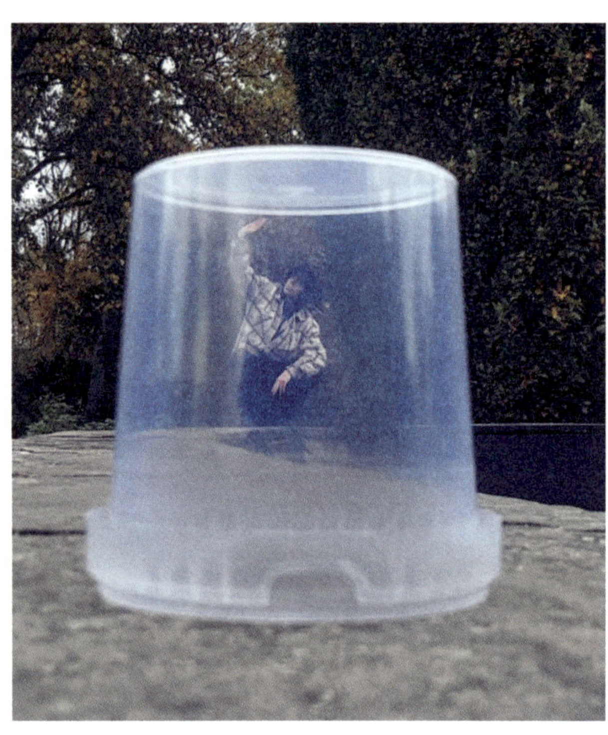

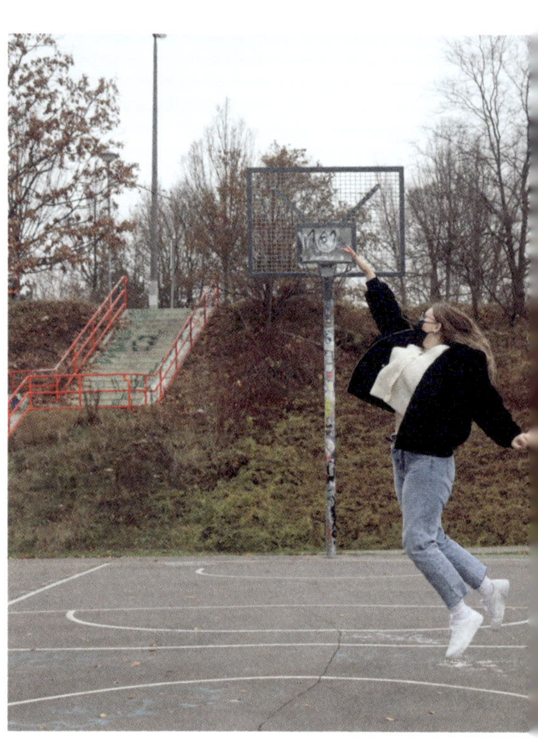

oben: Dank der richtigen Perspektive und Pose sehen Sie links eine eingesperrte Person in einer Dose, (ein-)gefangen wie ein Insekt. Und auf dem rechten Bild gelingt der Sprung zum Basketballkorb – alles eine Frage der richtigen Perspektive!

unten: Hier nutzt die Kunst (Kreidezeichnung → siehe Seite 86) den Trugbild-Effekt. Doch erst fotografiert (aus 3-D wird 2-D), wird die optische Täuschung richtig sichtbar!

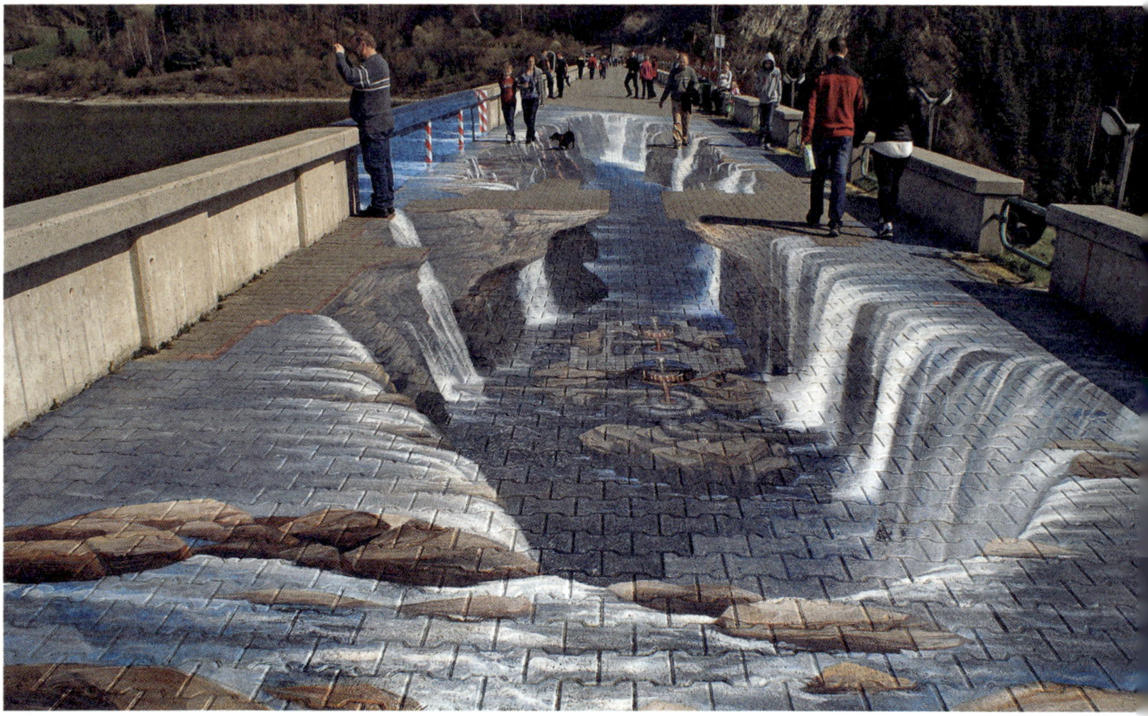

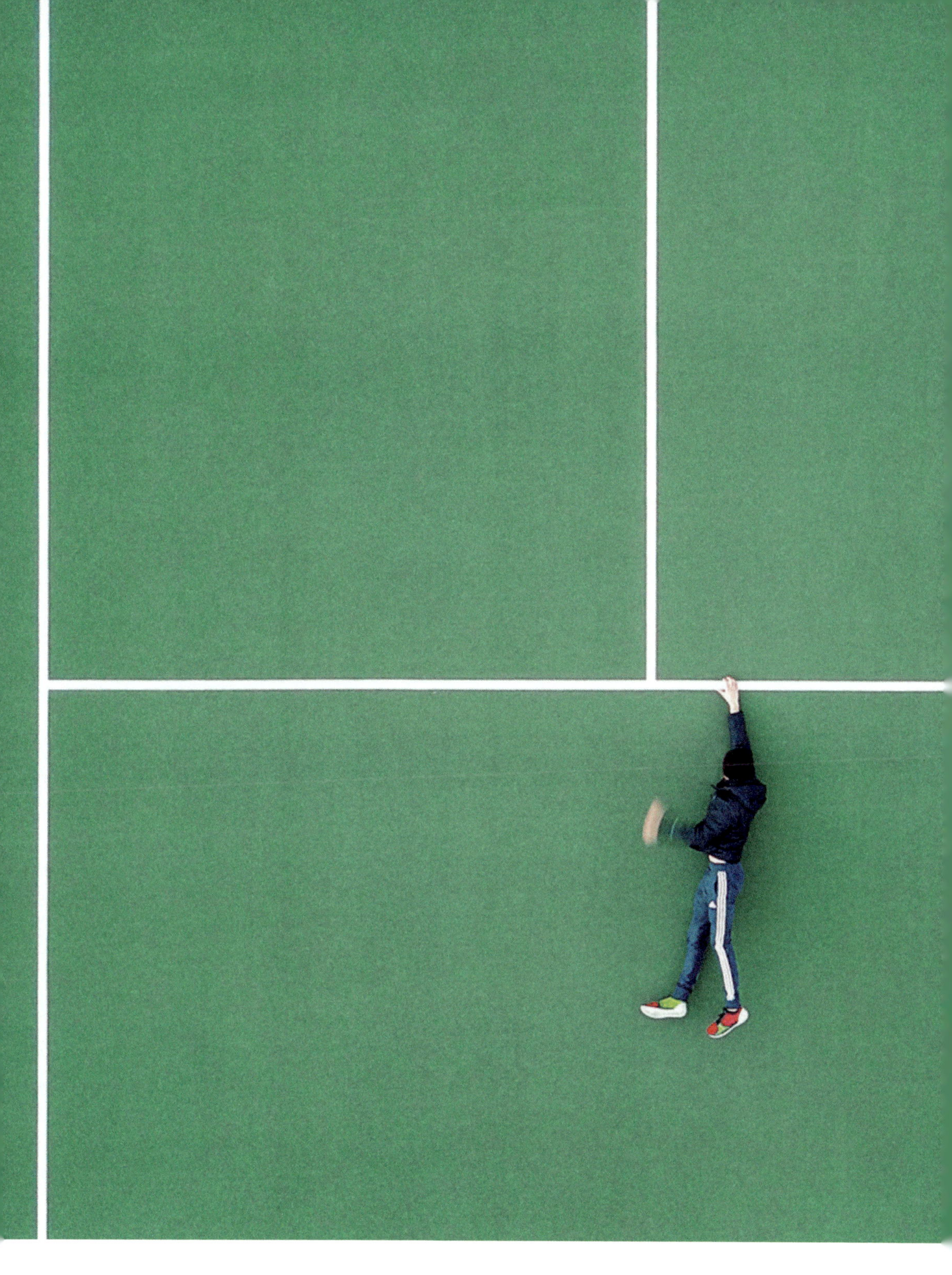

Aus Horizontal wird Vertikal, aus einer liegenden wird eine hängende Pose. Dieser Trick ist einfach und funktioniert immer wieder! Probieren Sie es selbst einmal aus!

18. Unterwegs mit Kreide

1. Suchen Sie sich eine geeignete und große Fläche, z. B. eine Betonwand, einen asphaltierten Platz, einen Lost Place, eine Spielstraße oder einen Spielplatz.

2. Überlegen Sie sich, welche visuelle Geschichte Sie erzählen wollen. Vielleicht ist es ein Thema, dass die Menschen, die an Ihrer Gestaltung vorbeilaufen, aufrütteln und interessieren soll. Oder Sie nehmen Bezug auf den Ort, den sie bunt(er) machen.

3. Gemeinsam macht diese Aufgabe noch mehr Spaß! Suchen Sie sich Gleichgesinnte und arbeiten Sie zusammen an einem großen Wand- oder Straßenbild.

4. Dokumentieren Sie den Prozess und das Endergebnis mit der Kamera. Experimentieren Sie dabei mit unterschiedlichen Perspektiven, Ausschnitten und der Totalen.

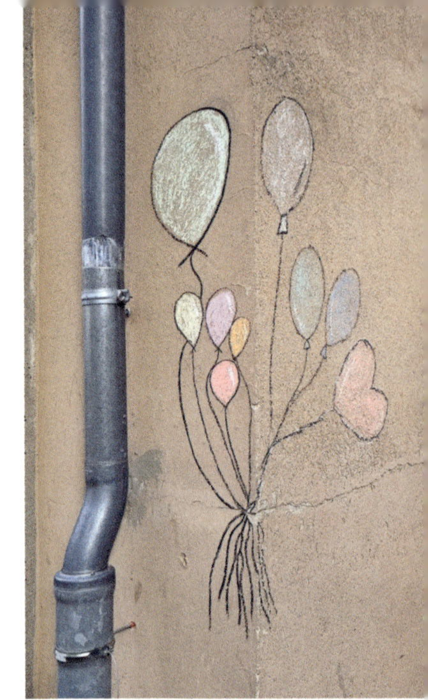

diese Doppelseite;
Hier sehen Sie Fotos aus dem Unterricht an einer berufsbildenden Schule (Klasse für Fachoberschule Gestaltung). Inhaltlich wurden keine Vorgaben gemacht. Es wurde auf dem Schulgelände gezeichnet.

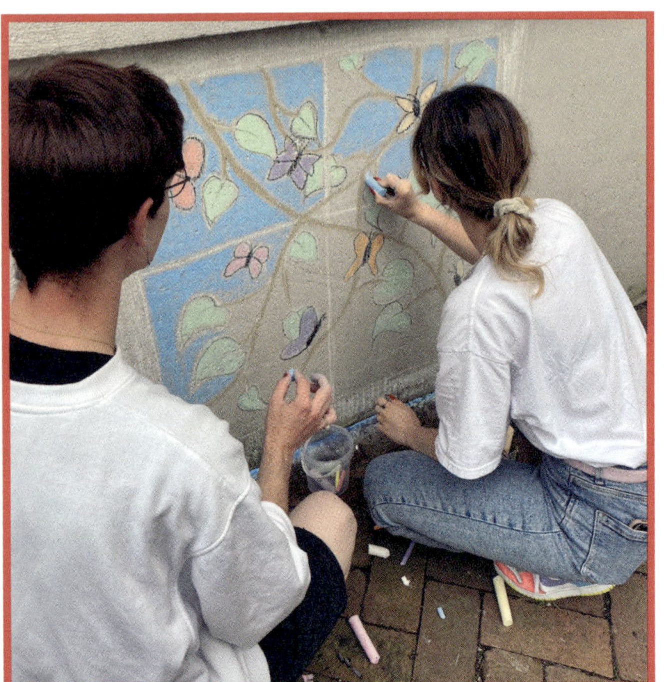

Tipp: Vielleicht macht der Einsatz von Schrift beziehungsweise ein Lettering in Ihrem Kreidebild Sinn?

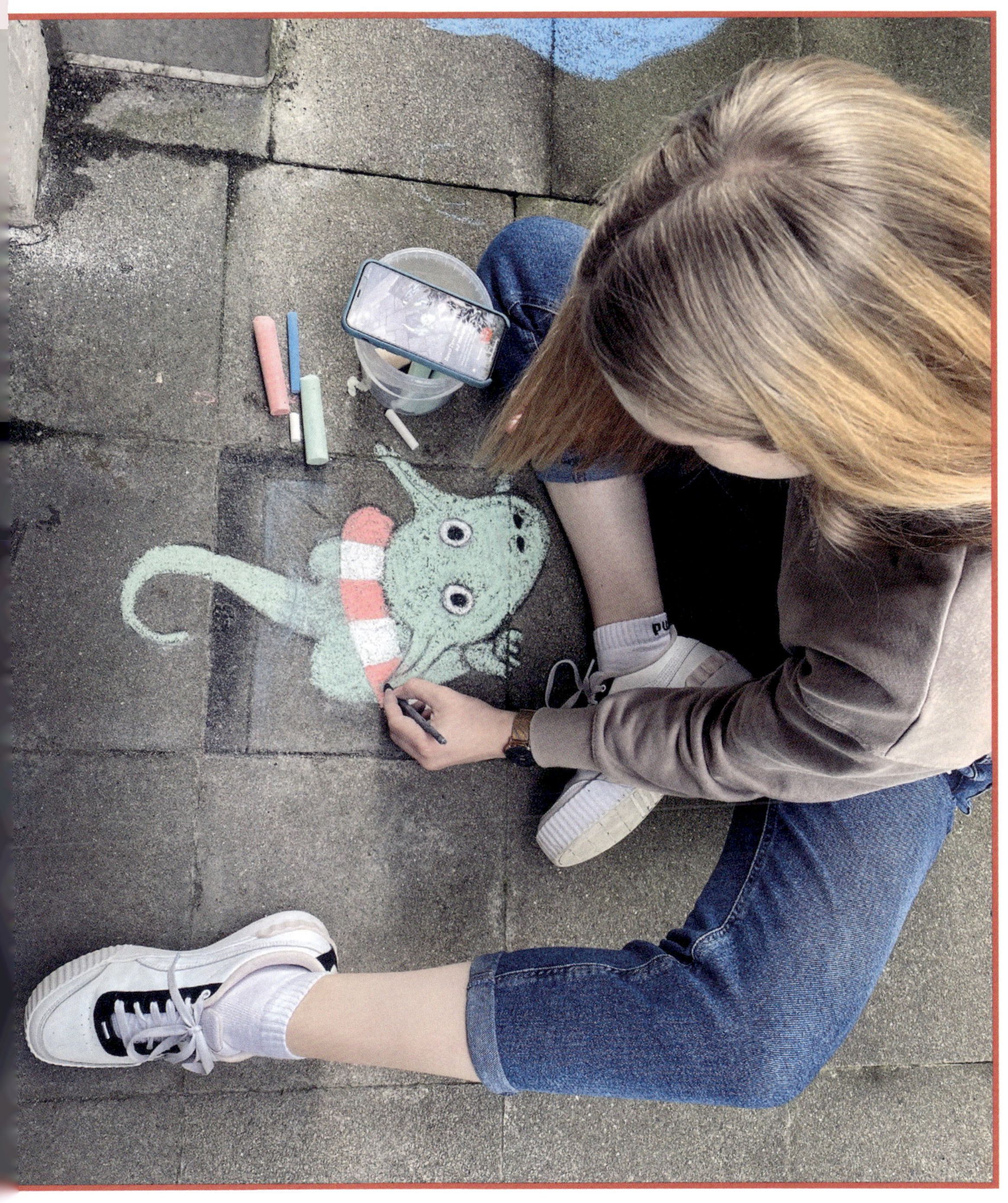

Materialien: *Kreide trocken, Kreidefarben (wasserlöslich), Kreidestifte, Lappen, Wasser, Handy / Kamera*

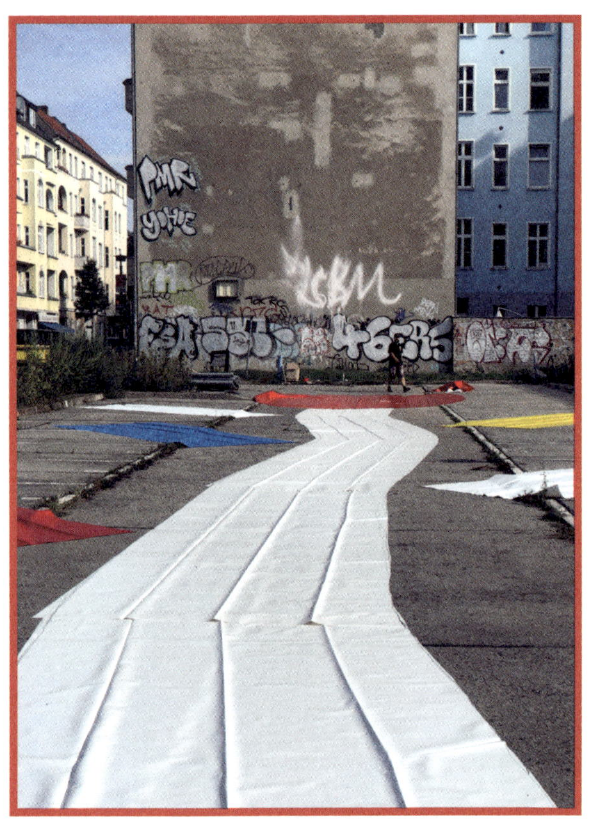

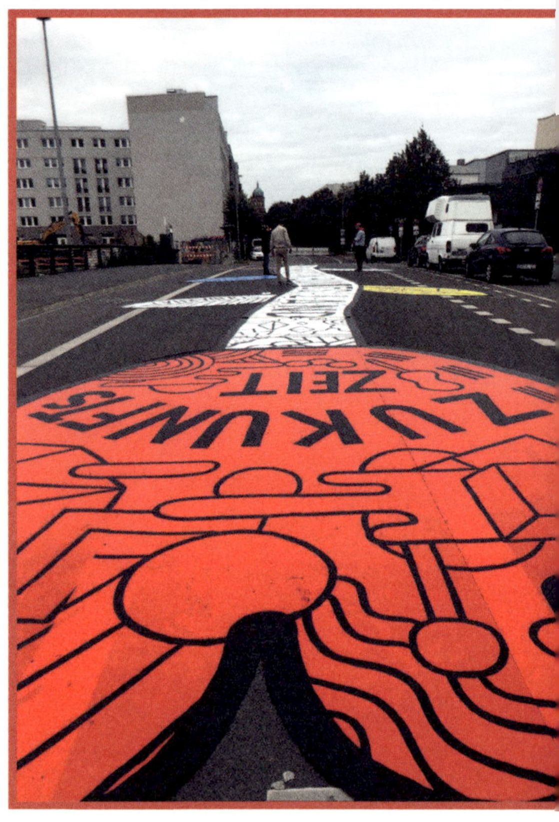

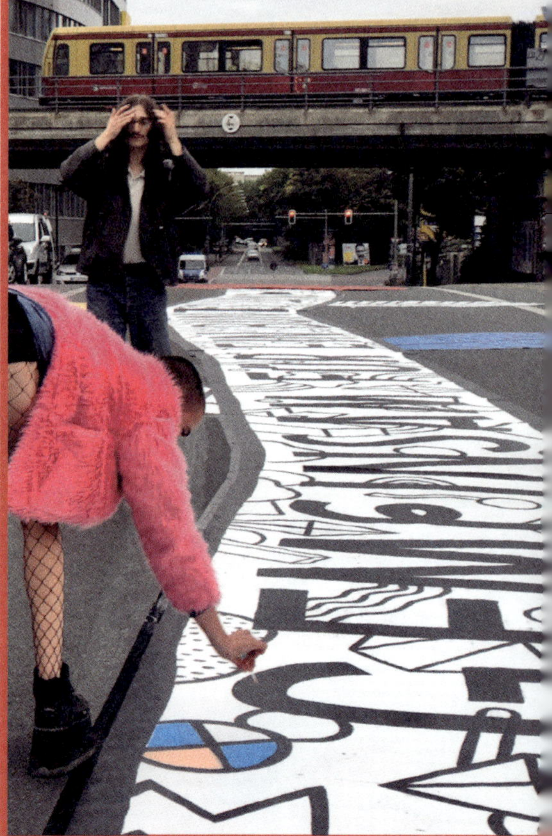

→ Seite 57 und diese Doppelseite zeigen das Projekt «Septemberfrühling», eine Auftragsarbeit für den ***Bund der Deutschen Katholischen Jugend****. Die Street-Art-Installation realisierten die Illustrator:innen* ***Anne Wenkel*** *und* ***Martin Krusche*** *in Berlin. Die 38 Meter lange Blume wurde auf einer vorbereiteten PVC-Plane auf die Straße gebracht. Am Tag der Aktion konnte sie von Passant:innen mit Acryl-Markern weiter ausgemalt werden. Das Motto der Aktion lautete: «Kulturell und religiös vielfältig, tolerant und solidarisch, demokratisch, nachhaltig und gerecht soll das Land sein, in dem wir leben.»*

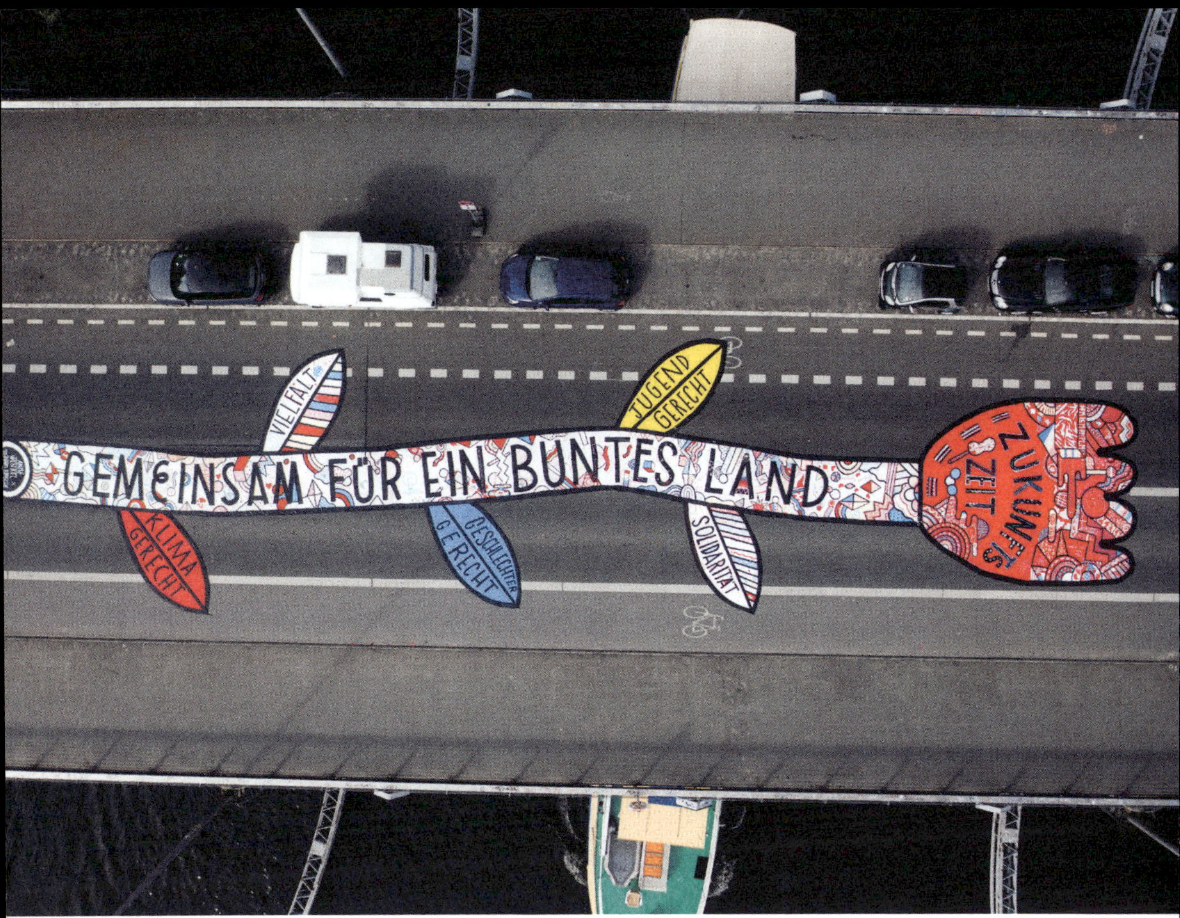

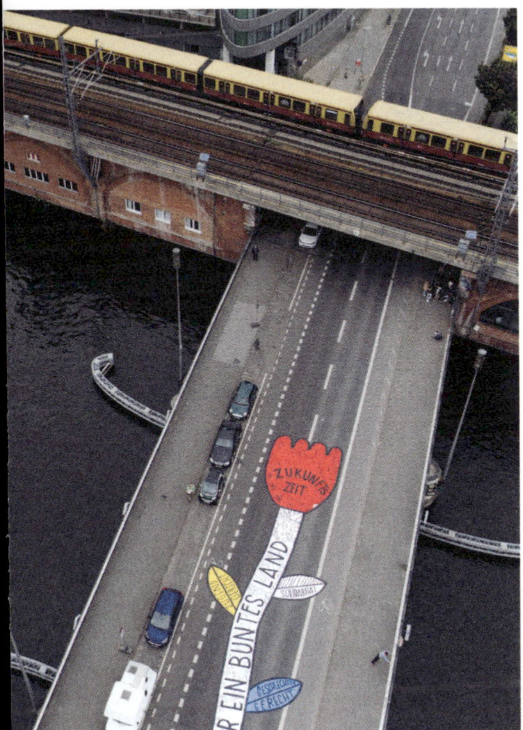

diese Seite: So sieht das Projekt am Ende des Tages mit einer Drohne aus der Vogelperspektive fotografiert aus.

Variante: Statt mit Kreide zu malen, können Sie auch, wie auf dieser Seite zu sehen, auf Planen oder Ähnlichem malen. Statt Kreide verwenden Sie z. B. Acrylfarbe. Diese ist nach dem Trocknen wasserfest und elastisch wie Gummi. Weitere Vorteile: Das Bild ist beweglich, kann zweitverwertet werden und es hat eine Kreidebild-Anmutung.

Suchen, Finden, Sammeln

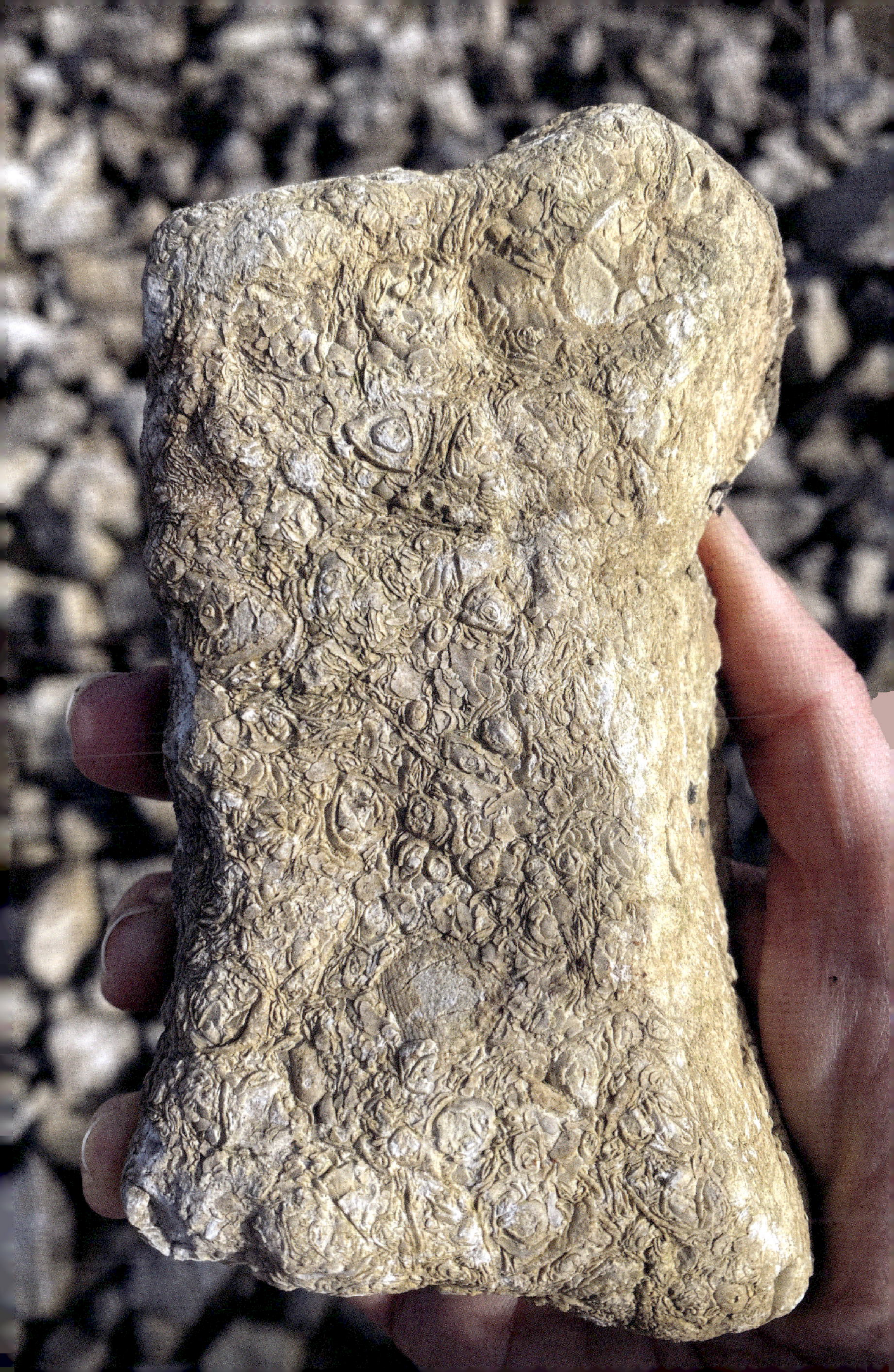

19. Naturporträt fotografieren

1. Nehmen Sie sich eine/n Partner:in für dieses Projekt. Die Partner:innen helfen sich gegenseitig bei der Konzeption des Fotos, bei der Platzierung und dem Akt des Fotografierens. Arbeiten Sie doch allein, ist es schwieriger, aber nicht unmöglich.

2. Sammeln Sie draußen in der Natur organische Materialien, die Sie ansprechend finden und zur folgenden Aufgabe passen: Entstehen soll ein fotografisches Naturporträt. Sollten Sie allein arbeiten, nennen Sie es «fotografisches Natur-Selfie».
«Porträt» meint hier die fotografische Abbildung des Kopfes und ggf. des Halses und Schulteransatzes. Im Gesicht- und Kopfbereich sind die (gesäuberten) Naturmaterialien zu platzieren, sodass eine spannende Visualisierung und Darstellung der Person entsteht. Wie viele Materialien Sie dabei wie und wo platzieren, bleibt Ihnen freigestellt. Lassen Sie Ihrer Fantasie und Ihrem ästhetischen Gefühl freien Lauf.

3. Denken Sie auch an den Hintergrund (draußen: Wiese, Asphalt; drinnen: Boden, Wand, Papierhintergrund). Selbst wenn man ihn kaum sieht, ist er dennoch ein weiterer Akteur.

4. Fotografieren Sie mindestens fünf verschiedene Porträts (mit fünf verschiedenen Natur-Accessoires) pro Person. Wählen Sie das beste aus und kennzeichnen Sie Ihren Favoriten.

Materialien: *Naturmaterialien, Handy/Kamera, Stativ (optional), Licht (optional), Draht oder Haarreifen (optional)*

rechte Seite unten: Blumenkränze und Blumenkronen haben eine lange Tradition. Noch vor der geschmiedeten Schmuckherstellung schmückten sich Menschen mit Blumen. Hier sehen Sie ein paar Exemplare aus Naturmaterialien. Alternative: Finden Sie kein menschliches Model, können Sie auch mit dem Haustier shooten.

rechts: Einmal im Jahr lässt sich die Performance-Künstlerin ***Dagmar Glausnitzer-Smith*** *als Langzeit-Projekt mit dem Titel «October Portrait» mit besonderen «Accessoires» porträtieren.*

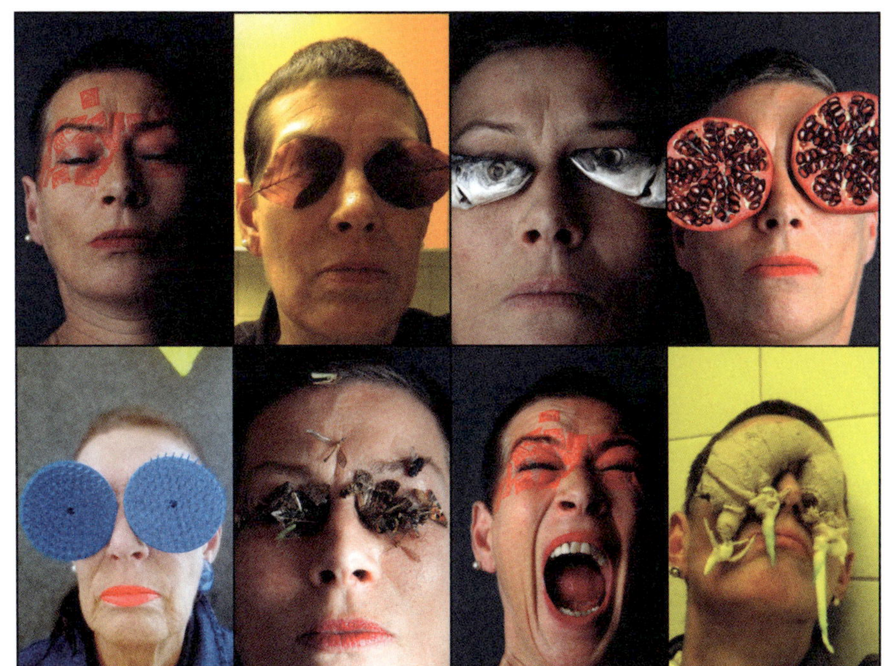

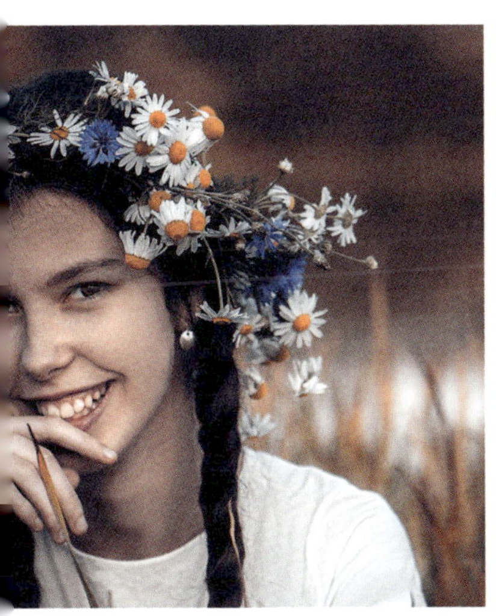

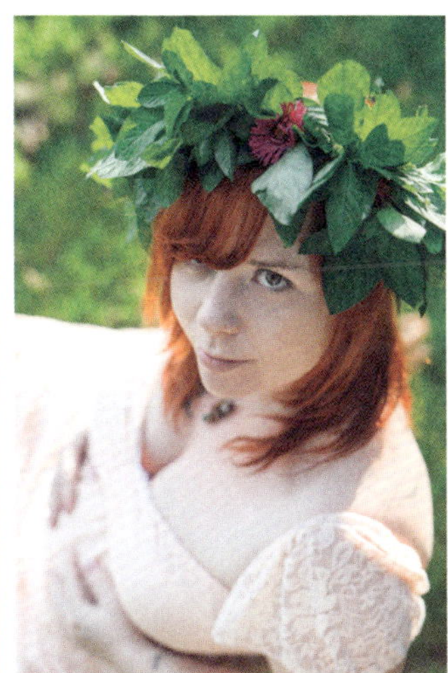

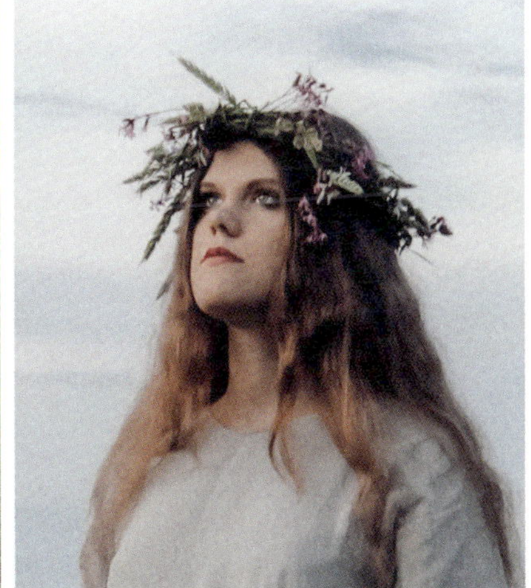

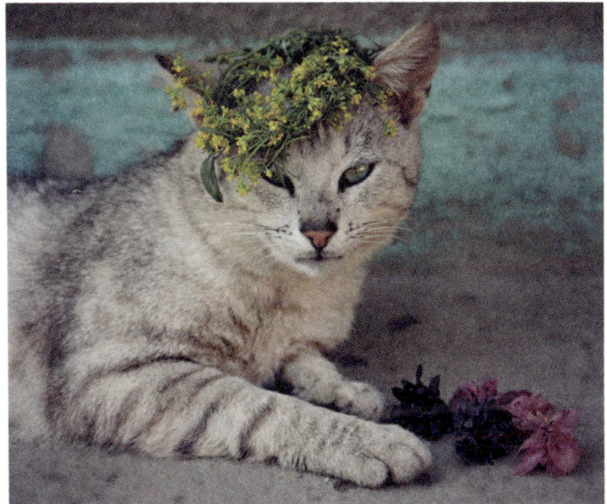

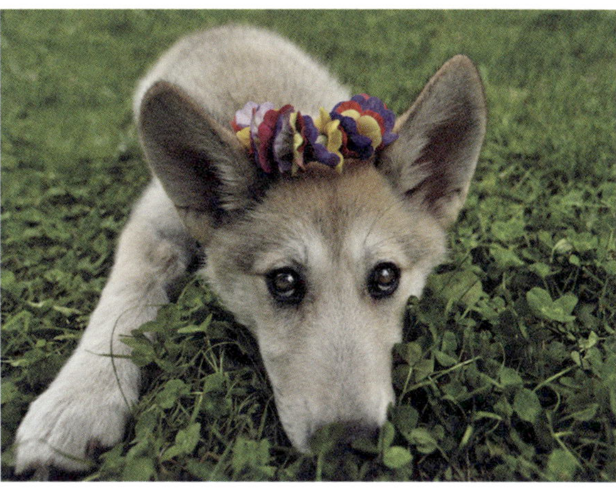

20. Müll-Assemblage

Dieses Projekt ist fürs Meer perfekt, da man am Strand Treibgut und anderes aufsammeln kann. Auch in der Stadt findet sich so einiges: Hier darf explizit Abfall gefunden werden, aber bitte keine organischen Materialien!

1. Sammeln Sie draußen Fundstücke, die achtlos weggeworfen wurden. Sammeln Sie bewusst Müll, das können z. B. Kronkorken, Scherben oder Plastikteile sein. Ziehen Sie sich bestenfalls Handschuhe an und nehmen Sie einen Beutel mit, um die Stücke zu sammeln.

2. Sortieren Sie die Stücke nach eigenen Kriterien in Kategorien (Form, Farbe, Ähnlichkeit ...).

3. Legen Sie aus den Stücken ein neues Bild. Das kann Typografie sein, ein Mosaik, ein Mandala. Oder Sie sortieren das Material, reihen es nach Ihren eigenen Kriterien auf.

4. Achten Sie auf einen passenden Hintergrund (z. B. Tonkarton, ruhige Oberfläche, Asphalt, Holz) und fotografieren Sie den Prozess und die Ergebnisse.

Materialien: *Behälter, Handy / Kamera, farbiger Karton (optional)*

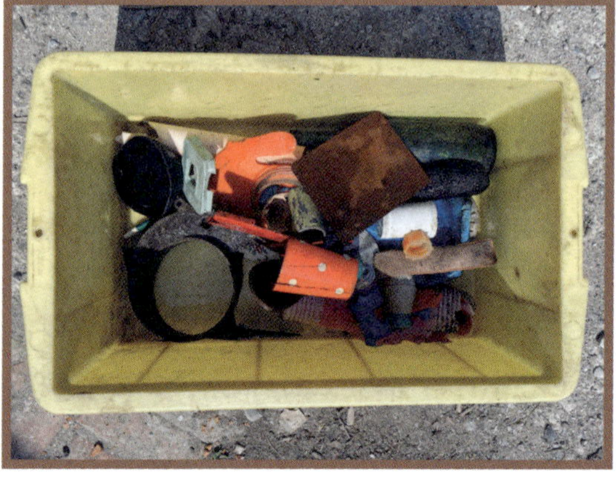

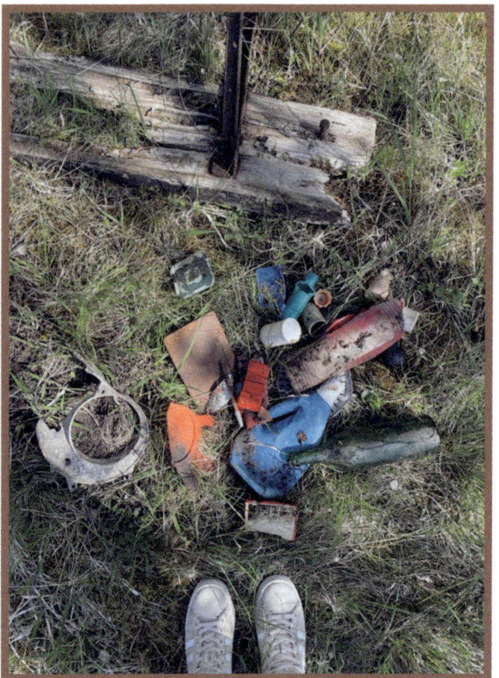

diese Seite: Beim Wandern entdeckte ich eine bereits von der Natur fast überwucherte, illegale Müllkippe. In wenigen Minuten hatte ich einen ganzen Beutel voll Abfall gesammelt, den ich mit nach Hause nahm. Ich säuberte ihn in einer Plastikwanne und sortierte ihn anschließend für eine Assemblage.

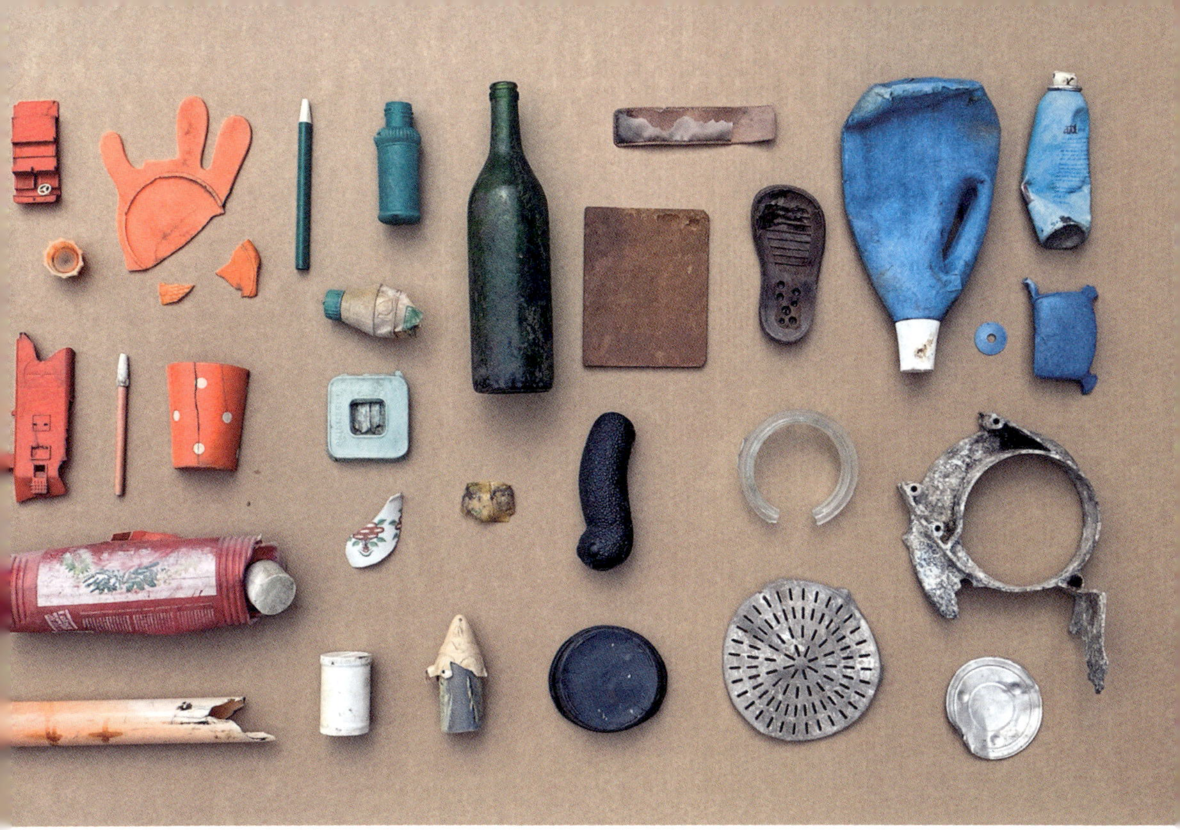

oben: Sortierung nach Farben und Größen, sodass ein Farbverlauf und eine ansprechende Gesamtkomposition entsteht.

rechts: Durch die sternenförmige Anordnung ensteht ein Zusammenhang zwischen den Einzelteilen.

Assemblage:

Die ***Assemblage*** *(franz.: Zusammensetzung, Zusammenfügung)* ist ein dreidimensionales, künstlerisches Werk und gilt als Objektkunst. Sie besteht zumeist aus auf einer Grundplatte montierten Objekten und wird auch als plastische Collage mit reliefartiger Oberfläche beschrieben.

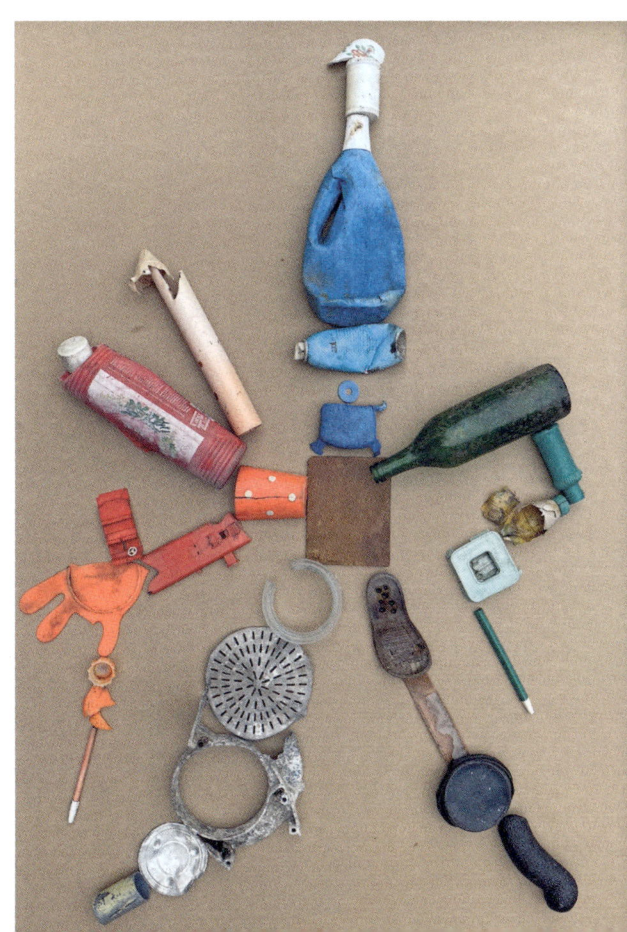

21. Misty Photography

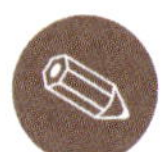

1. Gehen Sie mit einer Milchglasscheibe (sehr einfach selbst zu fertigen: Glas eines Bilderrahmens plus milchige, selbstklebende Folie, diese auf das Glas blasenfrei aufbringen) und einem Fotoapparat spazieren.

2. Suchen Sie geeignete Motive, die Sie anschließend durch die Milchglasscheibe fotografieren. Sie sollten dafür wahrscheinlich Ihr Motiv direkt an bzw. gegen die Scheibe pressen, damit es durch die milchige Schicht hin sichtbar wird. Besonders gut eignen sich Pflanzen! Fotografieren Sie so eine Serie von mindestens fünf Bildern.

Der Effekt: Das fotografierte Motiv wirkt abstrakt, geister- und schemenhaft, dunstig und vielleicht nebelig. Das fotografische Ergebnis ist ein abstrakt anmutendes Bildmotiv.

rechte Seite: Sie sehen ein Making-of-Bild des Projekts, nicht das finale Bild. Hier zeigt sich der Kontrast von tatsächlicher Natur und der Hinterglas-Landschaft ebenso wie der Effekt, den das Milchglas hervorruft.

Tipps für halbdurchlässige Materialien:

Alternativ zu Milchglas können Sie auch anderes, blickdichtes bzw. halbdurchlässiges Ornamentglas, Kunststoffglas oder Plastikfolie verwenden, beispielsweise mit Struktur/Muster. Dieses finden Sie z. B. im Baumarkt. Wichtig ist, dass man nicht hindurchsehen kann und dadurch das Motiv «unscharf» scheint. Sie dürfen gern experimentieren und verschiedene Materialien ausprobieren.

Materialien: *Milchglasscheibe, Handy/Kamera, Natur (Gras, Bäume, Büsche, Böden ...)*

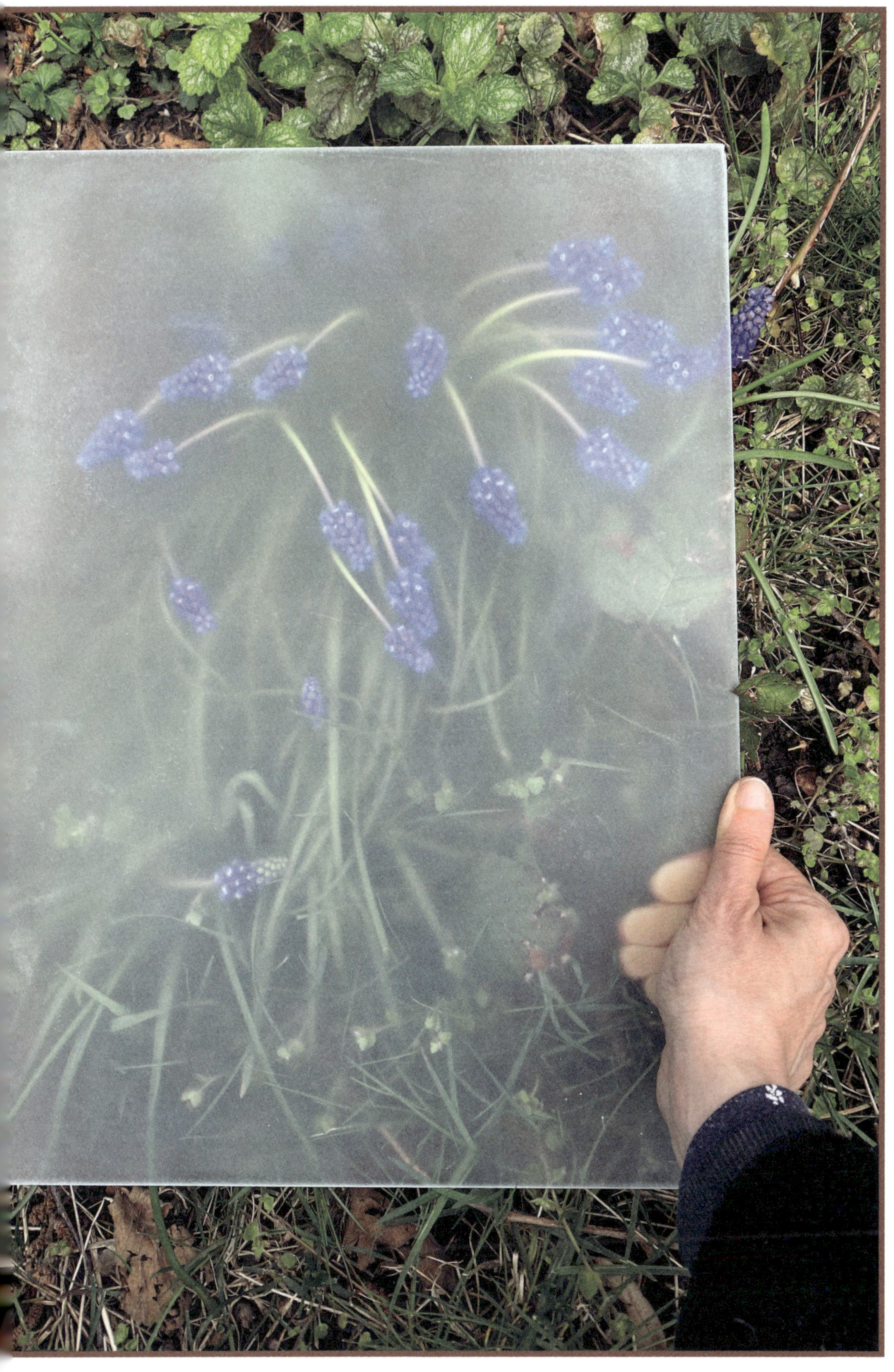

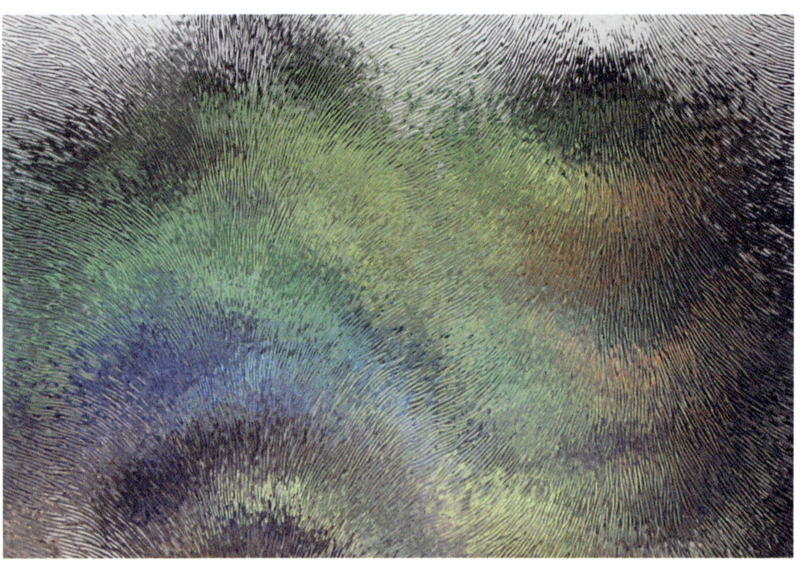

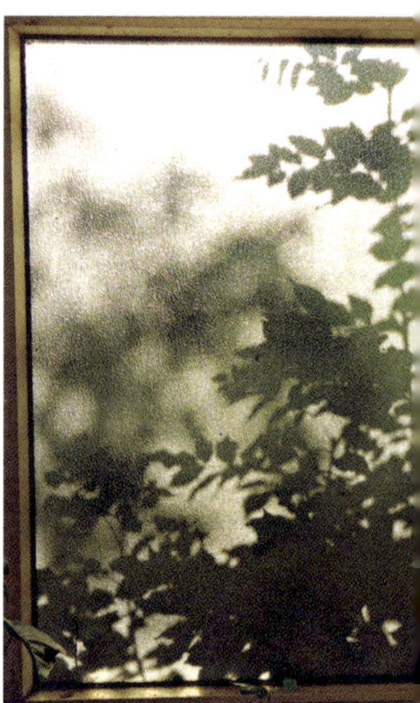

oben: Drei unterschiedliche Glasscheiben ergeben drei ebenso unterschiedliche Bildwirkungen: geriffeltes Glas, Milchglas bzw. dreckige Scheibe und wolkiges Musterglas. Der Abstand des Motivs von der Scheibe entscheidet zusammen mit der Beleuchtung über das Ergebnis.

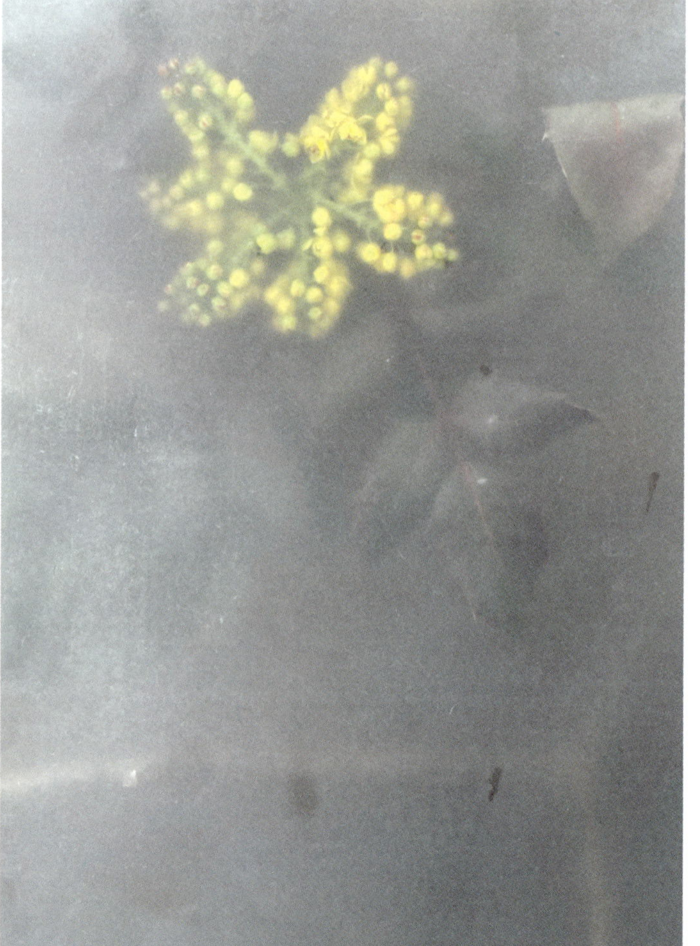

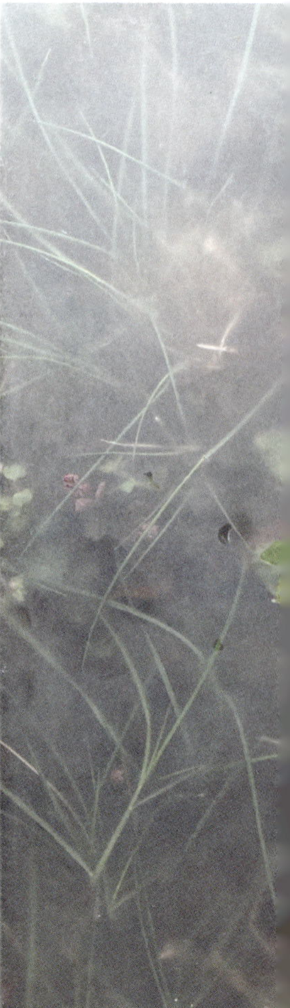

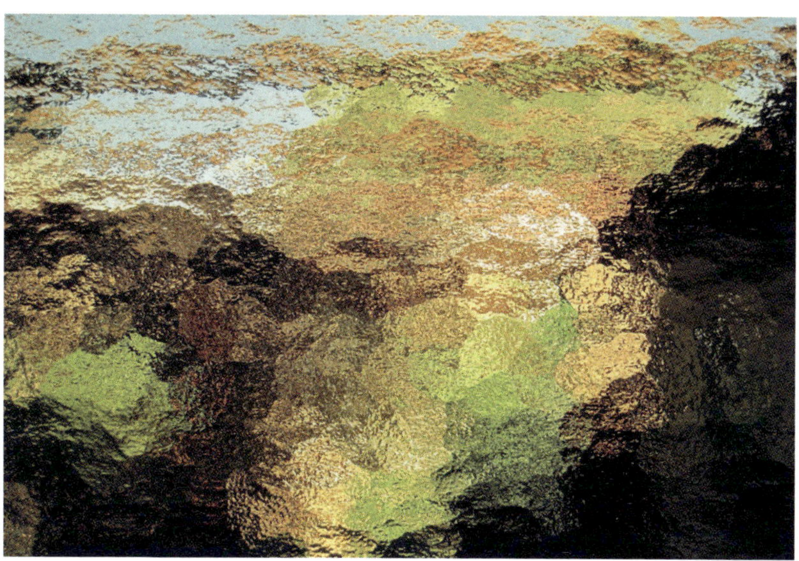

unten: Ergebnisse aus dem Shooting mit der Milchglasscheibe von → Seite 97. Hier gibt es kaum Licht, da die Scheibe an den Boden gepresst wird. Dafür wird für eine spannende Bildkomposition mit der Gewichtung der Elemente und ihrem Ausschnitt gespielt,

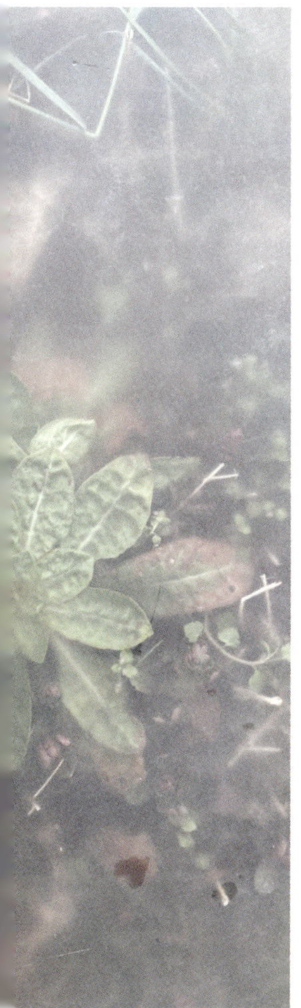

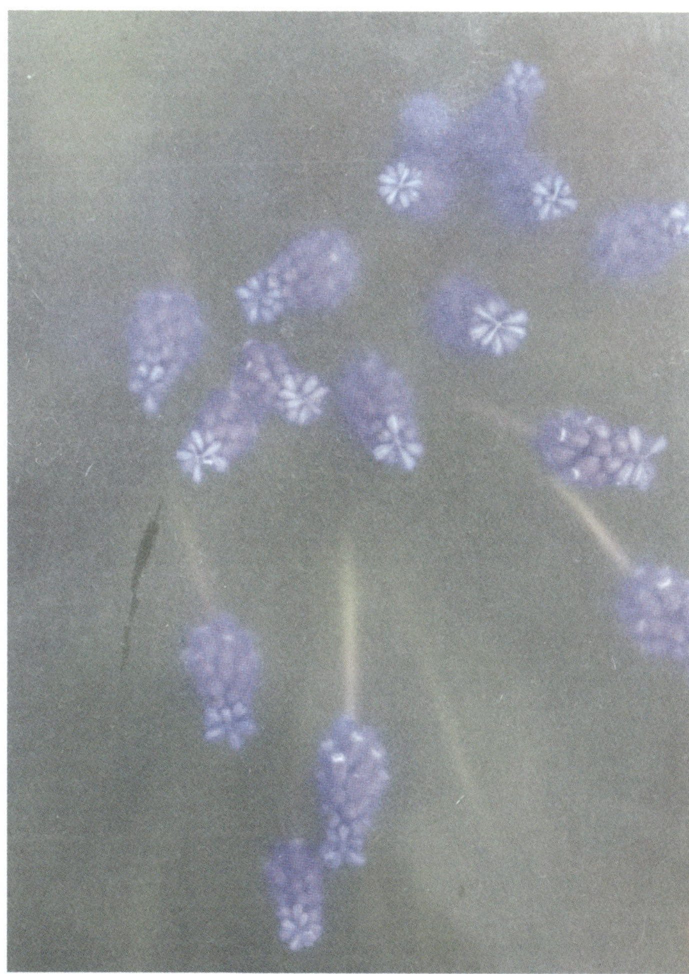

22. Struktur, Form & Muster

Wenn Sie meine Sachbücher kennen, wissen Sie, dass ich ein großer Fan von Strukturensammlungen und Mustern bin. Das liegt auch daran, dass man aus diesen viele verschiedene kreative Werke schöpfen kann. Strukturen dienen beispielsweise als Hintergrund für Illustrationen, bereits bestehende Muster inspirieren zu eigenen Designs. Für dieses Buch habe ich mich auf natürlich gewachsene Strukturen und Muster in oder auf natürlichen Untergründen fokussiert.

Gehen Sie auf Fotosafari und finden Sie natürliche Strukturen, Formen und Muster. Dokumentieren Sie diese mit Ihrer Kamera. Vielleicht inspirieren Sie diese Fotos (langfristig) zu neuen gestalterischen Aufgaben? Oder Sie nehmen sie als das, was sie sind: tolle Naturfotografien, die man virtuell und real ausstellen kann.
Die so entstandene Strukturensammlung kann Ihnen als kreativer Fundus dienen, aus dem Sie sich immer wieder bedienen können.

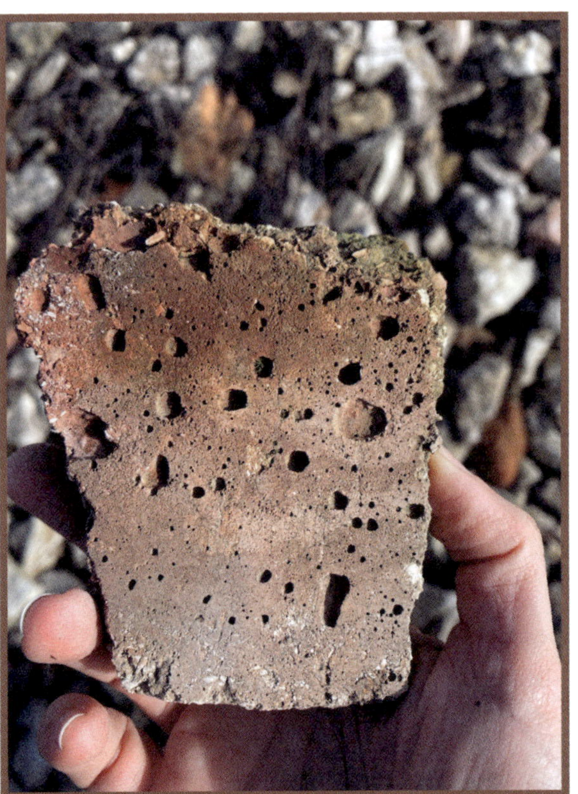

diese Seite: Kaum ein Spaziergang draußen in der Natur, wo ich nicht Steine aufhebe, Blätter anfasse oder nach interessanten Strukturen suche. Für einen visuellen Menschen kann alles interessant sein, wenn man einmal anfängt, die Dinge genauer zu betrachten. Bei diesem Stein habe ich mir die Frage gestellt, ob er natürlich ist oder von Menschenhand gebrannt wurde. So oder so hat er eine sehr schöne Struktur, die mich an den Planeten Mars erinnert.

Materialien:
Handy / Kamera, Drucker (optional)

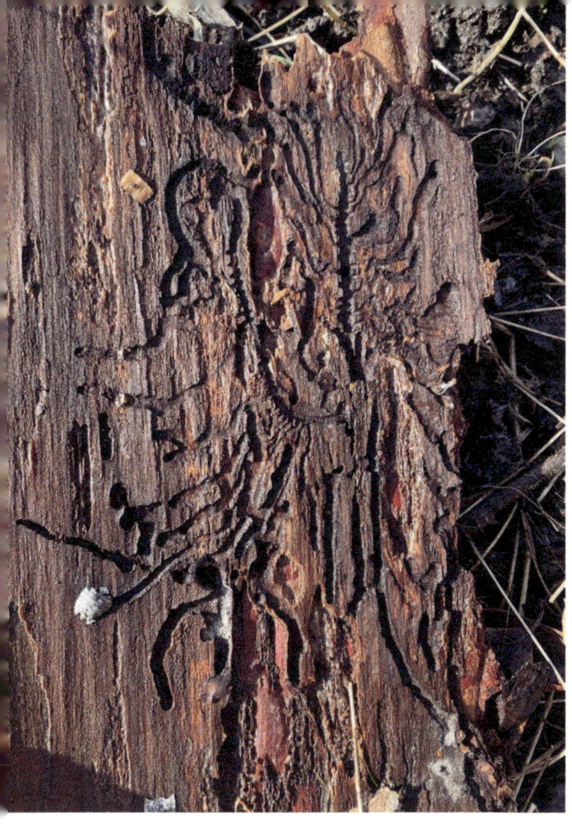

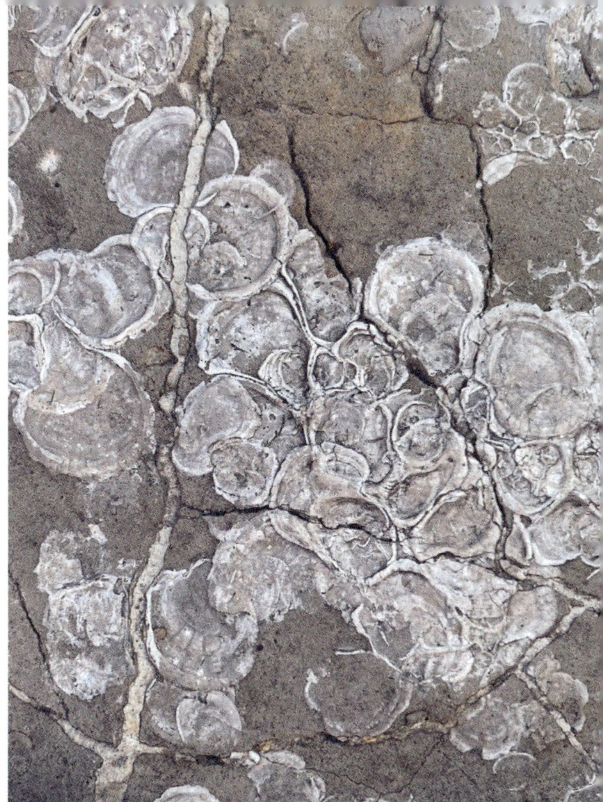

diese Seite: Verschiedene Strukturen und Muster, die ich bei Wanderungen im Wald und durch Karstlandschaften gefunden habe.

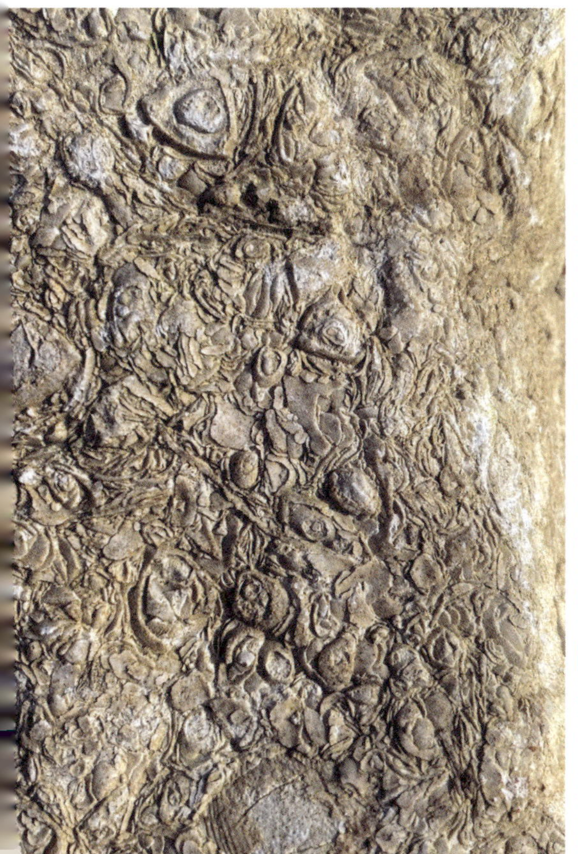

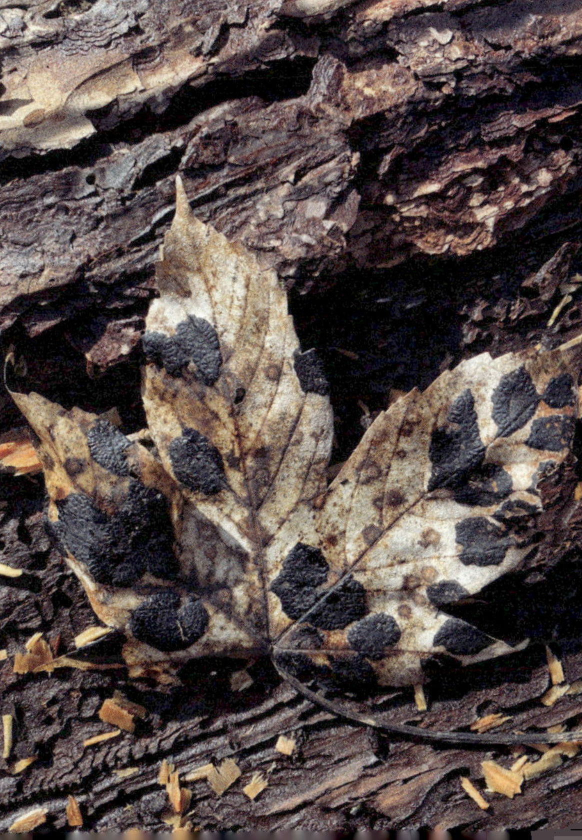

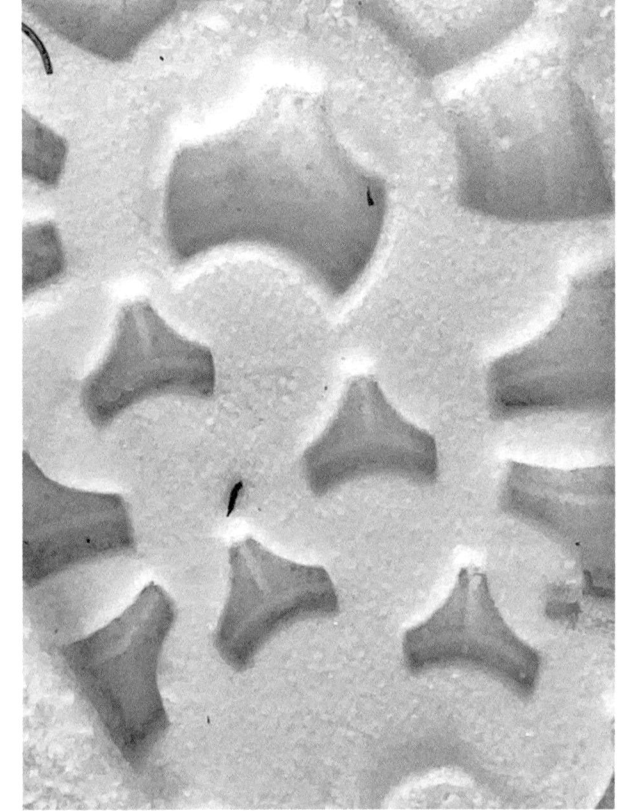
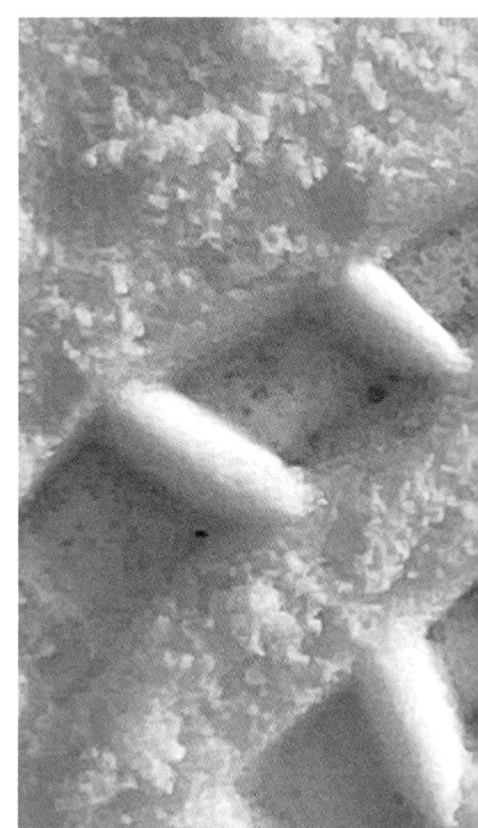
102
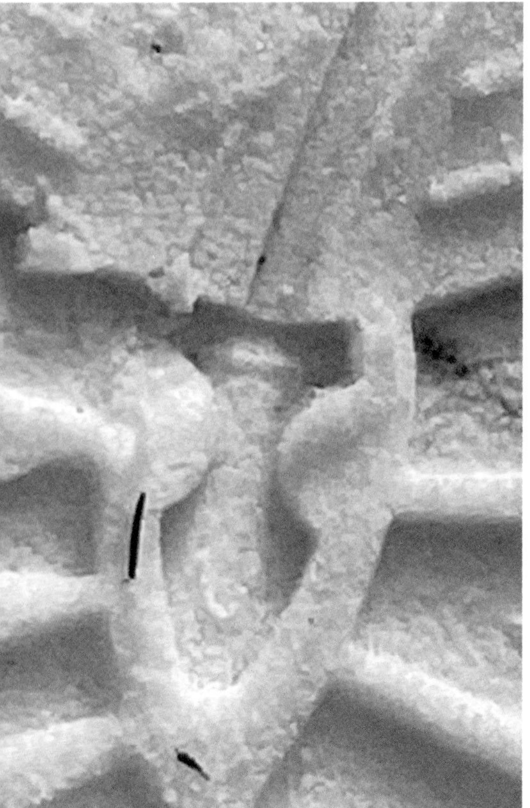
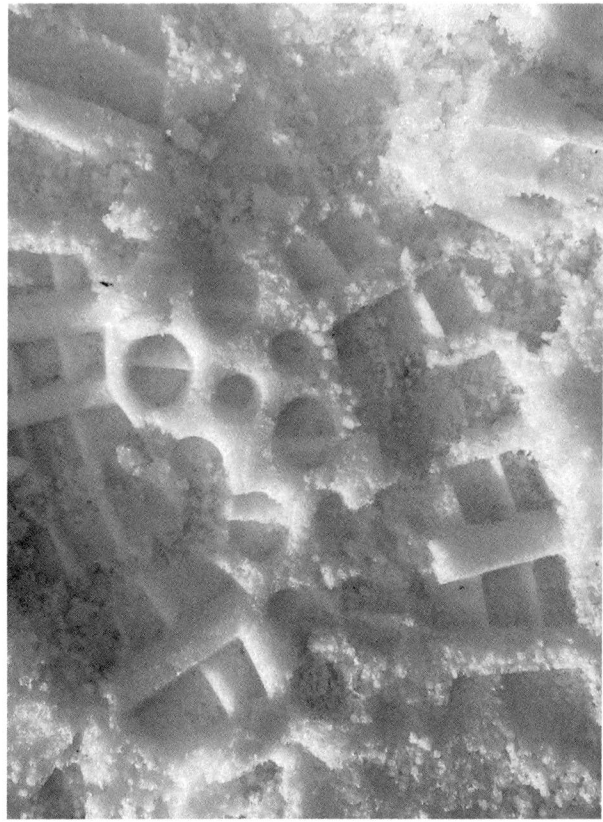

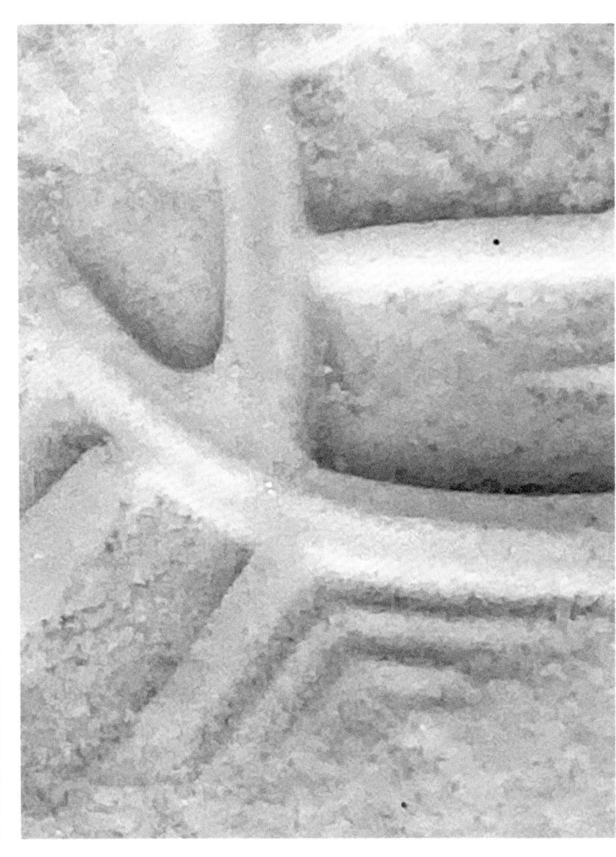

Haben Sie sofort erkannt, worum es sich hier handelt? Ich mag den Grad der Abstraktion, der größer wird, je stärker man Fotoausschnitte vergrößert. Diese Schuhabdrücke im Schnee könnten auch die Abdrücke von Astronautenschuhen auf dem Mond sein. Habe ich schon gesagt, dass ich gern fantastische Geschichten schreibe?
Beim Wandern fand ich die verschiedenen Formen interessant, die durch die unterschiedlichen Schuhsohlen im Schnee entstanden. Die Sonne unterstützt den starken Kontrast der Formen und Abdrücke im Schnee.

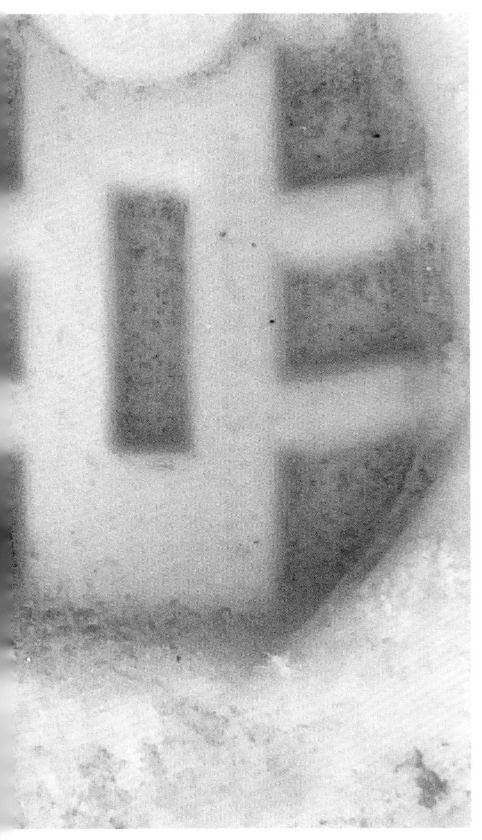

23. Kaleidoskopbilder

Die meisten kennen das ***Kaleidoskop*** als fernrohrartiges Kinderspielzeug, durch das man hindurchschauen kann. Durch Drehen des Rohres, in dem drei bis vier Spiegelstreifen an den Seiten angebracht sind, lassen sich bunte Kristalle betrachten, die immer wieder neue symmetrische Muster bilden. Das Wort «Kaleidoskop» stammt aus dem Griechischen und bedeutet: «schöne Formen sehen».

Materialien:
Handy / Kamera, Bildbearbeitungs-software

1. Gehen Sie nach draußen und fotografieren Sie interessante Naturmotive.

2. Wieder zu Hause, nutzen Sie ein Bildbearbeitungsprogramm für den Kaleidoskopeffekt. Spiegeln Sie Ihr Foto einmal horizontal und einmal vertikal. Sie vervierfachen so Ihr Motiv und es entsteht ein Fantasiemotiv mit Kaleidoskopeffekt. Wenn es gut funktioniert, tritt das eigentliche Motiv in den Hintergrund, und ein abstrakter Eindruck entsteht. Nicht alle Motive eignen sich gleichermaßen für diese Technik. Experimentieren Sie und finden Sie selbst heraus, welches Bild und welcher Ausschnitt sich gut spiegeln lassen.

unten: Architektur vor blauem Himmel mit Wasserfläche als spiegelndes Element

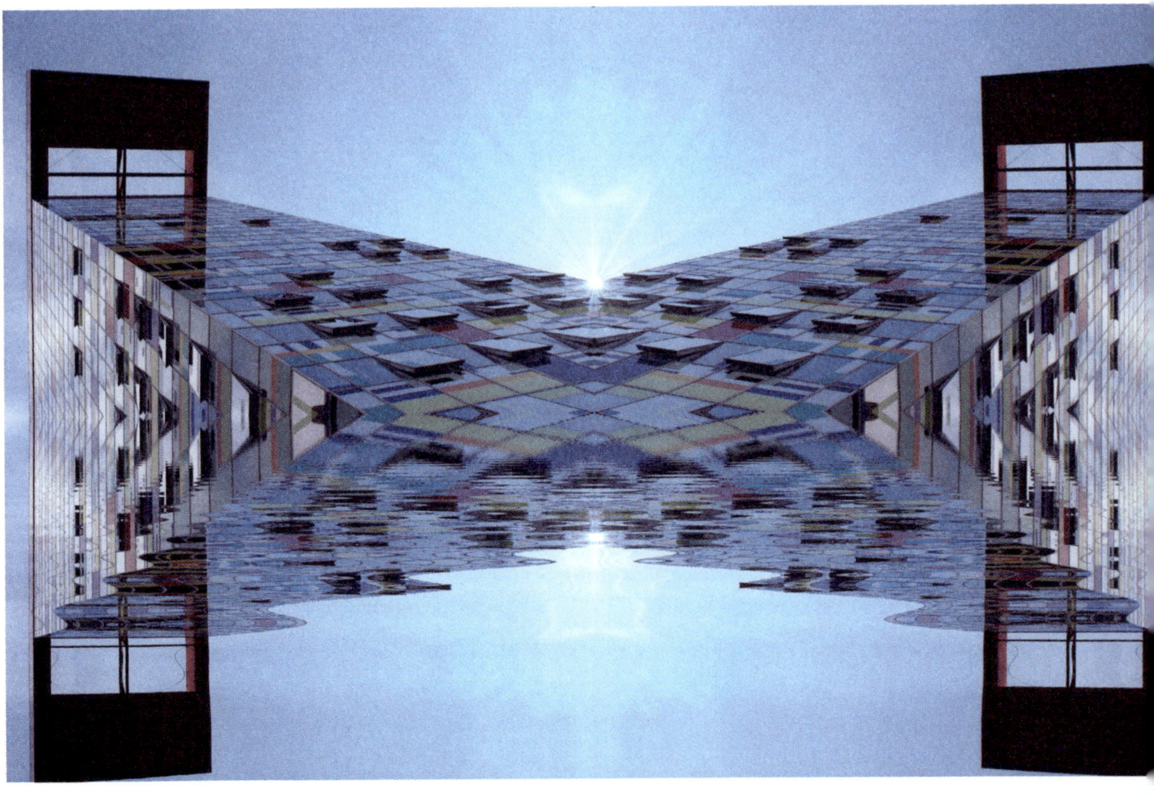

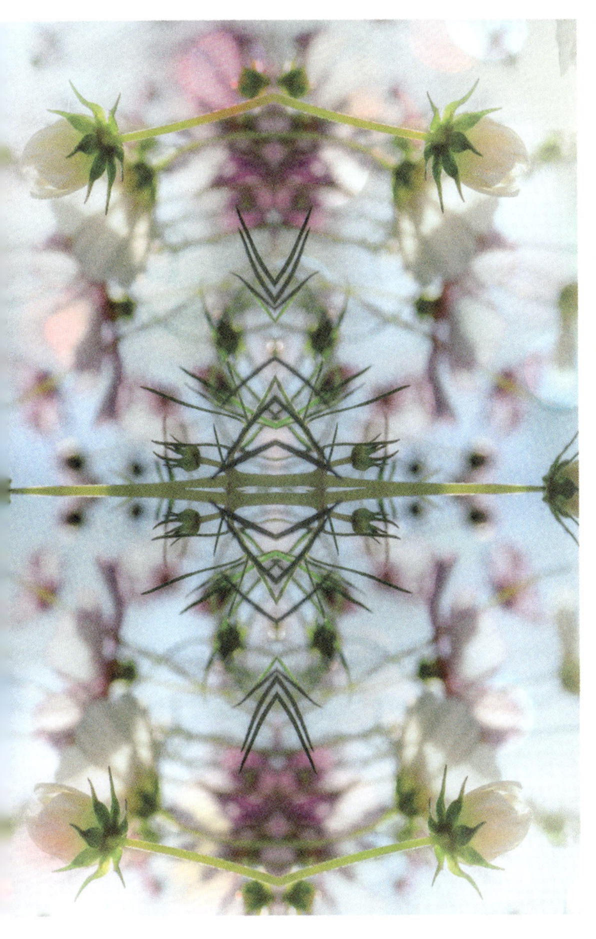

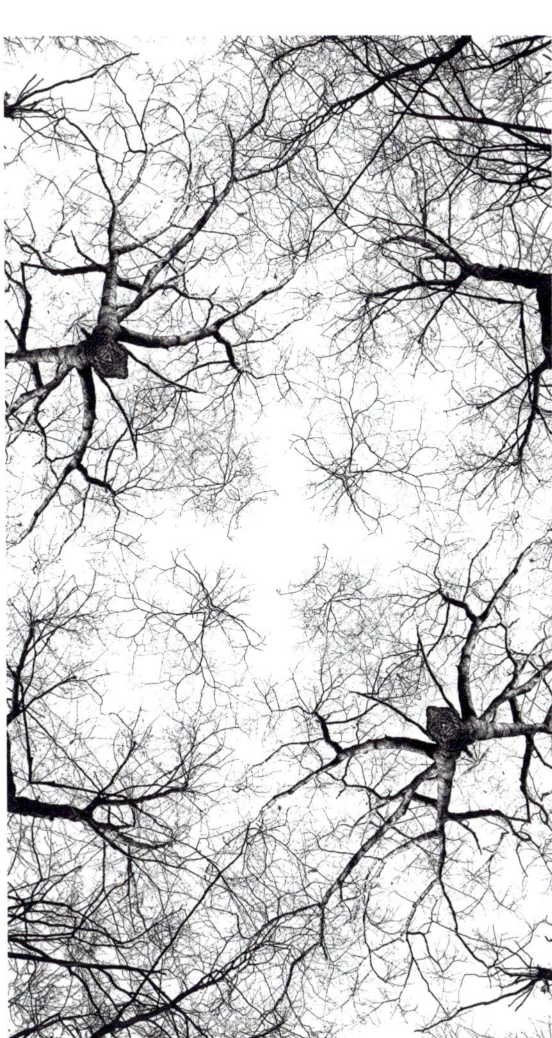

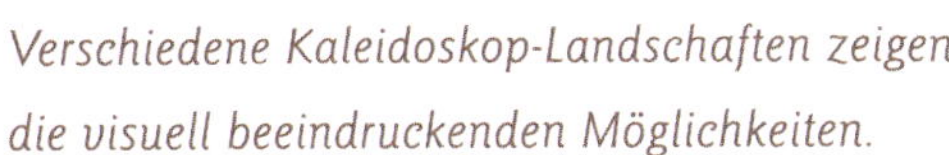

Verschiedene Kaleidoskop-Landschaften zeigen die visuell beeindruckenden Möglichkeiten.

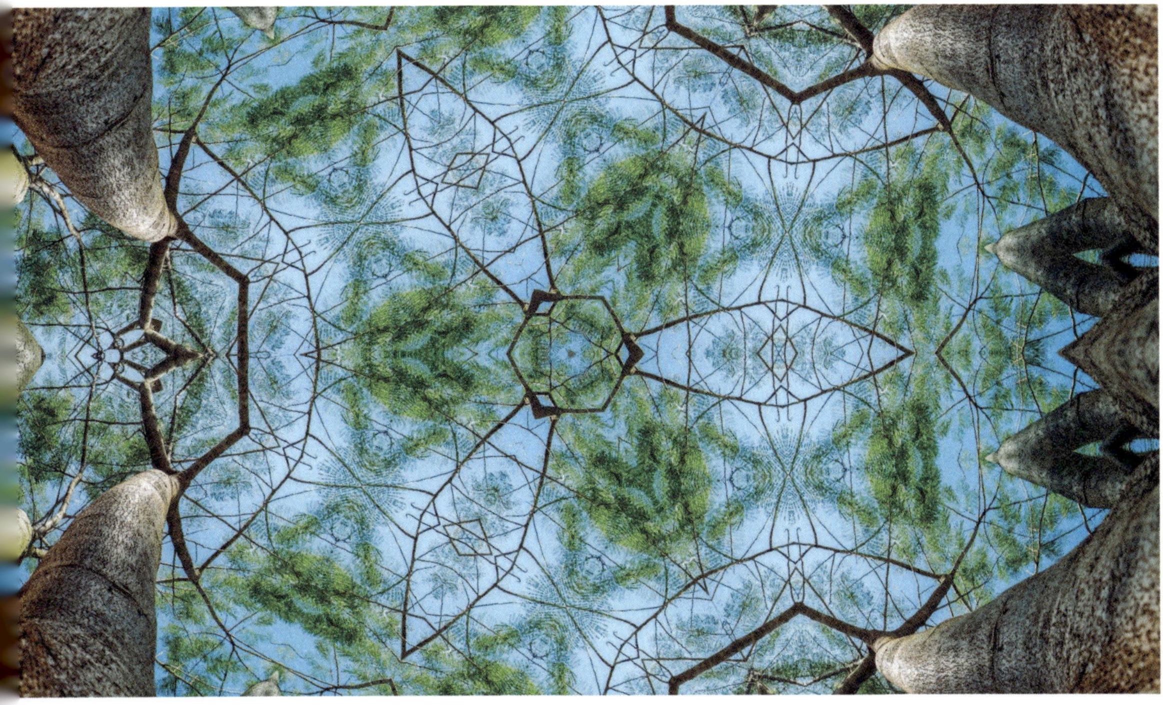

Mit den Kräften der Natur

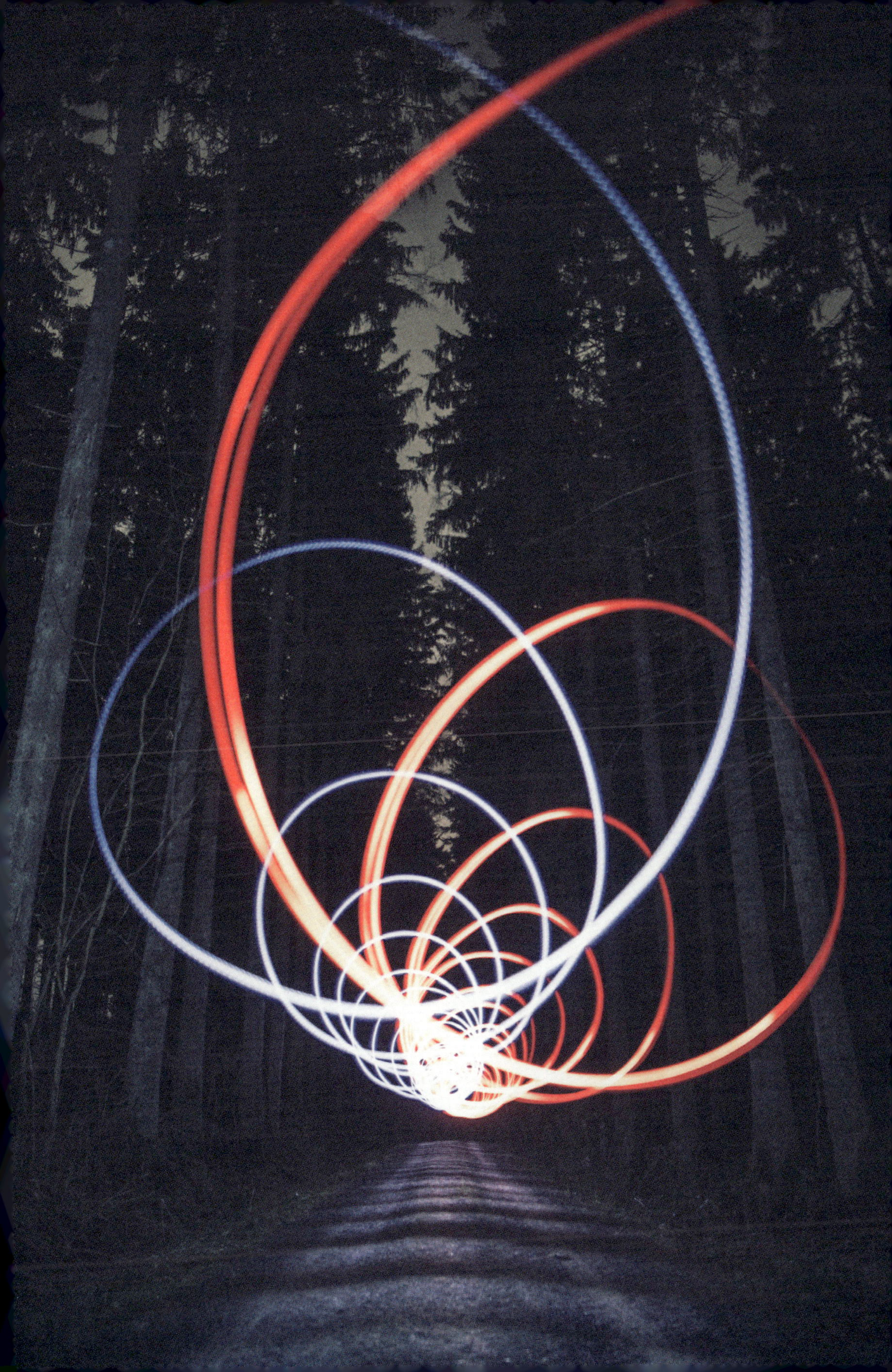

24. Mit Sonne: Cyanotypie

Die ***Cyanotypie*** (auch: ***Eisenblaudruck***) wurde 1842 von ***John Herschel*** entwickelt. Sie ist ein altes fotografisches Edeldruckverfahren mit blauen Farbtönen. Bildträger sind z. B. Papier, Leinwand oder Baumwollstoff, die mit einer lichtempfindlichen Lösung bestrichen werden. Die Belichtung des Trägers geschieht als Fotogramm mit UV-Lampen oder Sonnenlicht. Das bedeutet, man legt Gegenstände auf den Träger, die einen Schatten werfen (sind sie halbdurchlässig, entstehen Blauabstufungen). In den belichteten Partien wird dabei die Verbindung der Lösung verändert und sie wird wasserunlöslich. Die unbelichteten Teile bleiben wasserlöslich, können unter fließendem Wasser ausgewaschen werden, und die Cyanotypie erhält durch Oxidation der verbleibenden Stoffe die typische blaue Farbe.

Sammeln Sie draußen Naturmaterialien und legen Sie aus diesen ein Fotogramm. Verwenden Sie die Technik der Cyanotypie. Achten Sie auf eine für Sie ansprechende Komposition. Sie können auf Papier oder Baumwolle arbeiten. Experimentieren Sie mit der Lichtdauer und der Art, wie Sie die lichtempfindliche Lösung auf den Träger aufbringen (verschiedene Pinsel, Dicke der Schicht etc.). Nach dem Auftragen muss das Ganze trocknen. Wenn Sie flache Fundstücke (Blätter, Farne etc.) verwenden, können Sie eine Glasplatte nutzen, um die Objekte fest auf das Papier zu pressen. Dreidimensionale Materialien müssen Sie nicht weiter fixieren. Machen Sie Fotos vom Prozess und vom Endergebnis.

Tipp: Wie Sie eine Cyanotypie genau anlegen, welche Chemikalien und Materialien Sie brauchen etc., finden Sie in dem Buch «Blaue Wunder» von ***Marlis Maehrle***, das ich Ihnen sehr ans Herz lege.

Materialien: *alles für die Cyanotypie, Naturmaterialien, Fundstücke, Handy / Kamera*

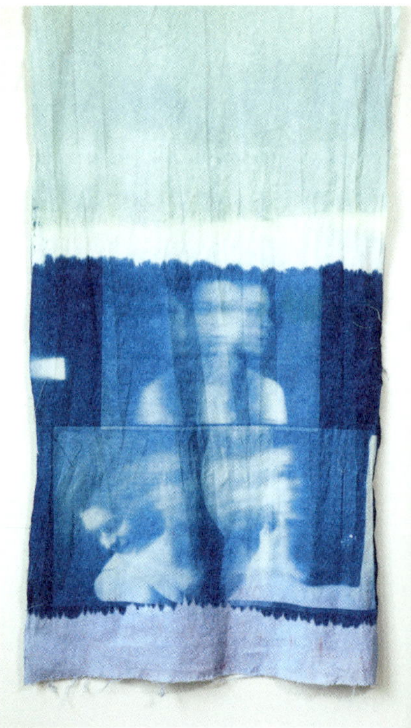

*diese Seite: Cyanotypie auf Baumwolltuch der Künstlerin **Taylor Deas-Melesh**. Hier wurde ein Foto-Negativ auf Folie kopiert und anschließend mit UV-Licht belichtet.*

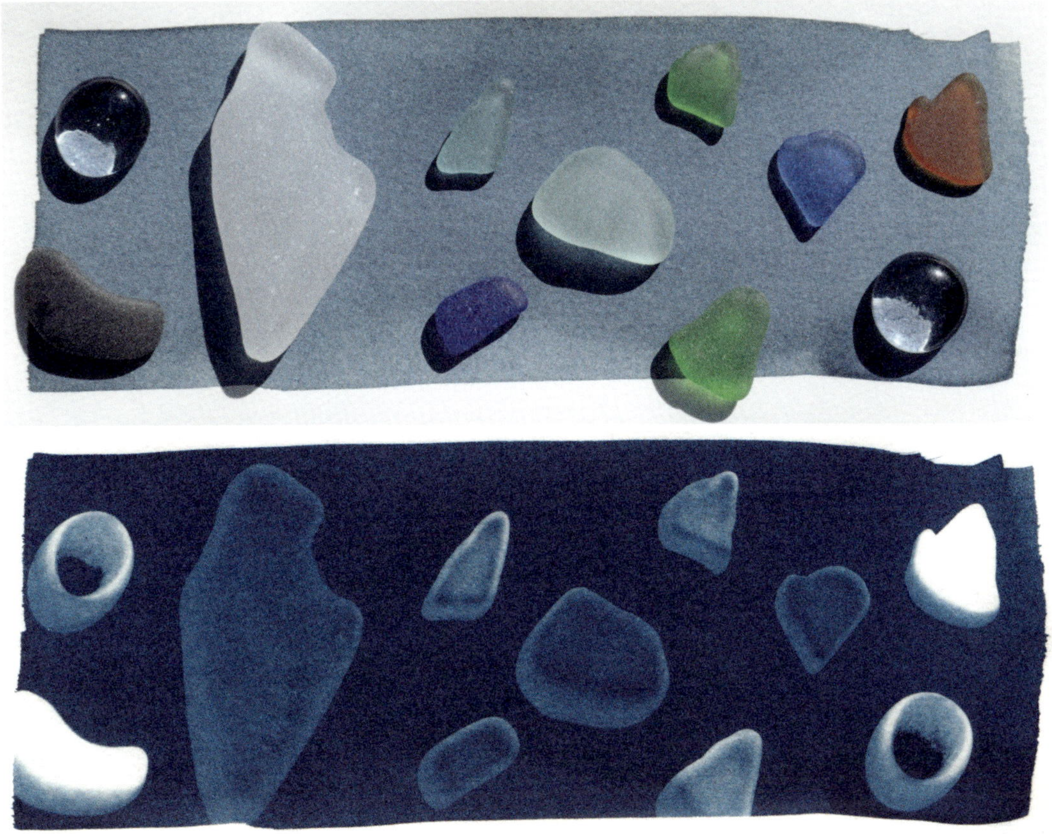

oben: Fundglas aus dem Meer plus zwei industrielle Glaslinsen,
unten: unterschiedliche Blütenblätter, zwei Beispiele der Künstlerin ***Marlis Maehrle***

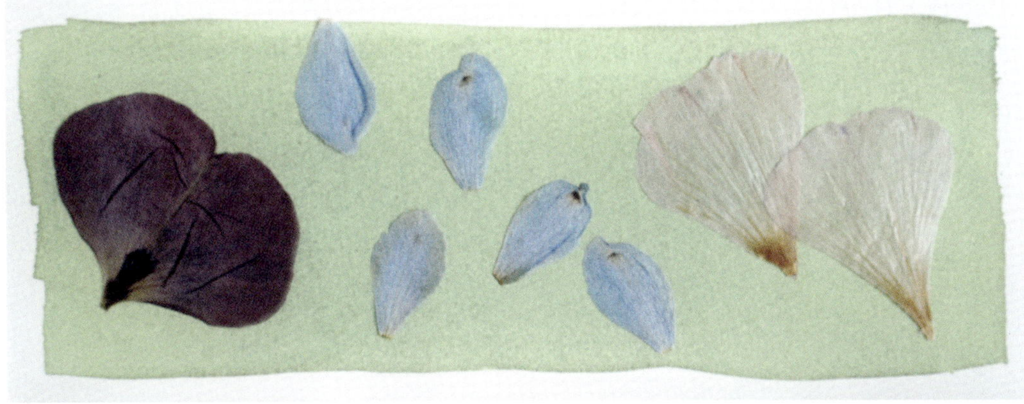

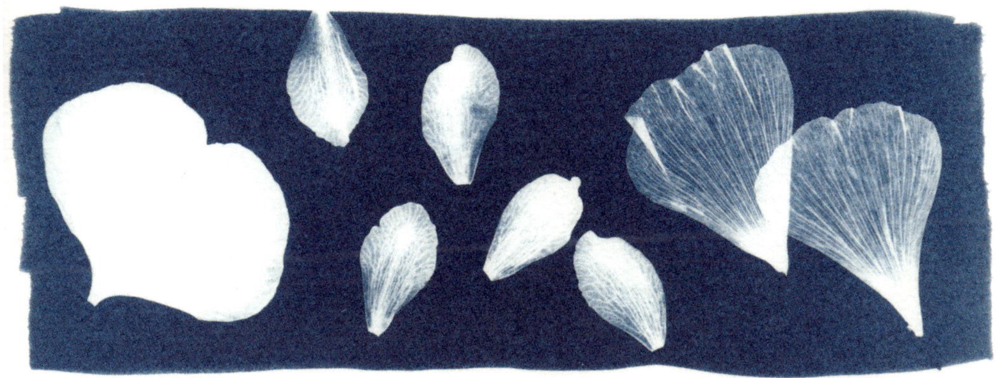

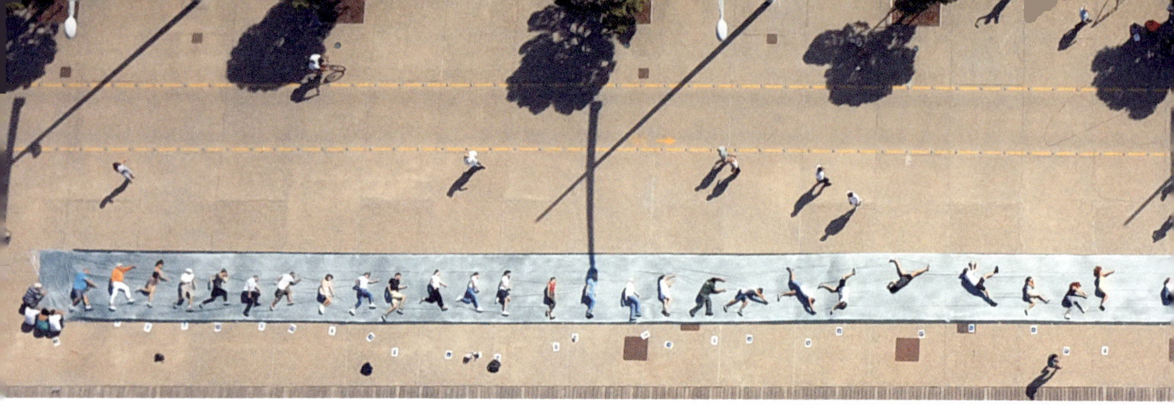

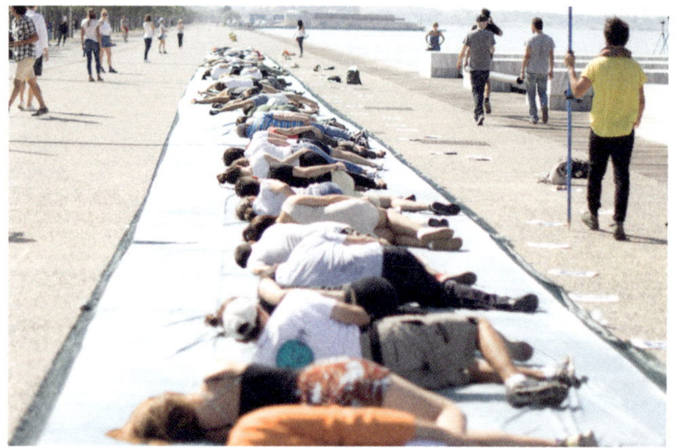

*Diese Doppelseite: «Cyanotype» ist die bis dato weltweit größte Cyanotypie. Sie entstand 2017 in Thessaloniki auf 276,64 Quadratmetern Stoff als Projekt des griechischen Künstlers **Stefanos Tsakiris** und weiteren kreativen Kolleg:innen.*

Tsakiris ließ Passant:innen auf der Strandpromenade sich spontan auf das lichtempfindliche Tuch legen – und so entstand dieses gigantische Bild. Damit schaffte er es schließlich in das «Guinessbuch der Weltrekorde».

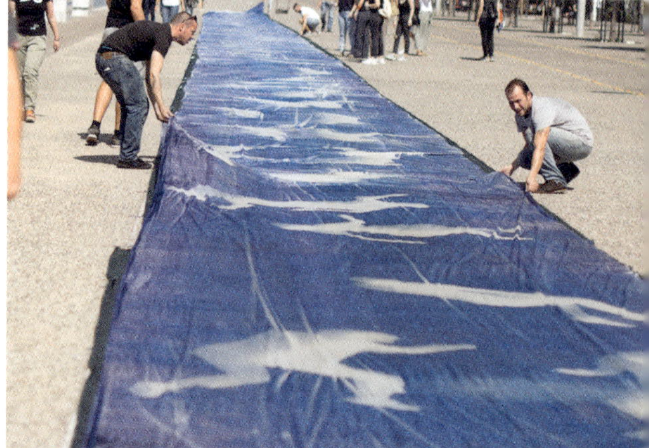

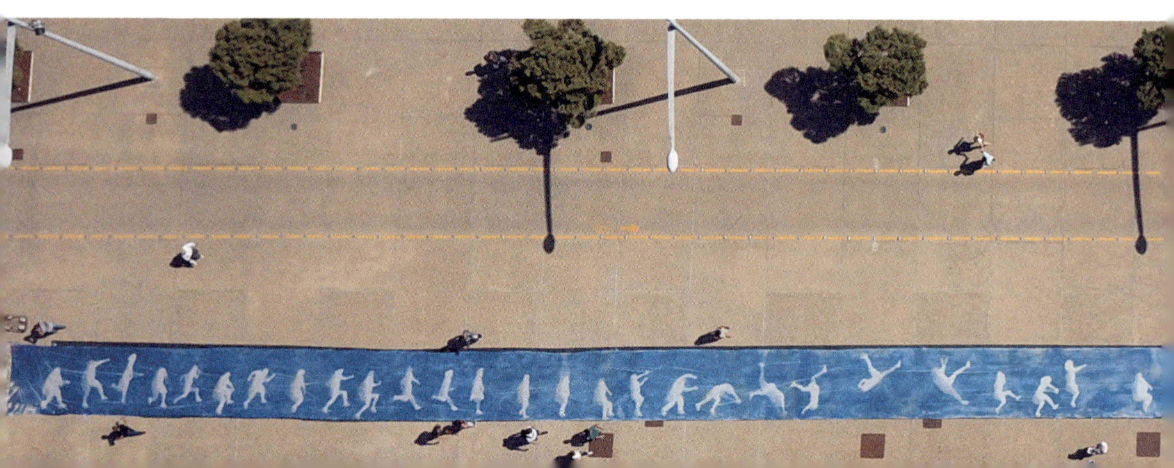

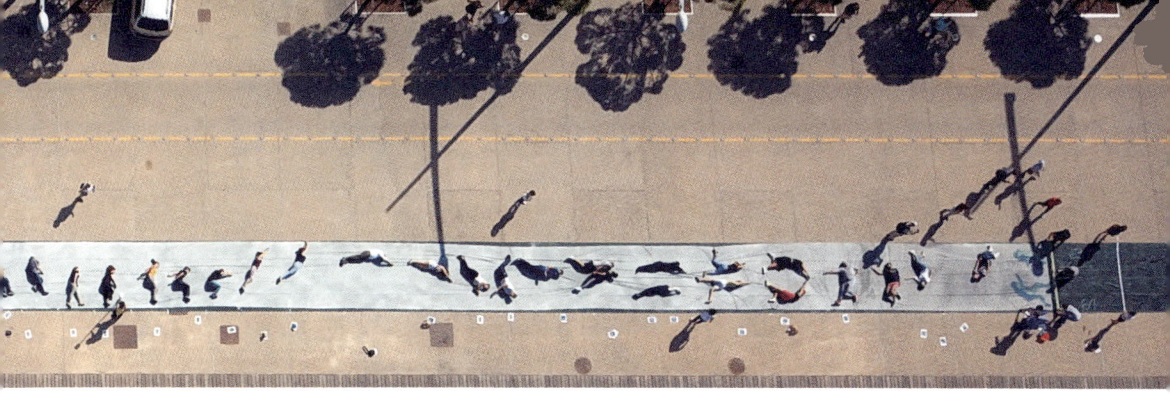

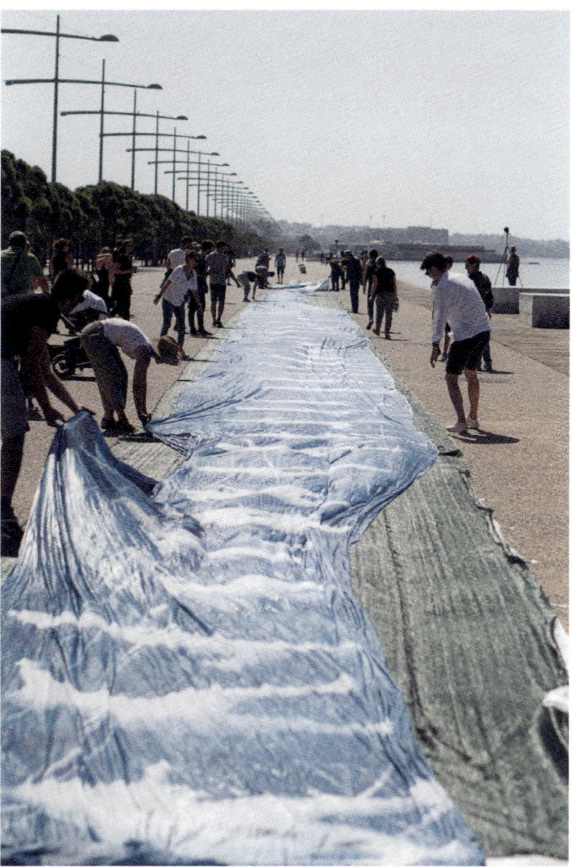

Gut zu wissen:

An einem sonnigen Tag beträgt die Belichtungszeit mit Sonnenlicht etwa fünf bis 30 Minuten – je nach Tages- und Jahreszeit. Dies finden Sie am besten in experimentellen Belichtungsreihen bei konstantem Licht heraus, die Sie nacheinander mit demselben Motiv durchführen können. Wie viel Licht Sie brauchen, ist auch ein Erfahrungswert – also experimentieren Sie so viel wie möglich!

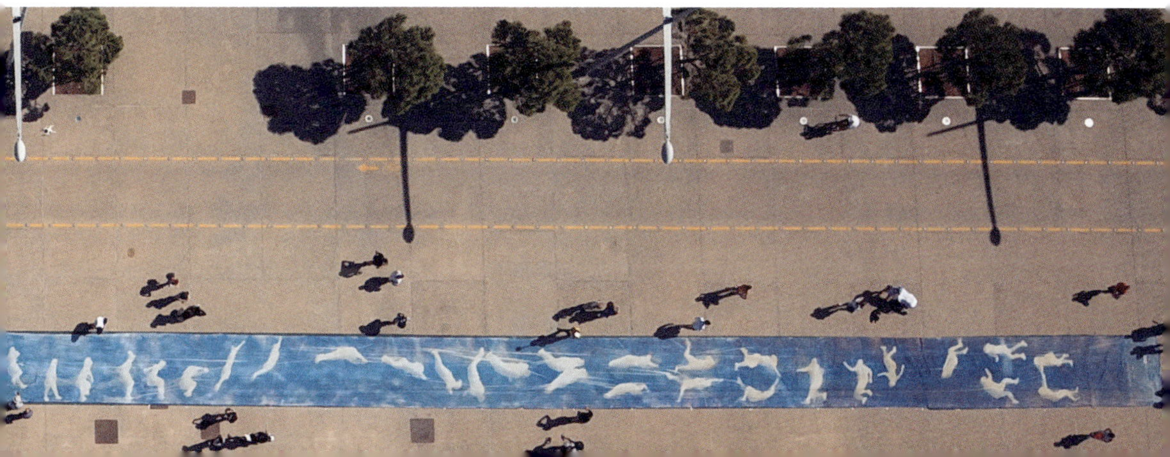

25. Mit Sonne: Schattenspiele

Erstellen Sie «künstliche» Schatten, indem Sie Objekte bauen, die, miteinander kombiniert, seltsame Schatten werfen. Tipp: Das Kinderspiel mit den Händen kennen Sie bestimmt (aus Ihren Händen können Sie eine Taube oder ebenso einen Hund etc. formen und den Schatten fotografieren). Übertragen Sie dieses Prinzip auf Ihre neuen Schattenideen: Bauen Sie sich z. B. einen Hut oder zusätzliche Körperteile aus Pappe oder entwerfen Sie eine Plastik aus mehreren Elementen, deren Schatten fotografiert aussieht wie eine Fantasyfigur oder ein anderes Objekt. Sie können auch Ihren eigenen Körper mit einbeziehen. Ihrer Fantasie sind keine Grenzen gesetzt. Noch ein Tipp: Im Zweierteam geht das besser. So kann eine Person Fotos machen, während die andere für den Aufbau des Schattenobjekts zuständig ist.

rechts: Dieses Werk wurde von seinen Macher:innen «Himmelslaterne» getauft und vermittelt nicht nur aufgrund des Titels eine gewisse Poesie.

Materialien: *Handy / Kamera, Pappe, ggf. künstliche Lichtquelle (sollte kein Sonnenlicht zur Verfügung stehen), weitere Materialien und Requisiten optional*

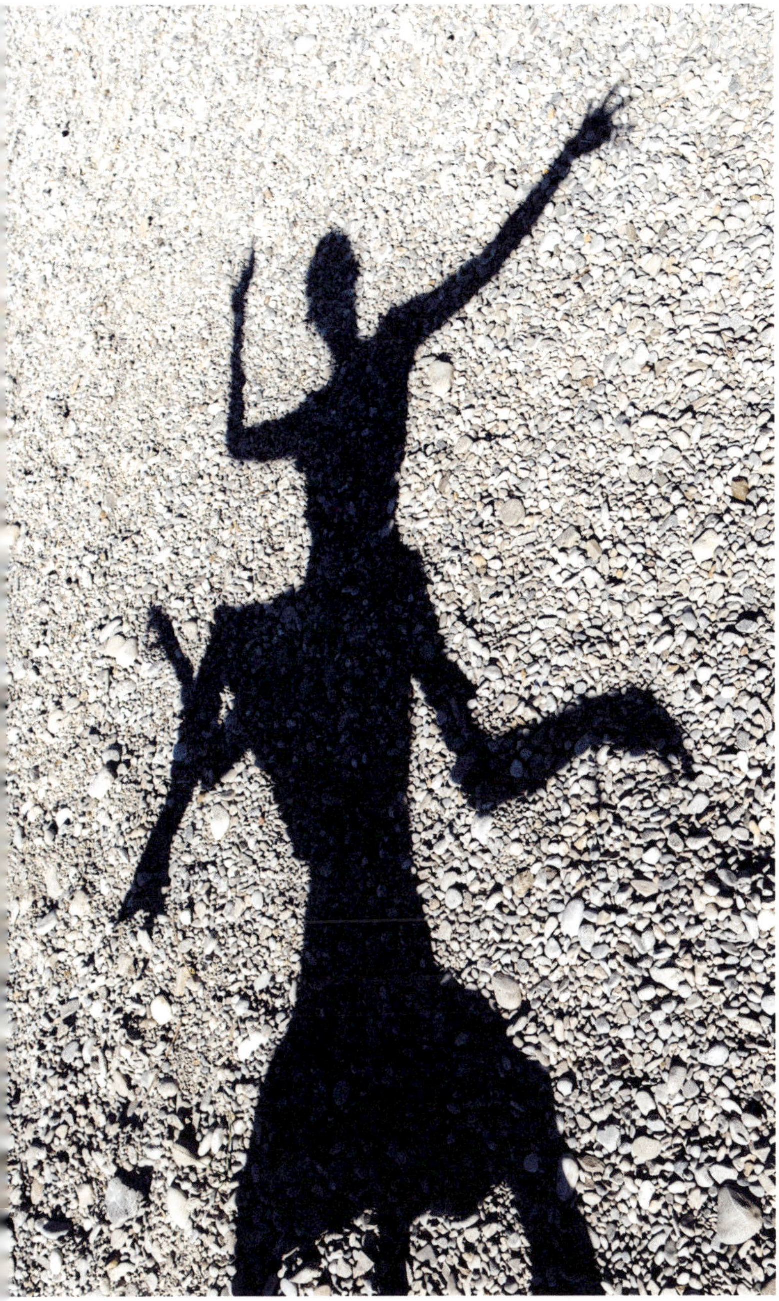

diese Seite:
Zu dritt geht es noch leichter. Zwei bilden eine Schattenfigur und die dritte Person findet die richtige Perspektive, um das beste Foto zu machen.

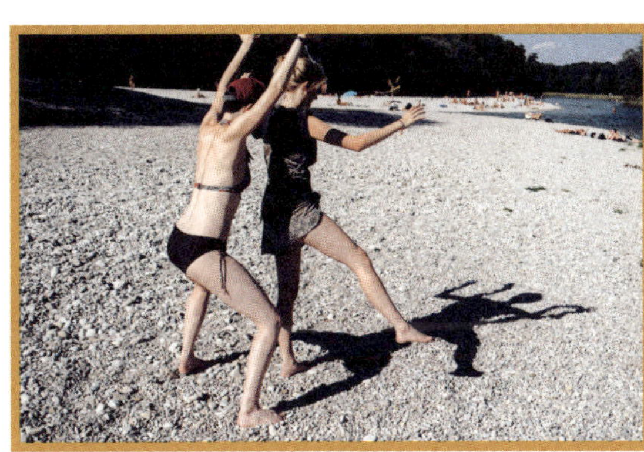

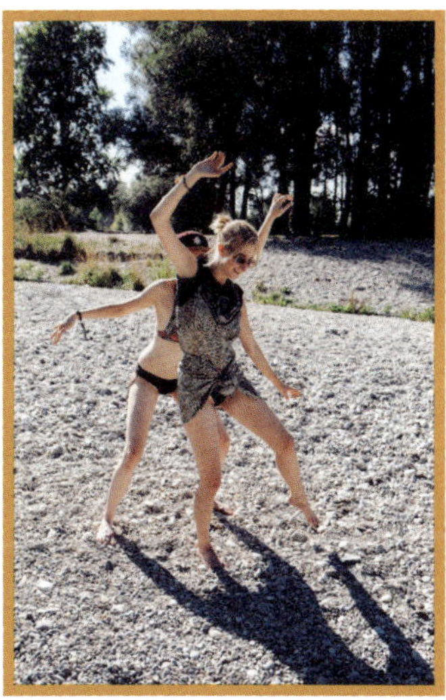

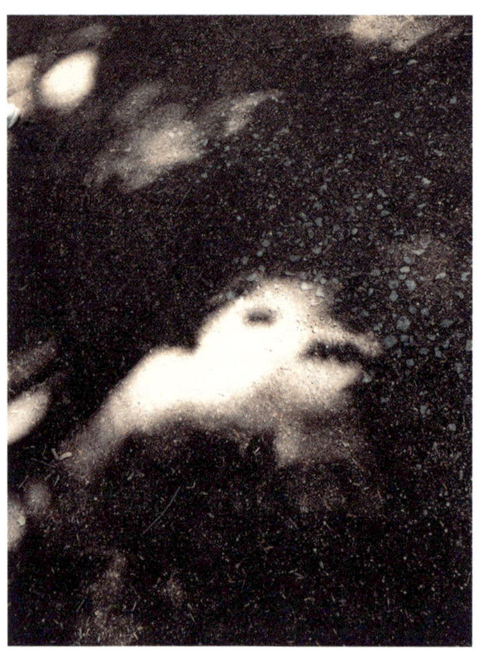

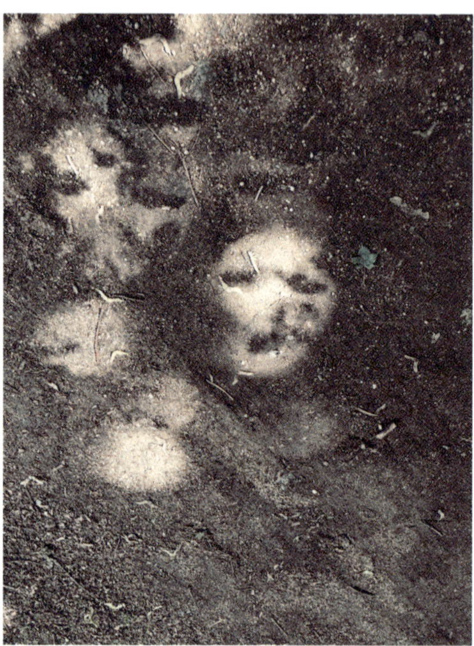

Variante: Finden Sie unter freiem Himmel natürliche Schatten. Welche spannenden Licht- und Schattenspiele können Sie entdecken? Welche Schatten haben interessante Formen, wirken abstrakt oder entwickeln losgelöst vom schattenwerfenden Objekt/Subjekt ein erzählerisches Eigenleben? Wird da vielleicht ein Schatten zum spazierenden Alien oder ein Baumschatten wirft krakenartige Muster auf den Gehweg? Was Ihnen interessant erscheint, halten Sie mit der Kamera fest. Achten Sie auf einen gelungenen Bildausschnitt (Bildaufbau, Gesamtkomposition). Erarbeiten Sie eine kleine Bildserie.

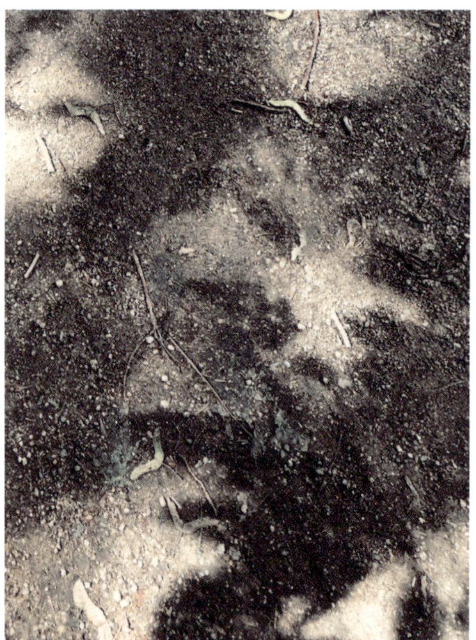

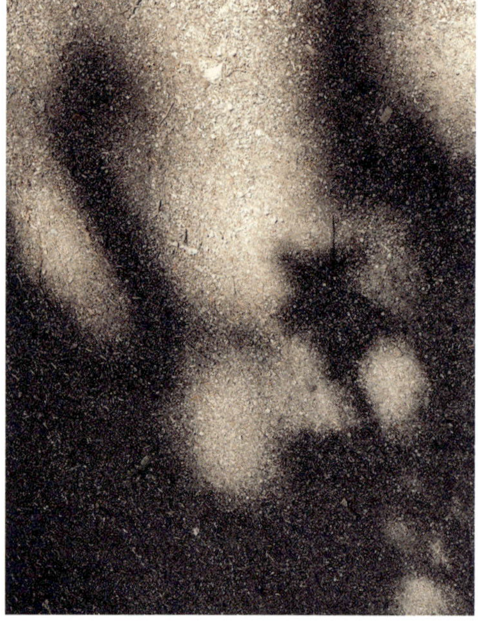

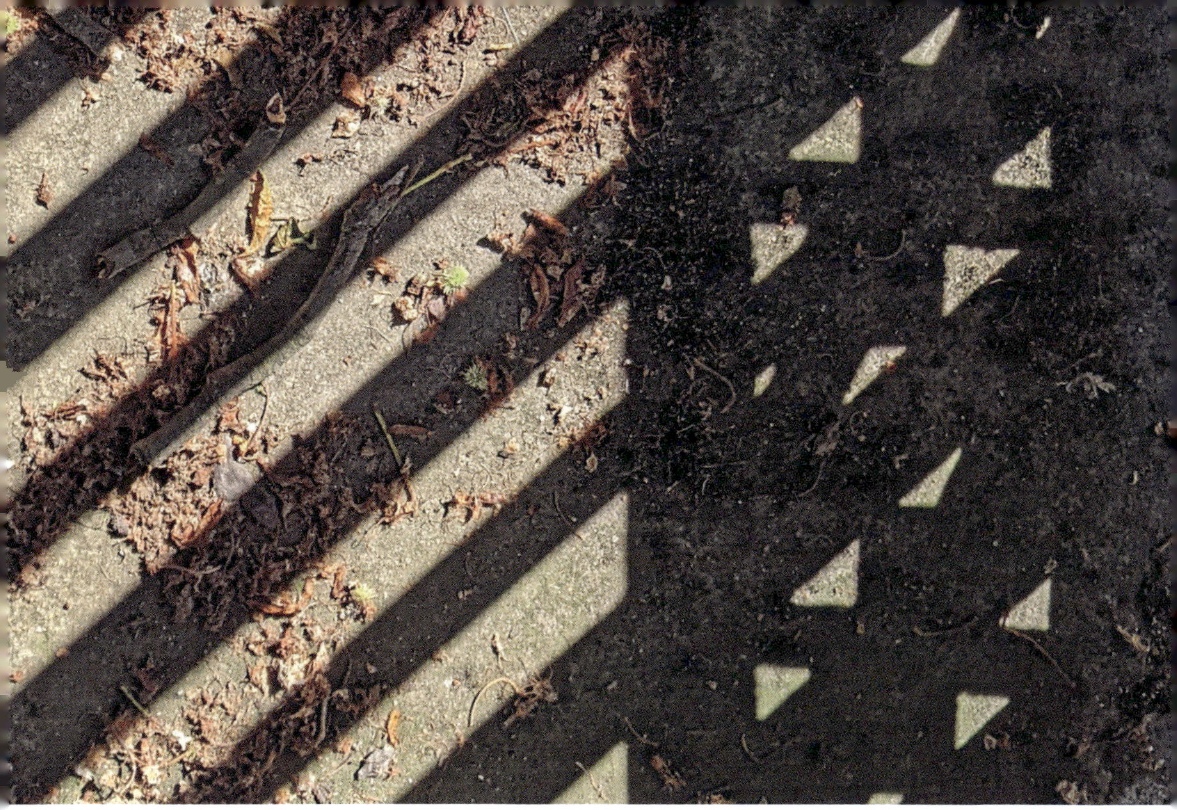

linke Seite: Gesichter & Kreaturen dank ***Pareidolie-Effekt*** *→ siehe Seite 140*

diese Seite: interessante Schatten dank Lücken & Material-Aussparungen

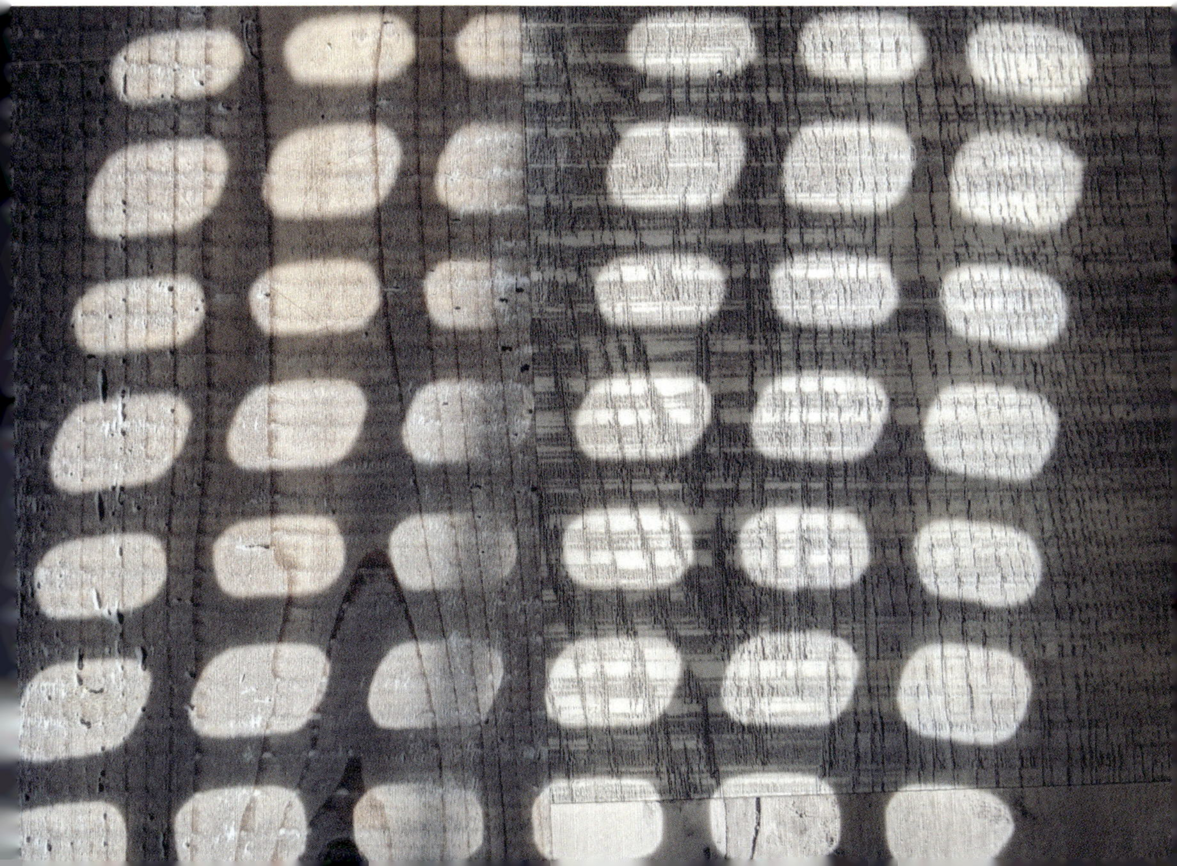

26. Mit Regen & Wasser: Momentaufnahmen

Bei Regen möchte man normalerweise lieber gemütlich im Trocknen sitzen und nicht unter freiem Himmel kreativ sein. Dabei können Sie auch im Regen wundervolle Kunstwerke erschaffen. Sehr berühmt wurde der bereits genannte Land-Art-Künstler ***Andy Goldsworthy*** mit seinen Regenschattenbildern: Sobald es anfing zu regnen, legte er sich auf den Boden und blieb dort liegen, bis der Regen vorbei war. Nach der Regendusche stand er auf und machte ein Foto von seiner trockenen Silhouette an der Stelle, wo er gelegen hatte.

Überlegen Sie sich, was Sie draußen bei Regen oder mit Wasser Kreatives erschaffen können. Denken Sie an das oben genannte Beispiel. Legen Sie vielleicht flache Objekte mit klaren Umrissen auf den Boden und warten Sie den Regen ab. Nehmen Sie die Objekte nach dem Regen weg und machen Sie Fotos.

Oder: Hängen Sie vor einem Regenschauer helle Stoffbahnen, wie alte Bettwäsche, auf einer Wäscheleine auf. Tragen Sie farbiges Pigmentpulver oder wasserlösliche Farben auf und warten Sie den Regen ab.

Oder: Welche Ideen können Sie draußen mit einem Wassereimer und verschiedenen Malutensilien entwickeln? Malen oder schreiben Sie z. B. mit Wasser und Schwämmen oder großen Tapezierpinseln auf Asphalt und fotografieren Sie den Prozess und die Ergebnisse.

Materialien: *Wassereimer, Schwämme, große Pinsel, Stoffbahnen (helle Textilien), Farbpigmente, wasserlösliche Farben, der eigene Körper, Objekte, Handy / Kamera ...*

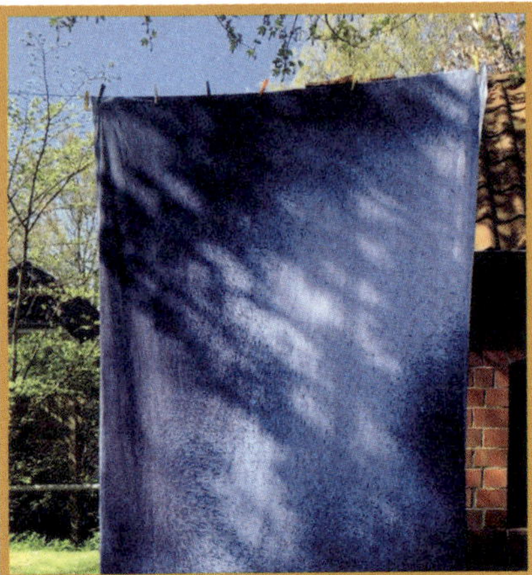

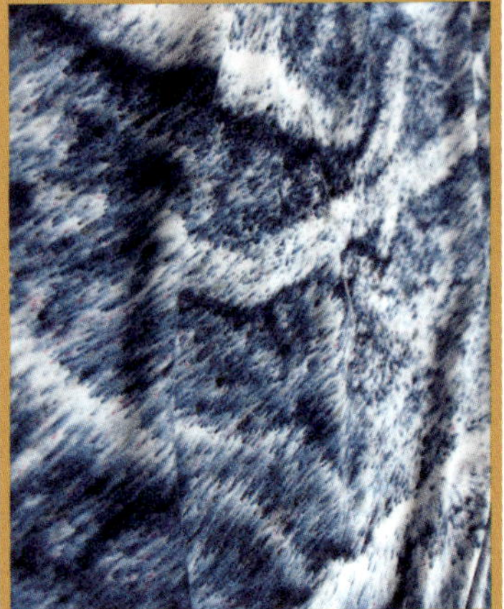

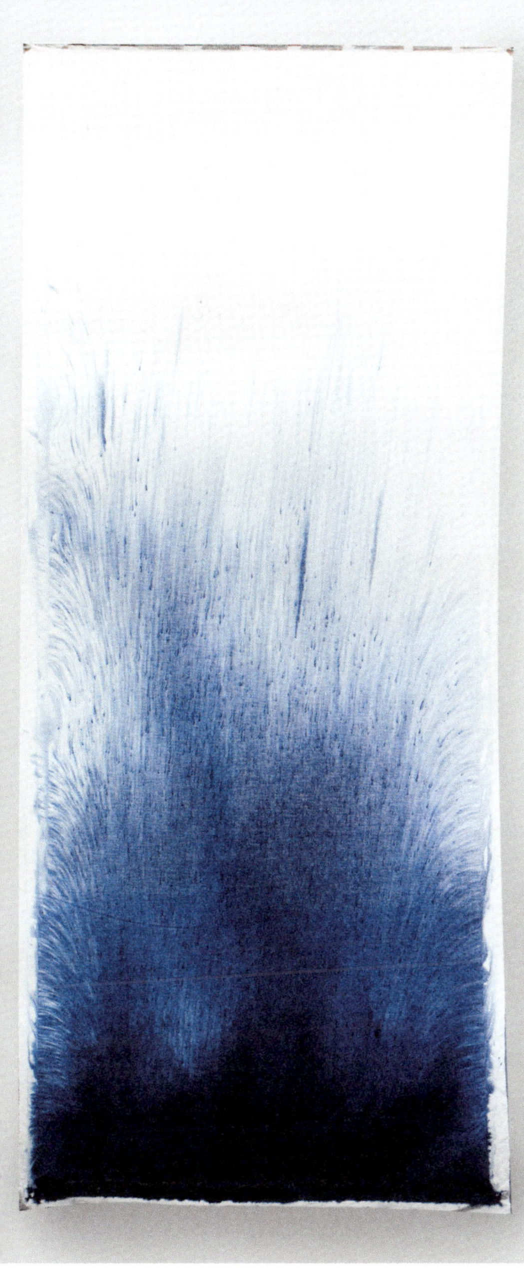

diese Doppelseite: Die Produktdesignerin ***Anna Badur*** *ließ Regen und Wind in einem experimentellen Prozess große Stoffbahnen mit Farbpigmenten bemalen. Entstanden ist «Drawn by Nature» – ein Textildesign, das sich auf Wandbehängen, Kissen und Bettwäsche wiederfindet.*

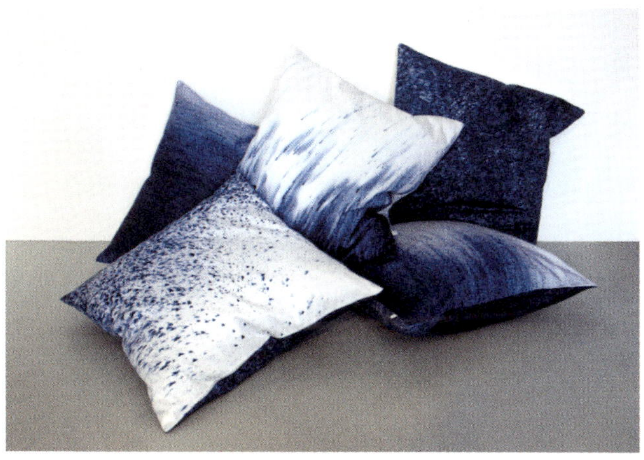

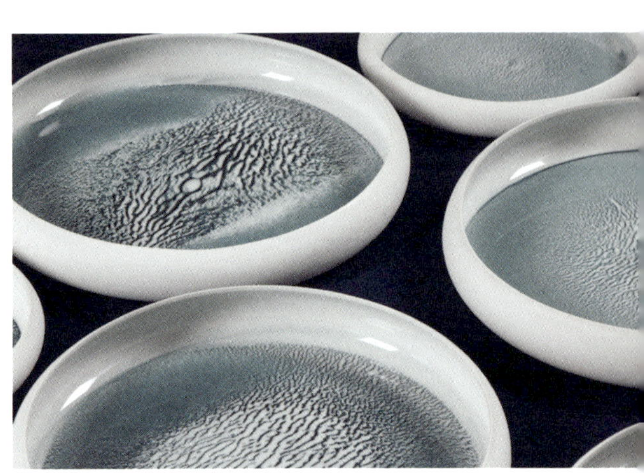

diese Seite: «Ebbe» ist eine Porzellanschalen-Serie von ***Anna Badur****. Durch den natürlichen Herstellungsprozess entsteht auf jeder Schale durch sanfte Wasserbewegungen ein einzigartiges Muster. Die Innenfläche ist transparent glasiert, die Außenseite bleibt unglasiert und ist fein poliert.*

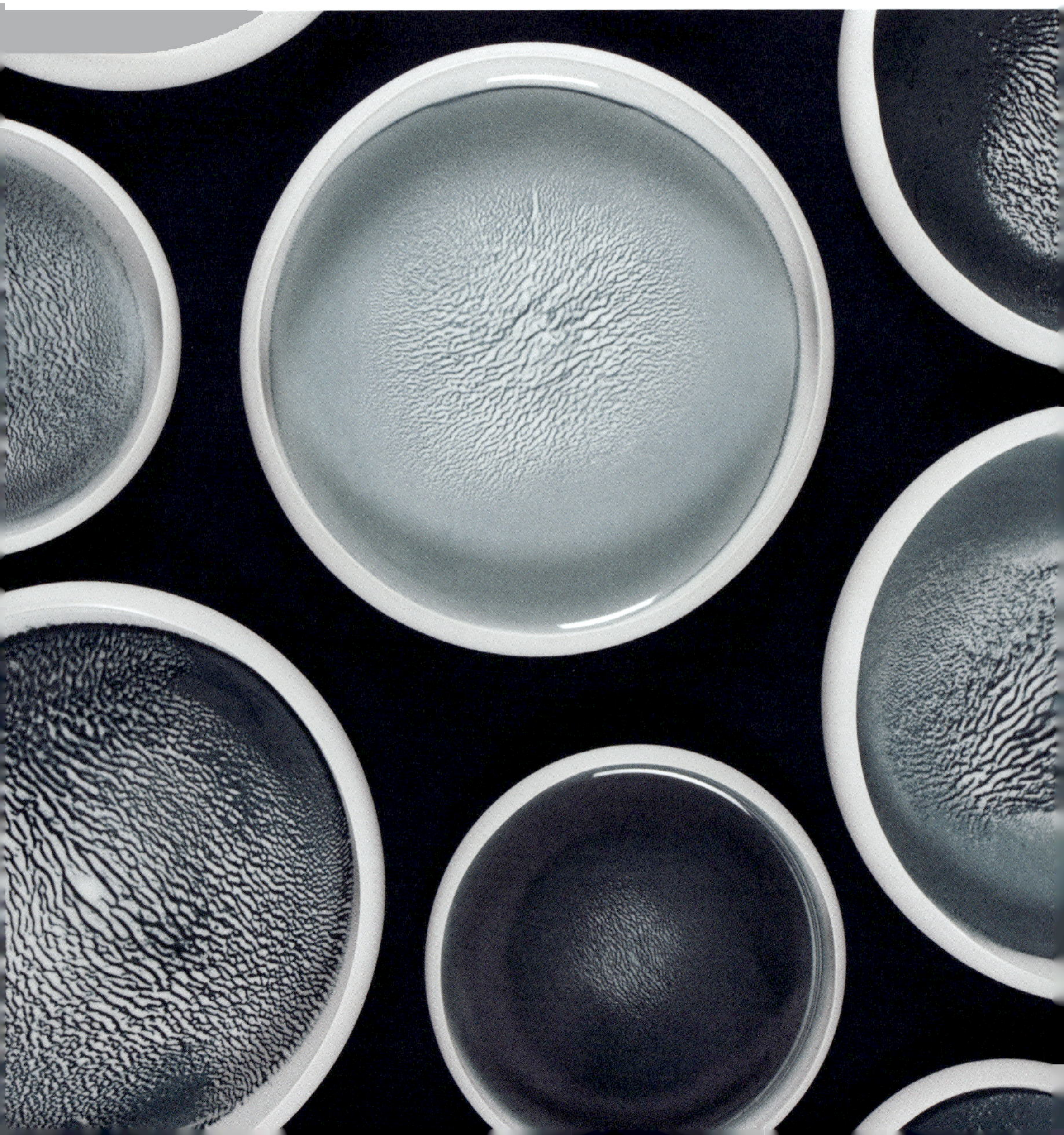

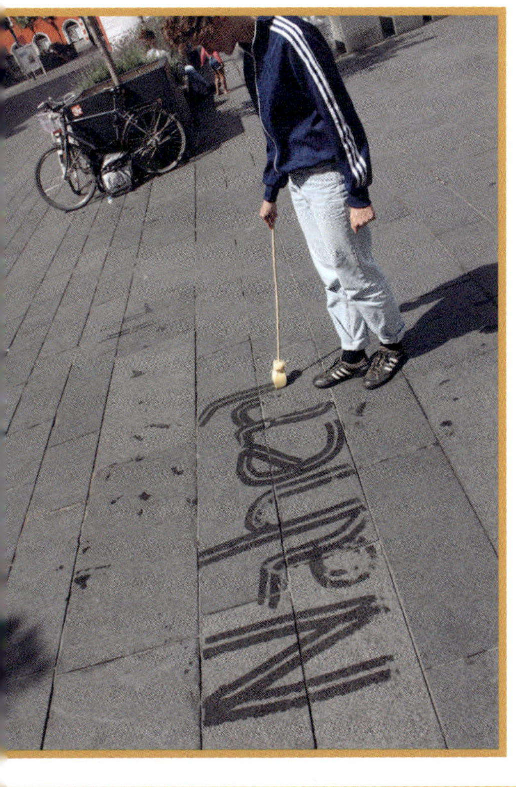

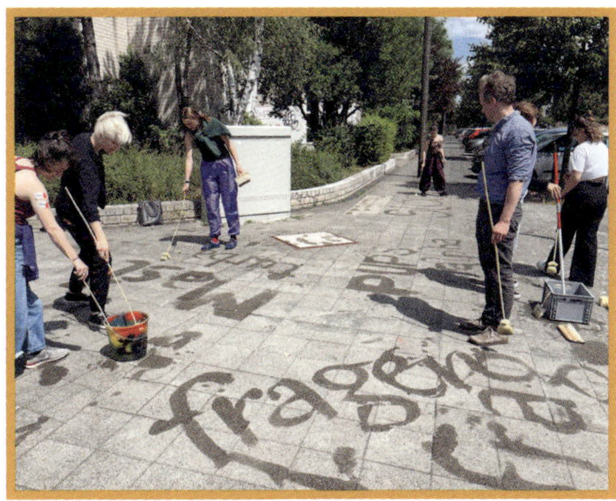

diese Seite: Kunst- & Design-Studierende schreiben im Unterricht unter Anleitung des Kalligrafen & Schriftgestalters ***Tobias-David Albert*** *mit Wasser auf Asphalt. Dabei werden Schwämme an langen Holzstielen befestigt. Sie dienen als Riesenpinsel.*

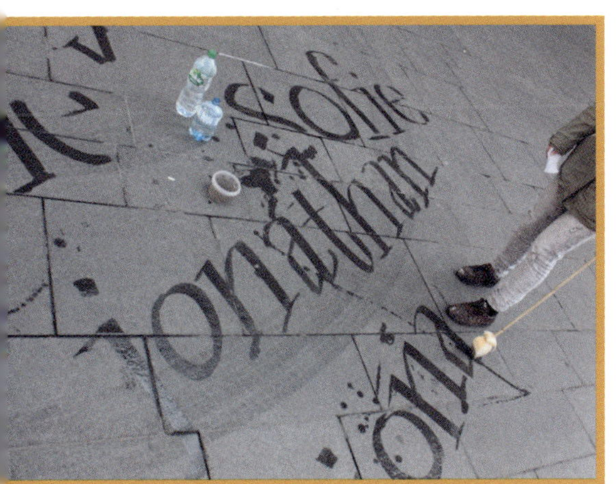

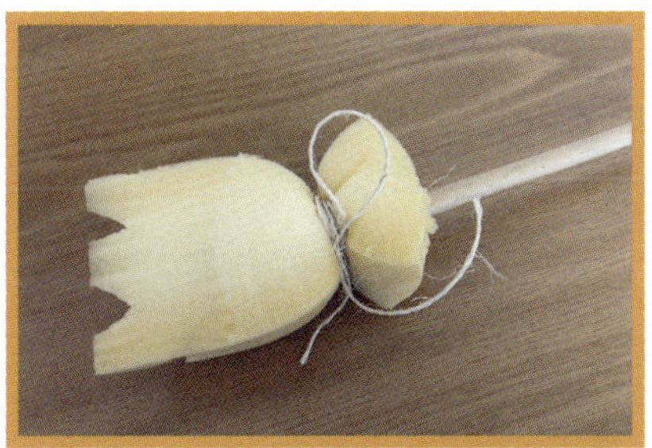

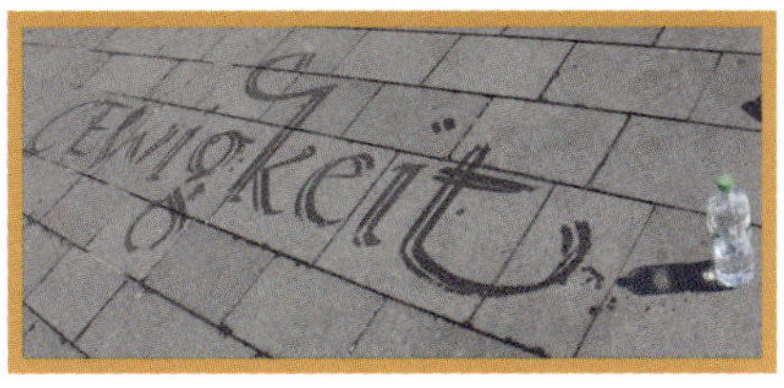

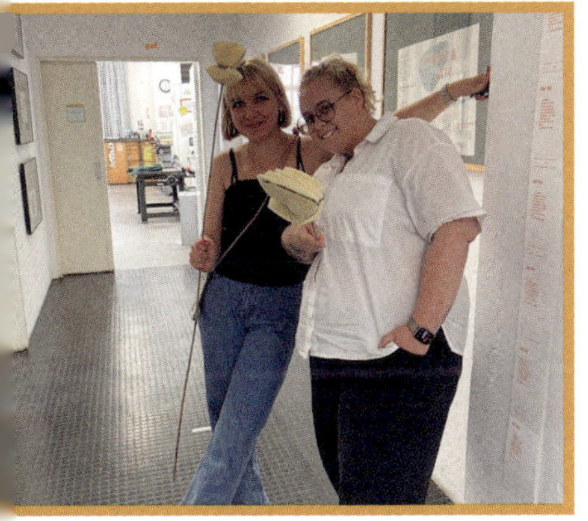

Gut zu wissen: In China ist die **Wasserkalligrafie** ein beliebtes Hobby auf öffentlichen Plätzen. Oft werden Sprichwörter in Wasser geschrieben, die den Passant:innen Wohlergehen wünschen und Glück bringen sollen. Sie hat außerdem meditativen Charakter.

27. Mit Erde: Abdrücke in Ton

Schon mit einfachsten Mitteln können Sie draußen arbeiten und z. B. Erde und Steine aufschichten oder Abdrücke fotografieren. Wenn aus Lehm und Ton plastische Arbeiten entstehen, arbeiten Sie ebenfalls mit dem Element Erde. Sie könnten den Ton auch direkt unter freiem Himmel bearbeiten, ihn formen und anschließend ganz ursprünglich in einem Lehmofen brennen.

1. Sammeln Sie draußen interessante Materialstrukturen (Steine mit starken Einschlüssen, Baumrinden, Blätter), die sich in feuchtem Ton gut abdrücken lassen. Überlegen Sie sich anschließend, was Sie aus Ton (oder einem ähnlichen plastischen Material) herstellen möchten. Es eignen sich besonders Geschirr, Vasen und andere Gefäße für dieses Projekt.

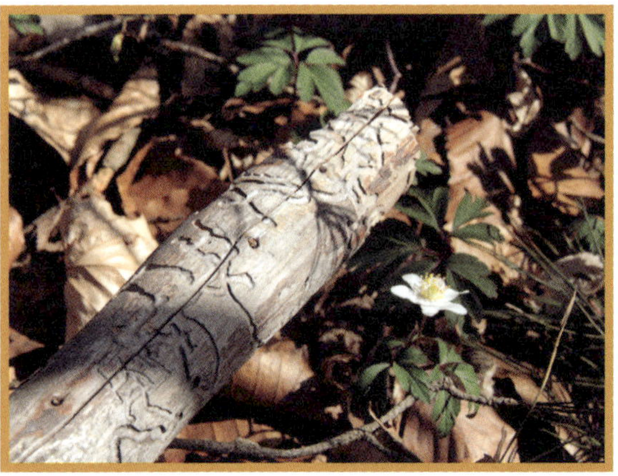

2. Walzen Sie den benötigten Ton aus, drücken Sie Ihre gesammelten Objekte darauf ab. Achten Sie auch darauf, wo und wie Sie die Muster und Strukturen platzieren.

3. Bearbeiten Sie den Ton anschließend wie üblich (formen, trocknen, brennen, glasieren ...).

oben: Vorbereitungen für eine plastische Arbeit der Keramikerin ***Neeltje van Wissen****: Sammlung von totem Holz, das mit Borkenkäfer-Fraßspuren übersät ist.*

rechts: Das gesammelte Holz, eine große Tonwalze und ein Tonklumpen für das anstehende Projekt liegen bereit.

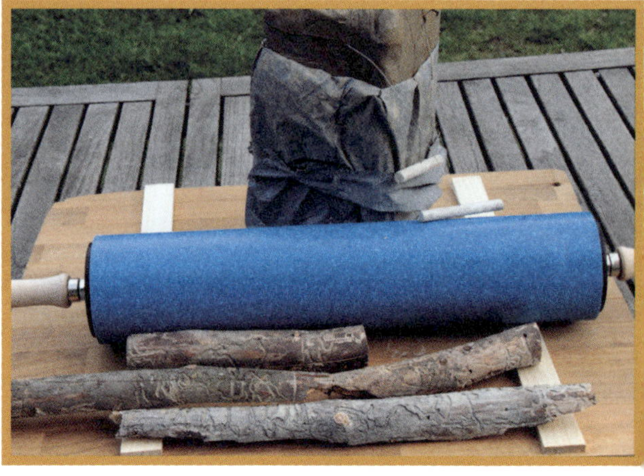

Tipp: Da Sie wahrscheinlich dieses Projekt nur schwer komplett im Freien erarbeiten können, ist es in Ordnung, wenn Sie den Ton drinnen bearbeiten und brennen (lassen). Alternativ zum Ton können Sie auch lufthärtende Materialien verwenden.

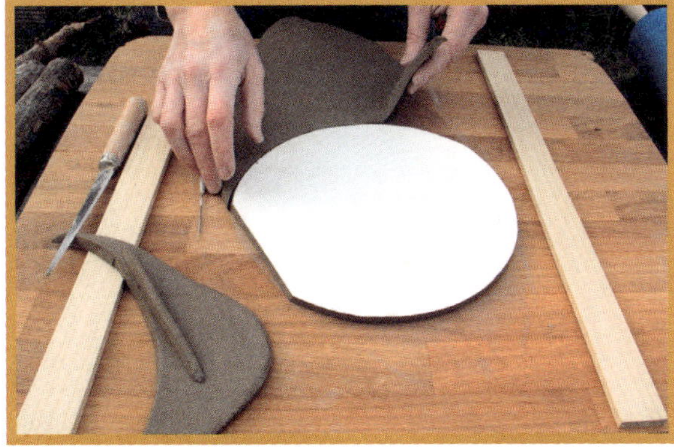

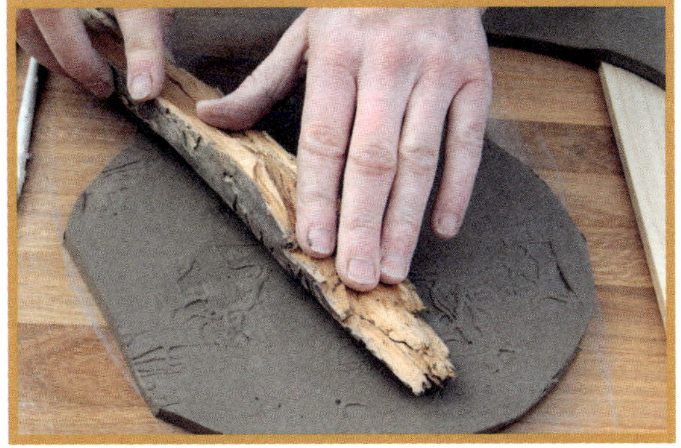

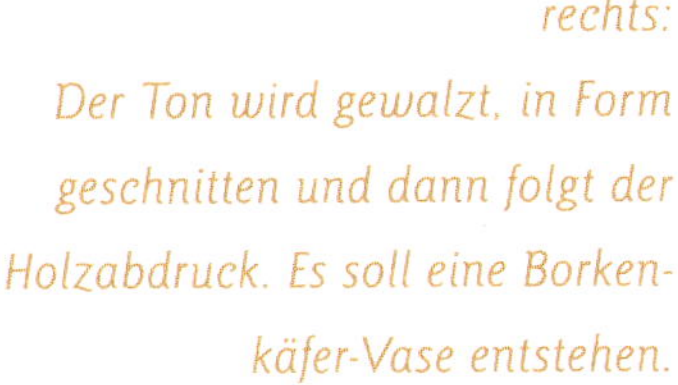

rechts:
Der Ton wird gewalzt, in Form geschnitten und dann folgt der Holzabdruck. Es soll eine Borkenkäfer-Vase entstehen.

unten:
Die Vase mit runder Form ist bereits erkennbar und muss jetzt vor dem Brennen trocknen.

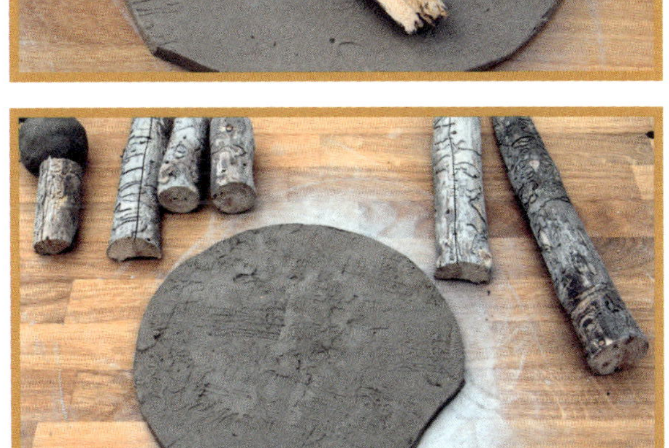

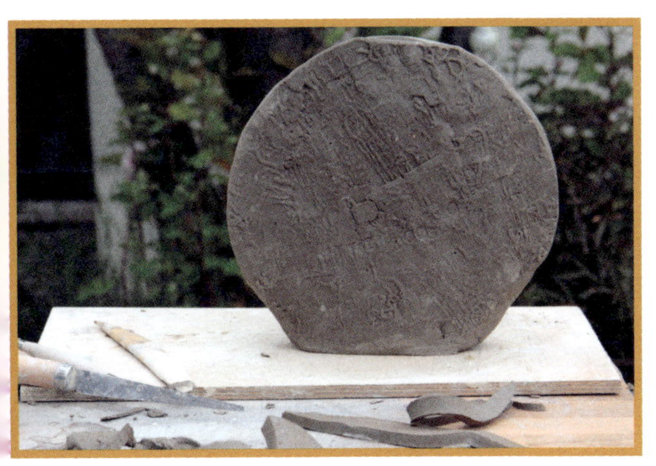

Materialien: *Naturmaterialien (Rinde, Blätter, Steine), Ton, Walze, Werkzeuge, Brennofen (optional), Glasur (optional), Handy / Kamera*

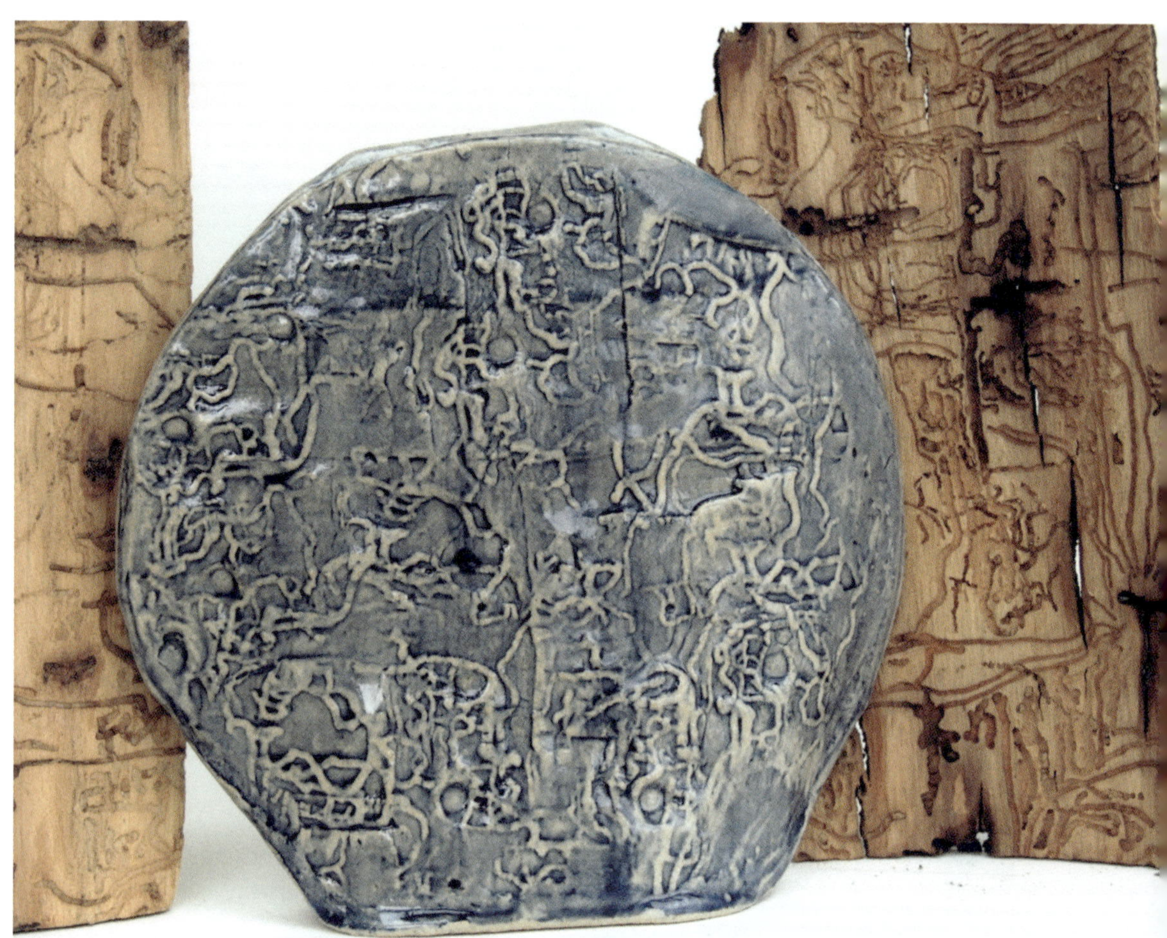

oben: Die fertige Borkenkäfer-Vase wurde von Neeltje nach dem Brennen hellblau glasiert und abermals gebrannt.

Gut zu wissen:

Gebrannter und ungebrannter Ton muss nicht immer aufwendig glasiert werden. Sie können ihn auch mit Wasser- oder Acrylfarben bemalen und ggf. abschließend mit einem transparenten Lackspray matt oder glänzend lackieren.

rechte Seite:
Lufthärtender Ton zu Plättchen geformt, gelocht und getrocknet. Anschließend wurde er in Blau- und Grüntönen bemalt und an langen Schnüren zu einem Mobile aufgehängt.

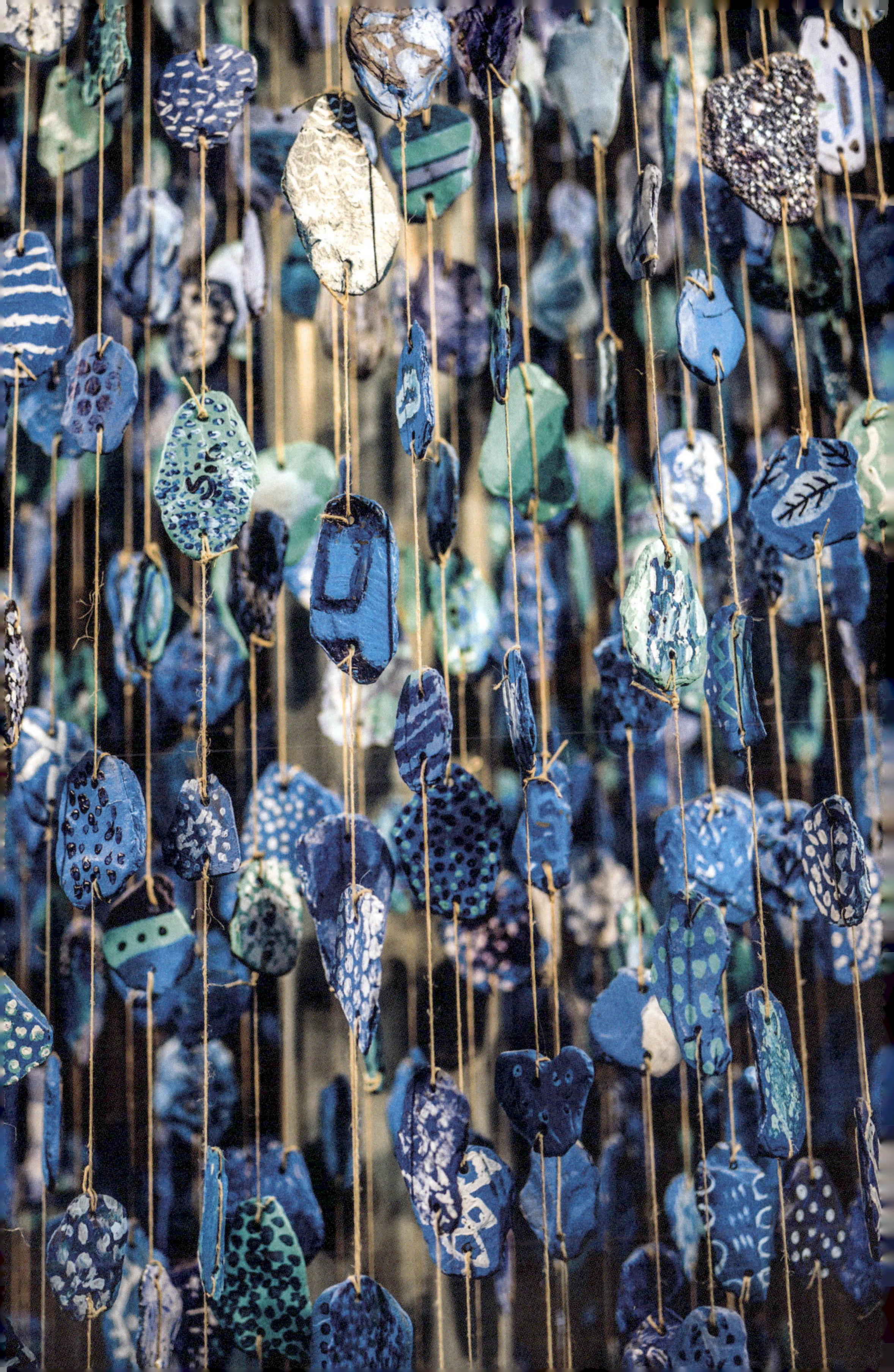

28. Mit Wind: Mobile, Wimpel, Girlanden & Fahnen

Ich mag sehr gern Windspiele aus organischen Materialien, am besten selbst gesammelt und gebaut. Egal, ob Mobile, Hängeobjekte, Wimpel und kleine Fahnen – sie sind dekorativ und machen einen Garten oder einen Innenraum gemütlicher und zu etwas Besonderem.

1. Sammeln Sie Naturmaterialien und bauen Sie daraus ein Mobile oder Windspiel. Welche Form es hat und welche Objekte Sie aufhängen möchten, bleibt Ihnen überlassen.
Versuchen Sie, nach Möglichkeit nur mit Fäden und Strick zu arbeiten und keinen industriellen Kleber zu verwenden. Verknoten und / oder lochen Sie ggf. die einzelnen Elemente, statt sie zu kleben.

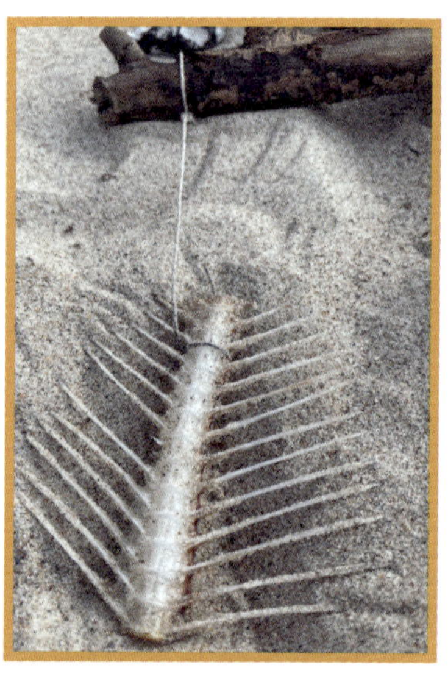

2. Hängen Sie das Ergebnis draußen auf und beobachten Sie, wie es sich verhält, wenn es vom Wind bewegt wird. Machen Sie Fotos davon.

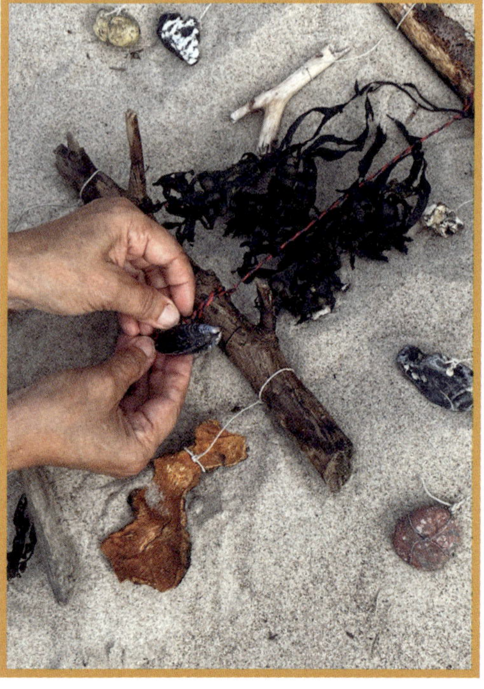

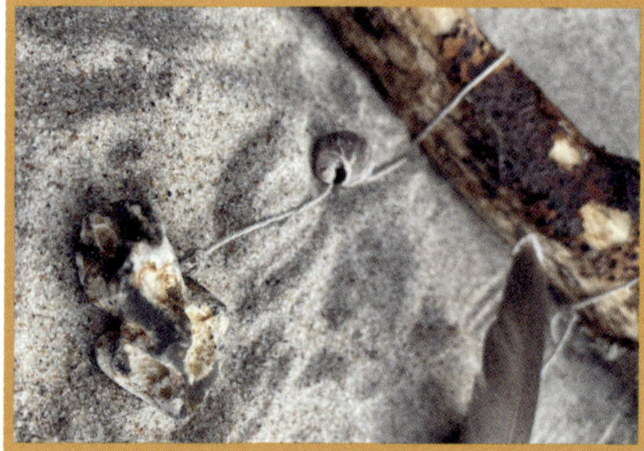

Doppelseite: Aus Fundstücken am Strand entsteht mit Strick und etwas Draht spontan ein Mobile. Ich habe sogar ein paar Hühnergötter (Steine mit Loch) gefunden. Sie sind hilfreich, aber nicht notwendig.

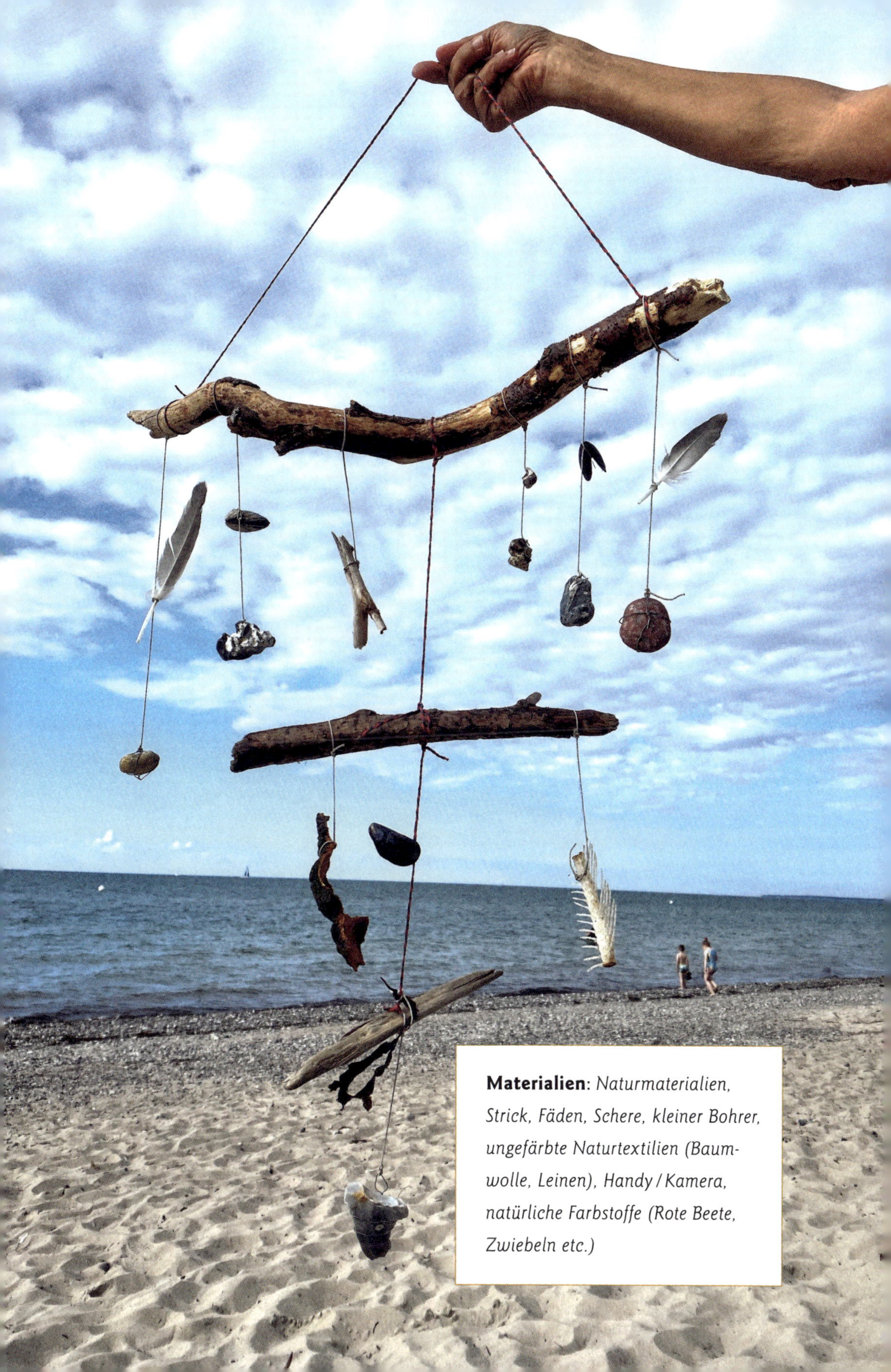

Materialien: *Naturmaterialien, Strick, Fäden, Schere, kleiner Bohrer, ungefärbte Naturtextilien (Baumwolle, Leinen), Handy / Kamera, natürliche Farbstoffe (Rote Beete, Zwiebeln etc.)*

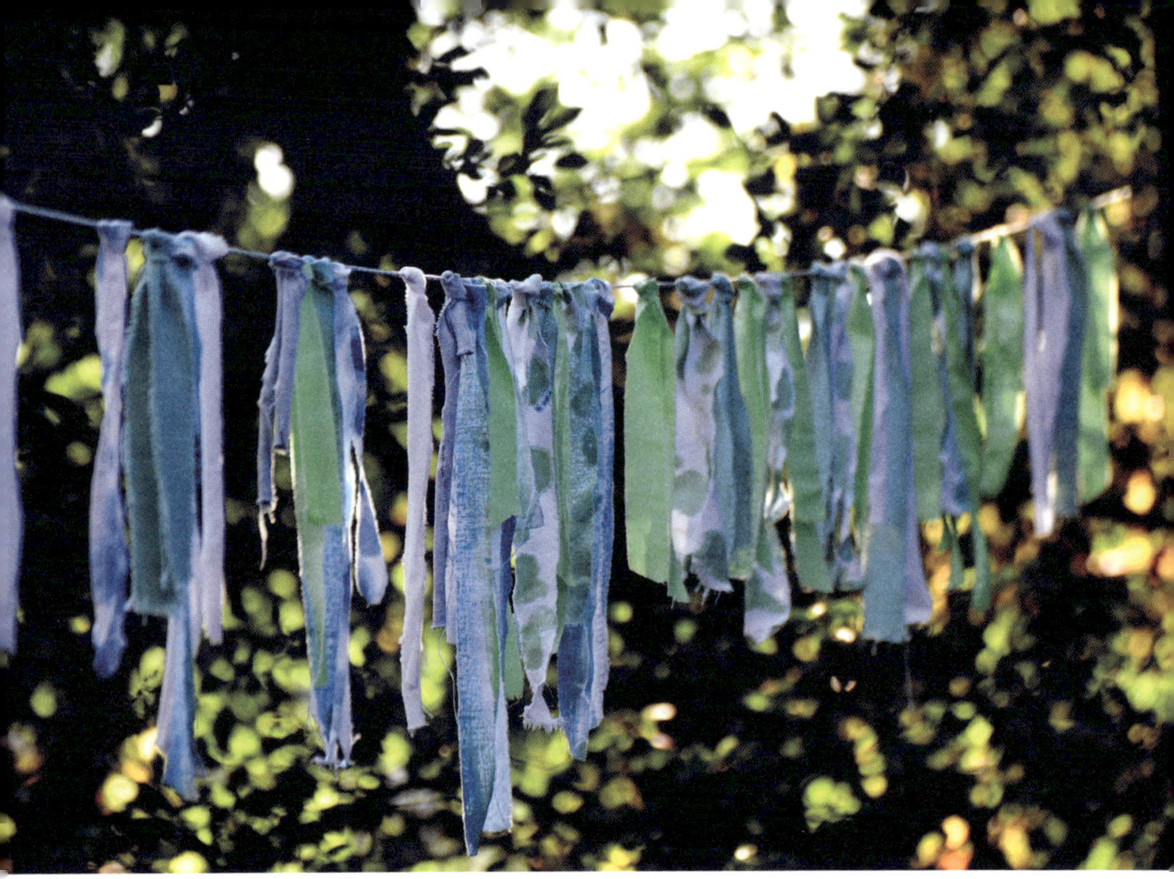

Statt eines Mobiles können Sie auch eine Wimpel- oder Stoffkette fertigen, kleine Fahnen nähen und draußen aufhängen. Verwenden Sie dafür möglichst naturnahe Materialien (Baumwolle, grobes Leinen, Fäden, Schnüre). Färben oder bedrucken Sie die Wimpel und Fahnen mit Naturmaterialien. Färben können Sie z. B. mit Roter Beete, Beeren, Spinatsaft und Zwiebelschalen. Bedrucken können Sie Ihre Textilien mit Kartoffeldruck, Cyanotypie oder als Monotypien mit Blättern, Früchten und anderen Naturfunden.

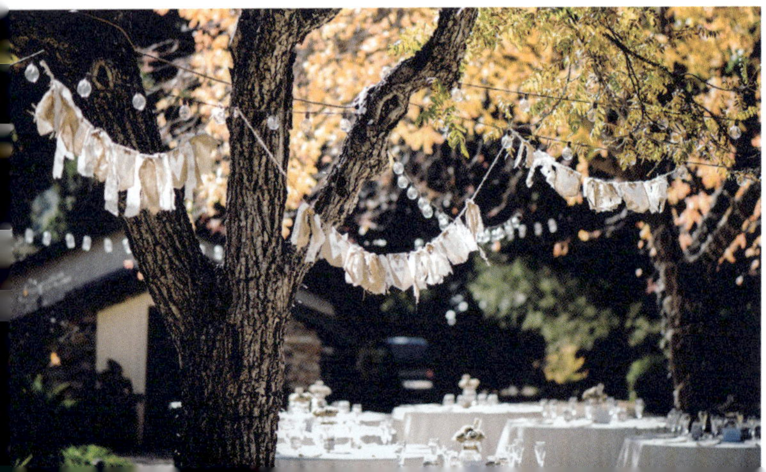

oben: Schmale Stoffbänder wurden in Blau- und Grüntönen natürlich gefärbt, anschließend an eine Leine geknotet und im Garten aufgehängt.
unten: Leinenstoffgirlanden auf einer Hochzeit im Freien

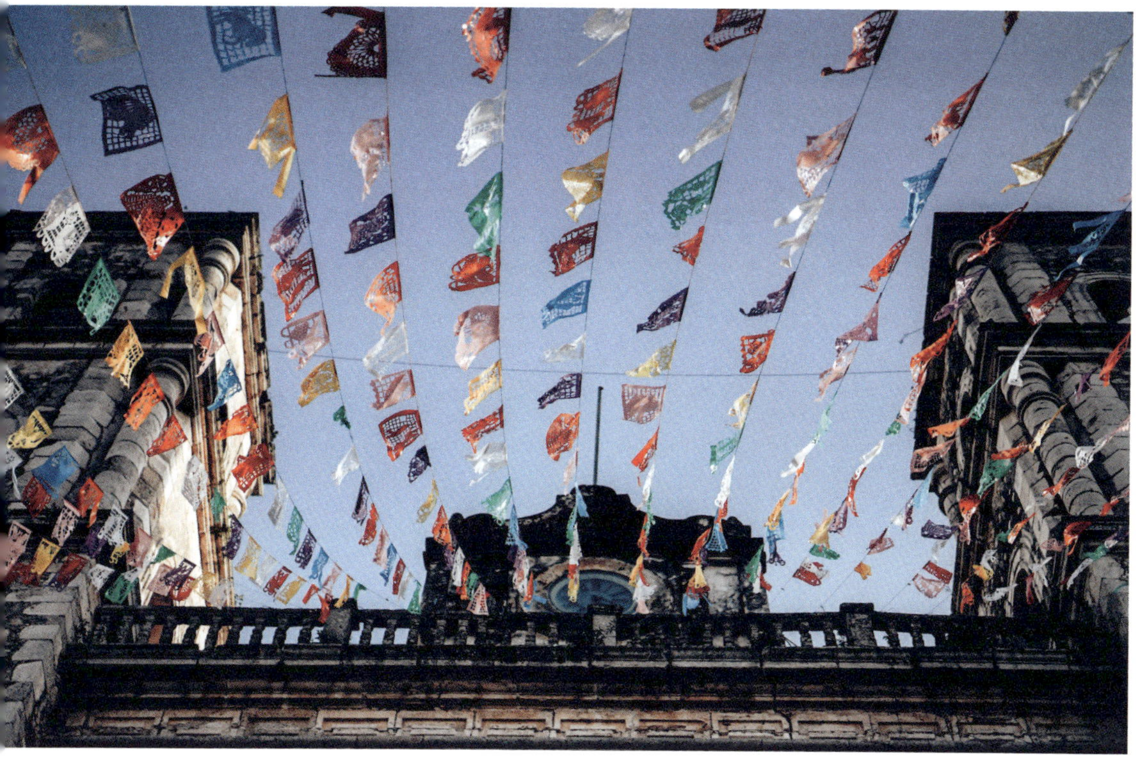

oben: traditionelle Scherenschnitt-Papierwimpel aus Mexiko, unten links: Stoffwimpelkette in einer französischen Straße, unten rechts: Ein Stoff-Baldachin aus textilen Rechtecken färbt die Straße in Buenos Aires rot und bildet einen tollen Kontrast mit dem Himmel.

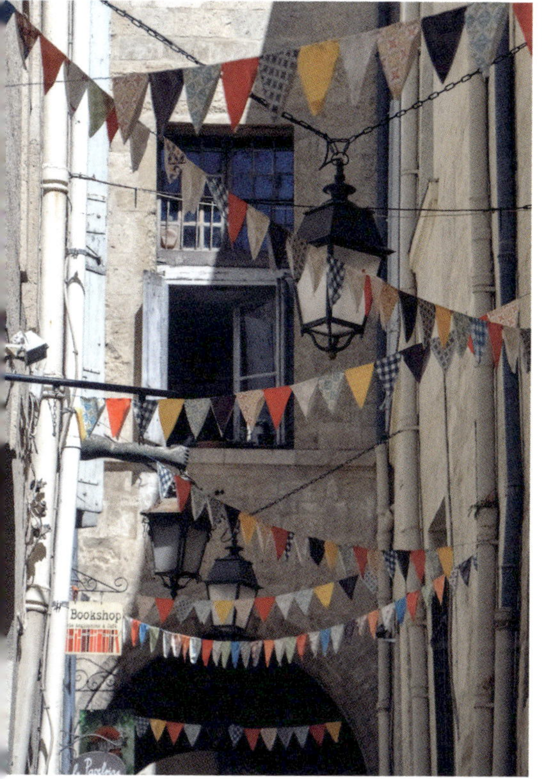

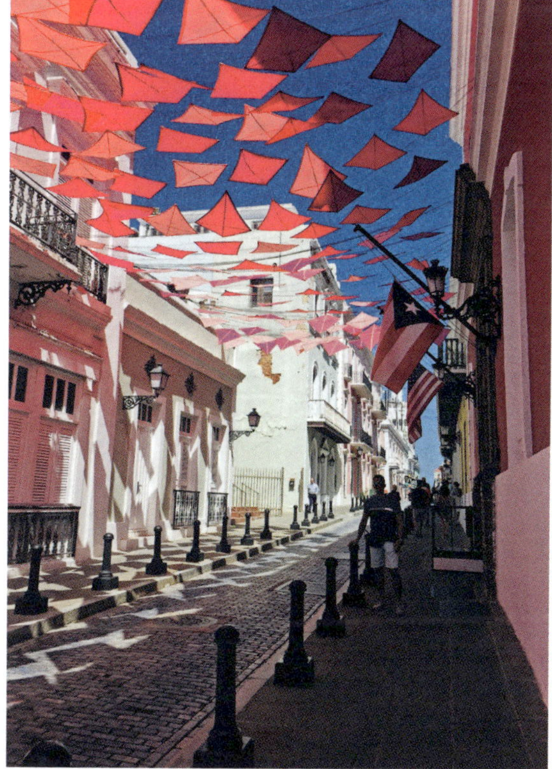

29. Mit Feuer: eigene Zeichenkohle herstellen

Feuer ist ein sehr beeindruckendes Naturelement. Es darf nur mit großer Vorsicht, Achtsamkeit und kontrolliert verwendet werden.
Mit Feuer können Sie direkt und indirekt arbeiten. Entweder Sie lassen sich von den Flammen zu eigenen Gestaltungen inspirieren, zeichnen diese oder brennen etwas (zum Teil) an oder ab.
Oder Sie nutzen das, was nach dem Abbrennen des Feuers übrig bleibt – die Holzkohle, die verbrannten Reste und die Asche – für Ihre künstlerischen Werke.

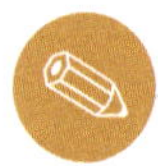

Bei einem Lager- oder Grillfeuer unter freiem Himmel können Sie einfach eigene Zeichenkohle herstellen.

1. Schälen Sie mit einem Messer Birken- oder Weidenäste. Je nach Dicke der Äste erhalten Sie später Kohle in derselben Dicke.

2. Wickeln Sie die geschälten Äste in eine Aluminiumfolie ein. Sie können diese auch mit einem Nagel zusätzlich ein- bis zweimal einstechen.

3, Legen Sie die Folie mit Hilfe einer Grillzange für mehrere Stunden in die Glut des Feuers.

4. Nachdem das Feuer abgebrannt ist, wickeln Sie die Äste einfach aus, lassen sie ggf. noch abkühlen und verwenden sie anschließend zum Zeichnen.

Materialien: *sicherer Feuerplatz, Feuerzeug, Zeitung, Holz (Birke, Weide, Brennholz), Holzkohle, Asche, Papier, Handy / Kamera*

rechte Seite: So entsteht die eigene Zeichenkohle. Statt Alufolie können Sie auch eine Blechdose benutzen, die Sie vorsichtig ein- bis zweimal an der Unterseite einstechen.

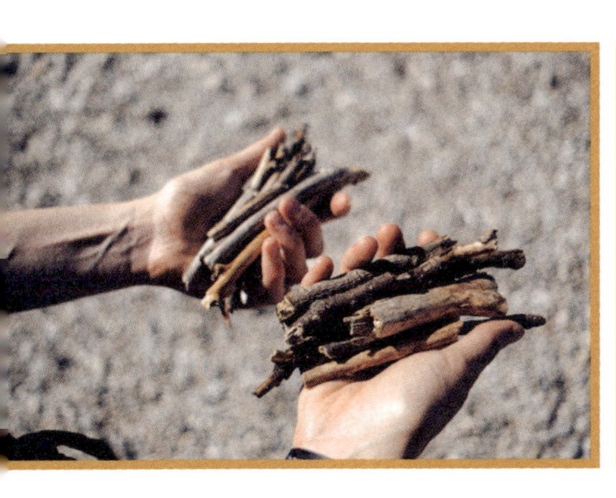

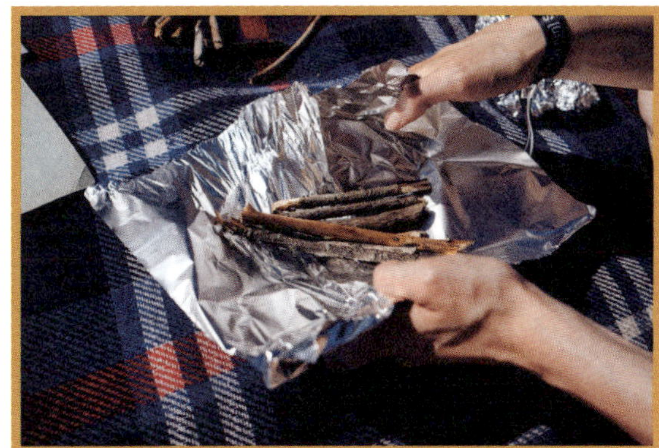

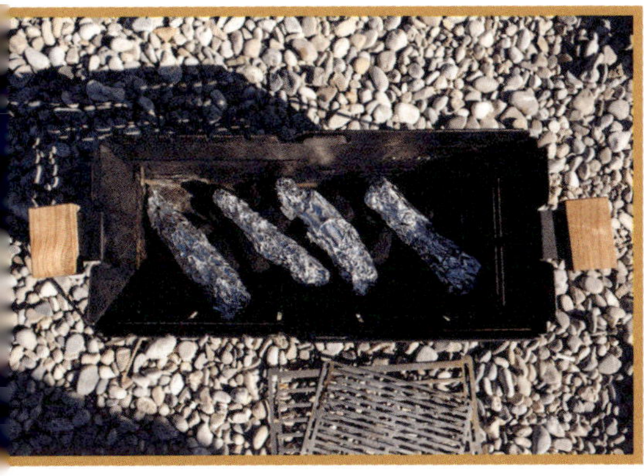

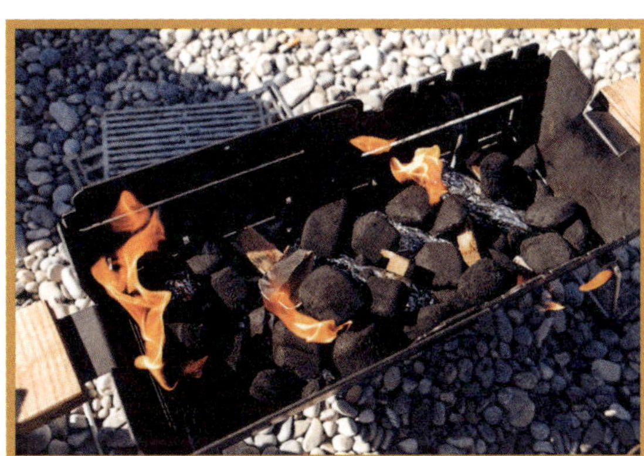

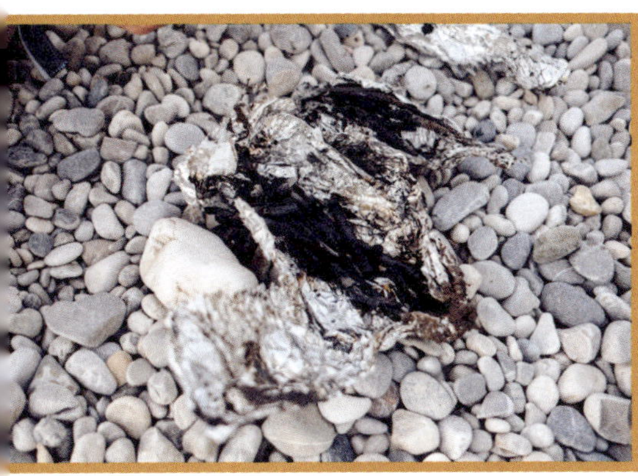

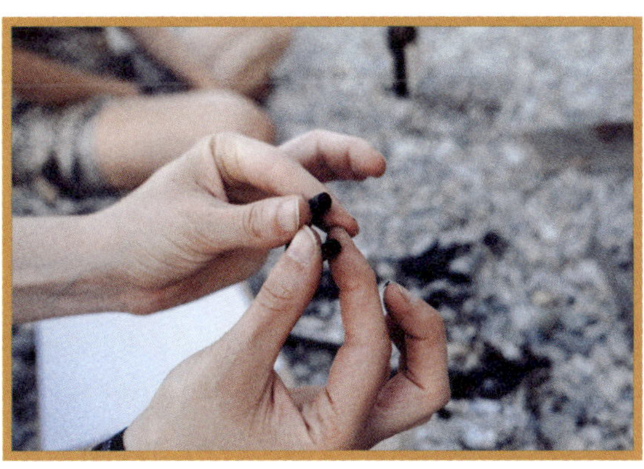

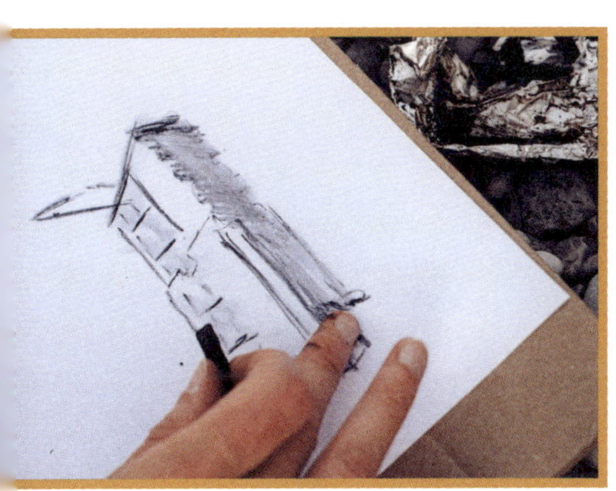

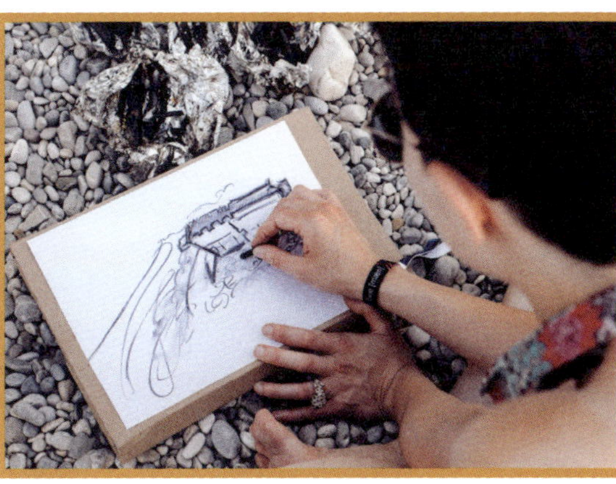

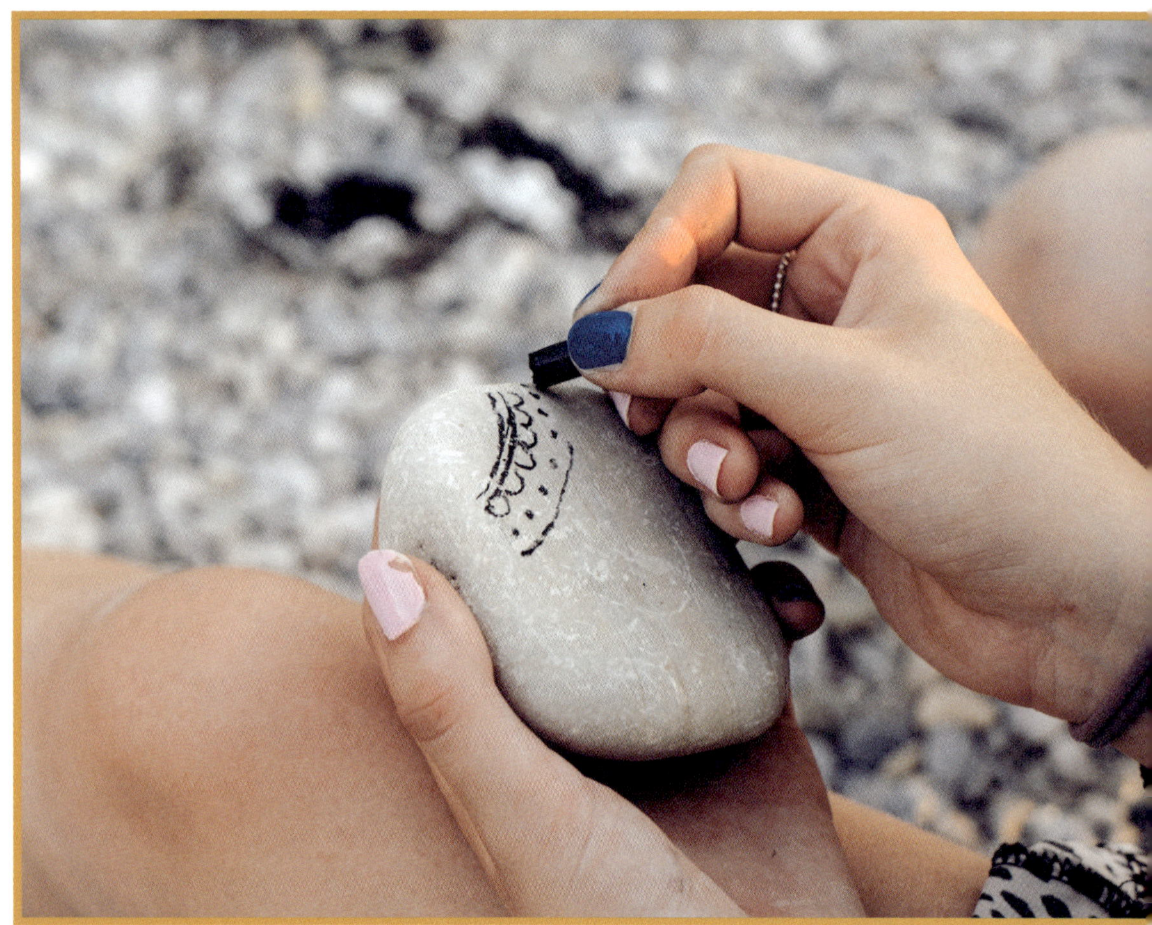

Varianten:

1. Papier-Experimente mit Feuer: Brennen Sie gezielt unterschiedliche Papiere an und zum Teil auch ab. Knüllen, falten Sie das Papier ggf. vorab, bevor Sie es mit der Flamme bearbeiten. Schauen Sie, was für interessante Brandstellen entstehen, bearbeiten Sie diese künstlerisch weiter.

2. Brandbilder: Zeichnen Sie mit Feuerzeugbenzin und/oder mit brennenden Schnüren auf Asphalt, indem Sie die Schnüre in brennbare Flüssigkeit legen, anschließend auf einem feuerfesten Untergrund auslegen (Asphalt), dann gezielt anzünden und Fotos davon machen.

3. Mit Asche malen: Schauen Sie, was nach einem Feuer übrig bleibt. Malen Sie die Reste zu einer feinen Asche, die Sie anschließend mit Wasser oder Öl zu einer streichfähigen Paste mischen. Malen Sie damit ein Bild.

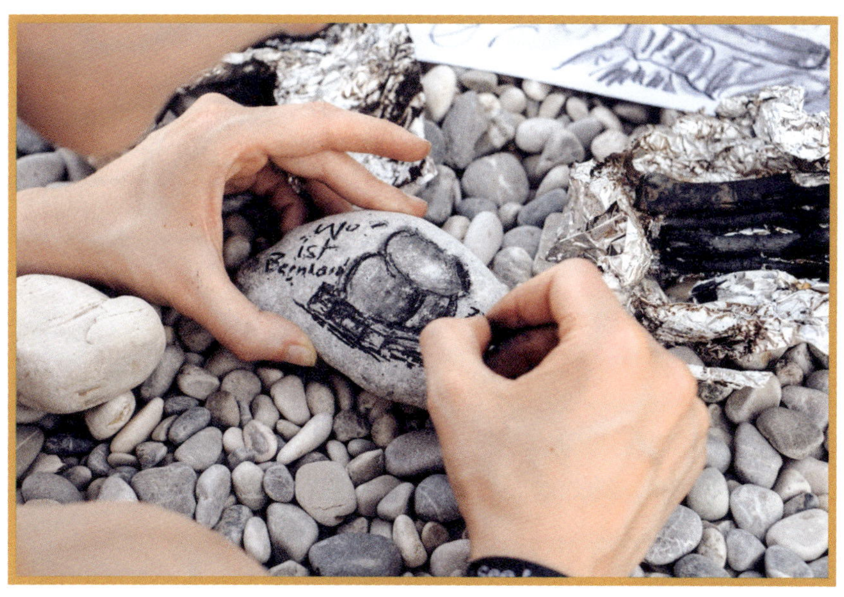

Die selbst gemachte Kohle kann direkt zum Zeichnen verwendet werden, z. B. auf festem Papier oder auf weiteren Naturmaterialien aus der Umgebung, wie hier auf schönen runden Kieselsteinen.

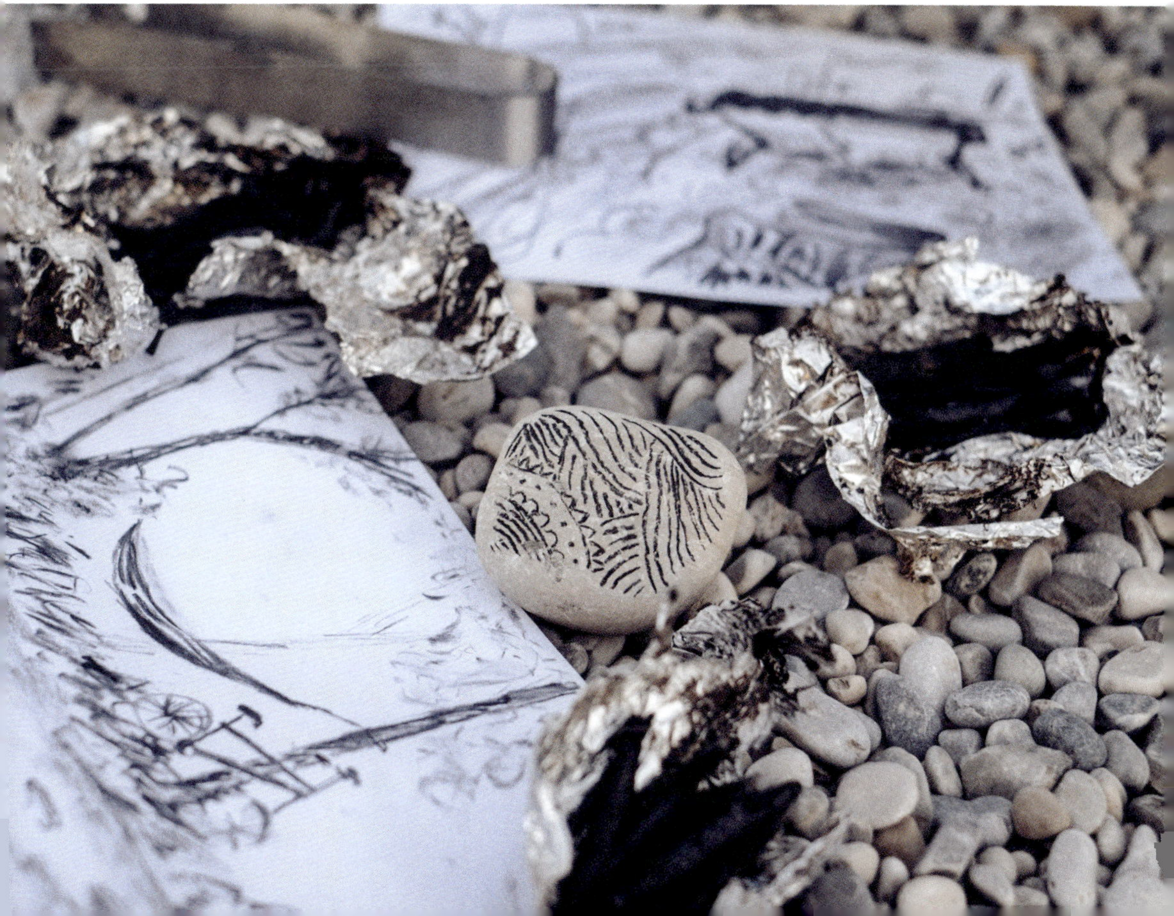

30. Mit der Dunkelheit: Lichtzeichnungen

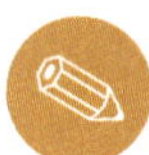

1. Warten Sie, bis es dunkel ist. Suchen Sie einen guten Ort, der sich als Hintergrund und Bühne für Ihr fotografisches Lichtzeichnungsexperiment eignet. Das kann eine Grünfläche sein, ein leerer Platz, ein Garten oder eine Industriefläche. Bedenken Sie: Jede andere Lichtquelle (Mond, beleuchtete Fenster, Laternen etc.) wird in Ihrem Foto ebenso strahlen. Achten Sie darauf, dass Ihre zeichnenden Lichtquellen die Hauptrollen spielen.

2. Stellen Sie Ihr Stativ auf und überlegen Sie, was Sie zeichnen möchten. Legen Sie den Bildausschnitt fest. Das geht im Dunkeln am besten mit einem Licht-Assistenten bzw. einer Licht-Assistentin: Diese Person geht mit einer Taschenlampe die Umgebung ab, während Sie durch den Sucher schauen und so die Bildausschnitt-Grenzen bestimmen.

3. Legen Sie als Nächstes Ihre Belichtungszeit fest. Je nachdem, was Sie zeichnen wollen und wie lange Sie dafür brauchen, zwischen 3–60 Sekunden. Die passende Blende ergibt sich im Blendenautomatikmodus Ihrer Kamera aus der eingestellten Zeit (und dem gemessenen, einfallenden Licht).

4. Nun kann es losgehen: Machen Sie eine Reihe von Fotos und variieren Sie mit Zeichnung, Ausschnitt, Belichtung und verschiedenen Lichtquellen. Achten Sie während des Zeichnens auf fließende Bewegungen mit der Lichtquelle. Halten Sie die Lichtquelle immer Richtung Objektiv, wenn Sie zeichnen, damit das Licht eingefangen werden kann. Besonders gut eignen sich kreisende, weiche Bewegungen oder Ein-Linien-Zeichnungen. Durch weiteres Experimentieren werden Sie auf überraschende Ergebnisse kommen. Nicht alles wird funktionieren. Hier ruhig erst einmal auf Quantität setzen.

5. Zu Hause können Sie die Bilder bei Bedarf nachbearbeiten und die gelungensten auswählen.

rechte Seite oben:
Spezielle Pyrotechnik wurde kreisend über dem Kopf gezündet (Achtung: ohne Fachperson nicht zum Nachmachen geeignet).
unten: Zwei Leuchten (Regenbogen-Ringleuchte, LED-Lampe beide mit Akku) wurden mit dem ganzen Körper fließend bewegt.

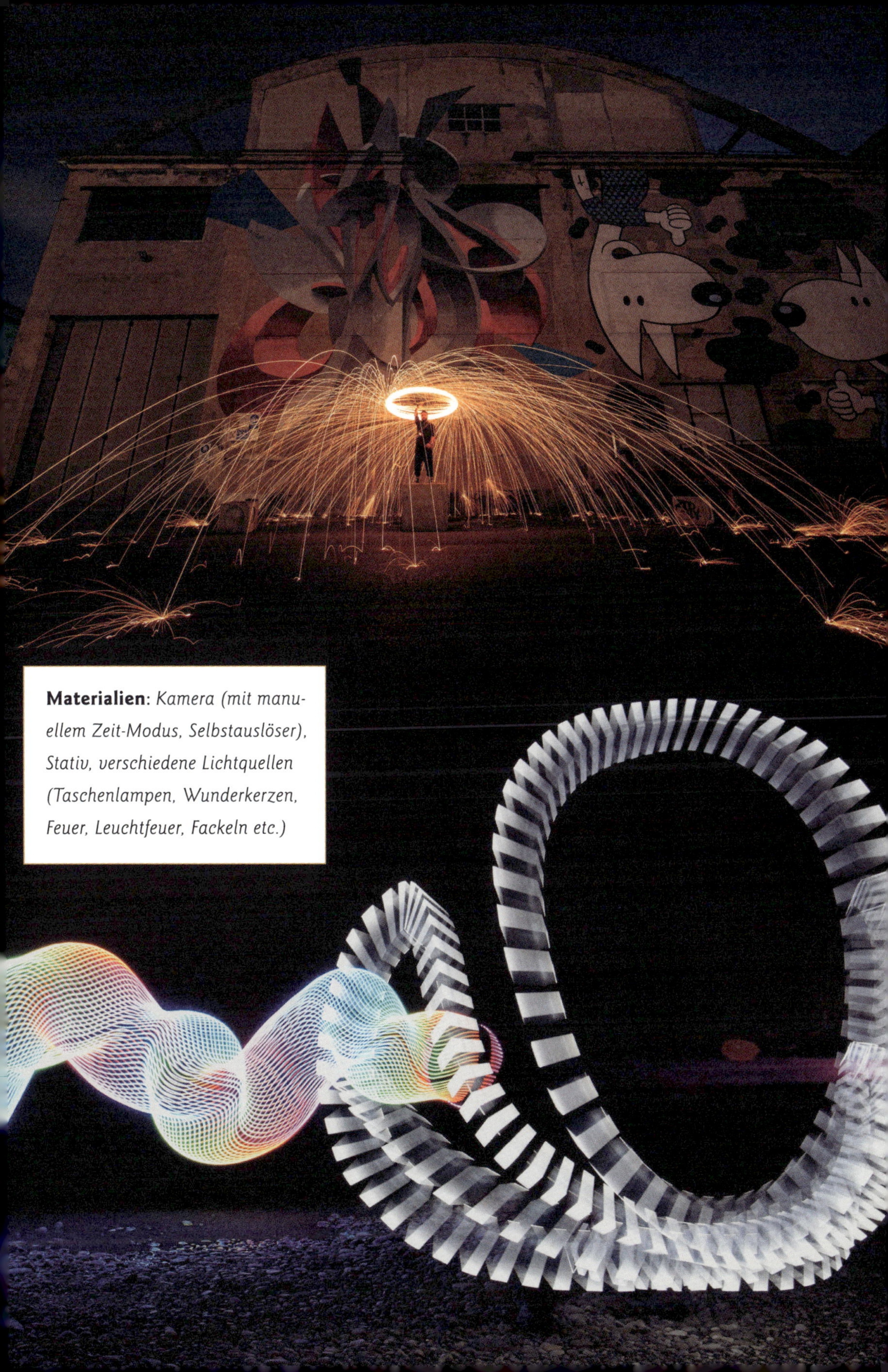

Materialien: *Kamera (mit manuellem Zeit-Modus, Selbstauslöser), Stativ, verschiedene Lichtquellen (Taschenlampen, Wunderkerzen, Feuer, Leuchtfeuer, Fackeln etc.)*

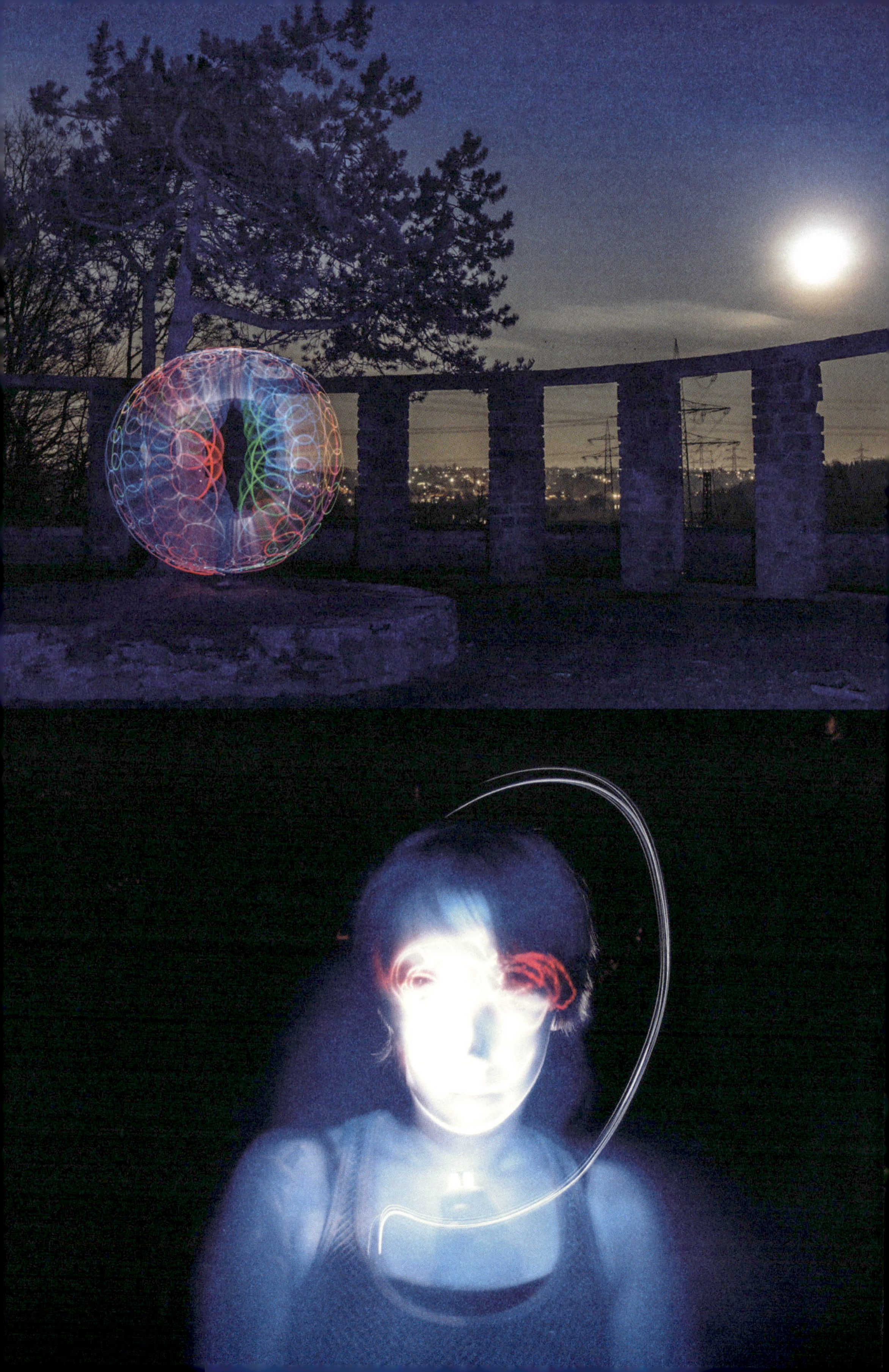

linke Seite oben: Schöner Aussichtspunkt für eine Langzeitbelichtung: Im Hintergrund die Stadt und der Mond, im Vordergrund eine Aussichtsplattform und Raststätte in einem. Die Person steht mittig und kreist die Lichtquelle um sich herum. Da sich die Person bewegt, ist sie anschließend auf dem Foto nicht zu sehen. Die verwendete Lampe wechselt im Leuchtprozess die Farbe, sodass im Foto ein Regenbogeneffekt zu sehen ist.

linke Seite unten: Auch künstlerische Porträts sind mit Lichtzeichnung möglich und bekommen durch diese Technik das gewisse Etwas: Hier sehen Sie ein Selbstporträt von mir, das vor einigen Jahren mit meinen zwei kleinen mobilen Fahrradlampen nachts in einem Braunschweiger Park entstanden ist.

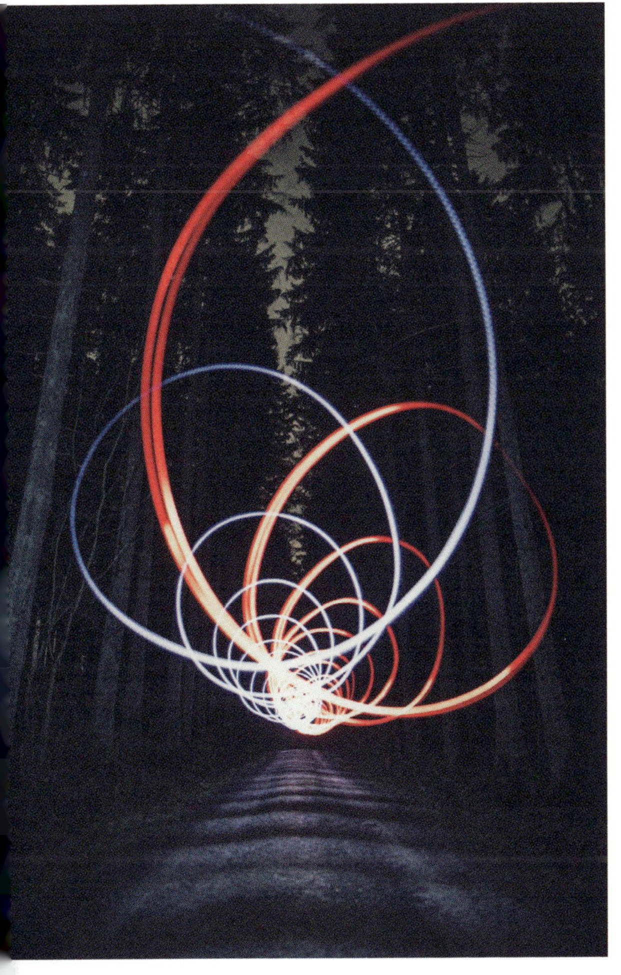

Lichtquellen selbst bauen:

Im Baumarkt und Dekobedarf gibt es unzählige Lichterketten und LED-Streifen als Meterware von der Rolle. Eine Regenbogen-Ringleuchte, wie aus den Bildbeispielen, können Sie einfach selbst bauen, indem Sie einen Hula-Hoop-Reifen mit einem Regenbogen-LED-Lichtstreifen umwickeln und diesen fixieren. So entscheiden Sie individuell über die Lichtwirkung in Ihren Fotos.

diese Seite: je eine Lichtquelle pro Hand, wahrscheinlich auf einem Zweirad oder zu Fuß geschwenkt und dabei den Weg passiert

In der kalten Jahreszeit

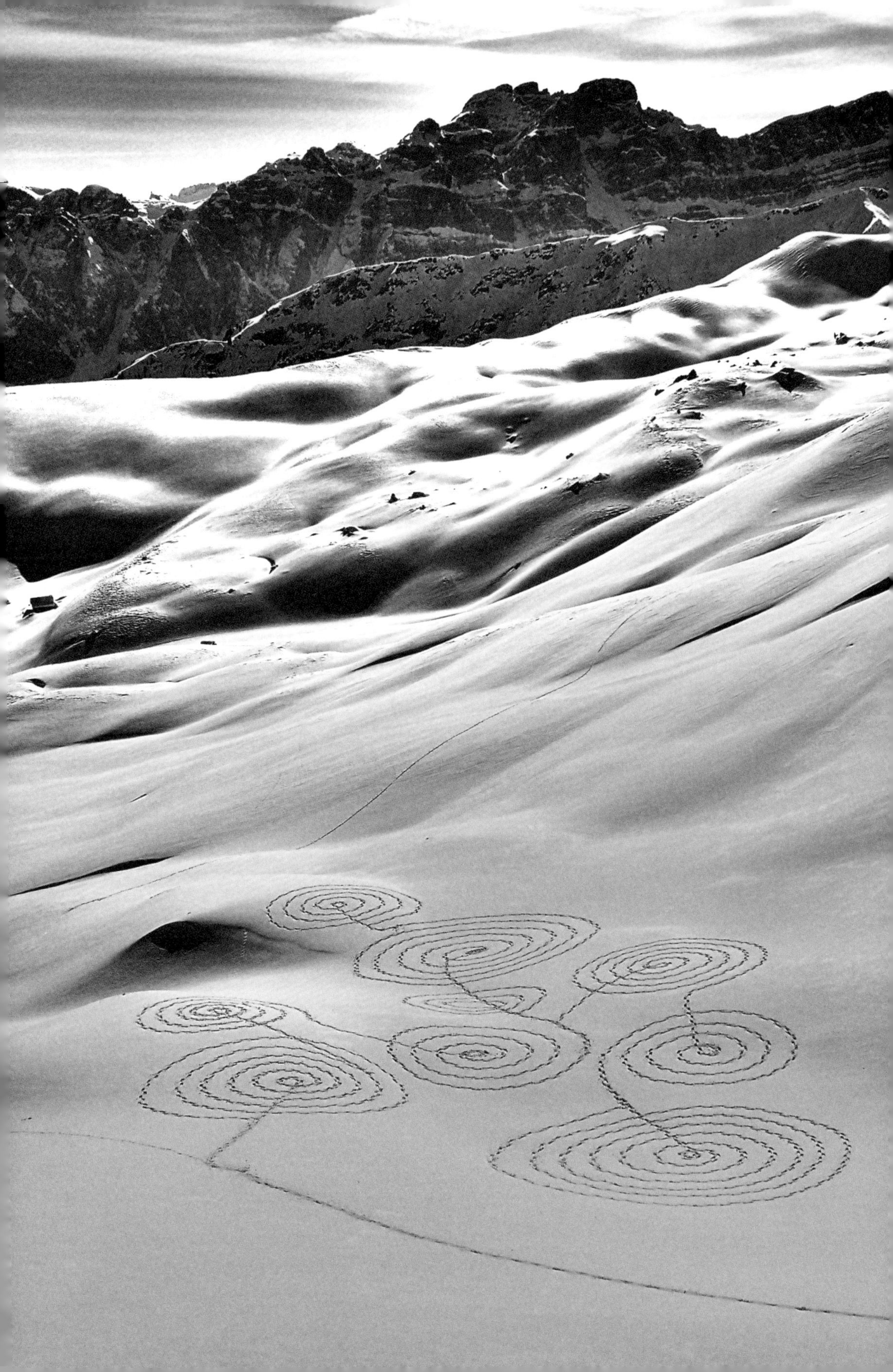

31. Jenseits von Schneemännern

1. Gehen Sie raus in den Schnee und bauen Sie alles außer einem Schneemann! Werden Sie figürlich, benutzen Sie Ihre Fantasie. Es kann einfach oder aufwendig gebaut werden. Auch müssen keine ganzen Figuren entstehen, Köpfe oder Porträts sind ebenfalls möglich.

2. Dokumentieren Sie anschließend Ihre fertigen Figuren fotografisch.

Materialien:
Handy / Kamera, Naturmaterialien, Schnee

Auch eine gute Idee: Schneegesichter an Bäume «montieren». Dafür braucht es aber die richtige Schnee-Konsistenz (pappig, nicht zu matschig).

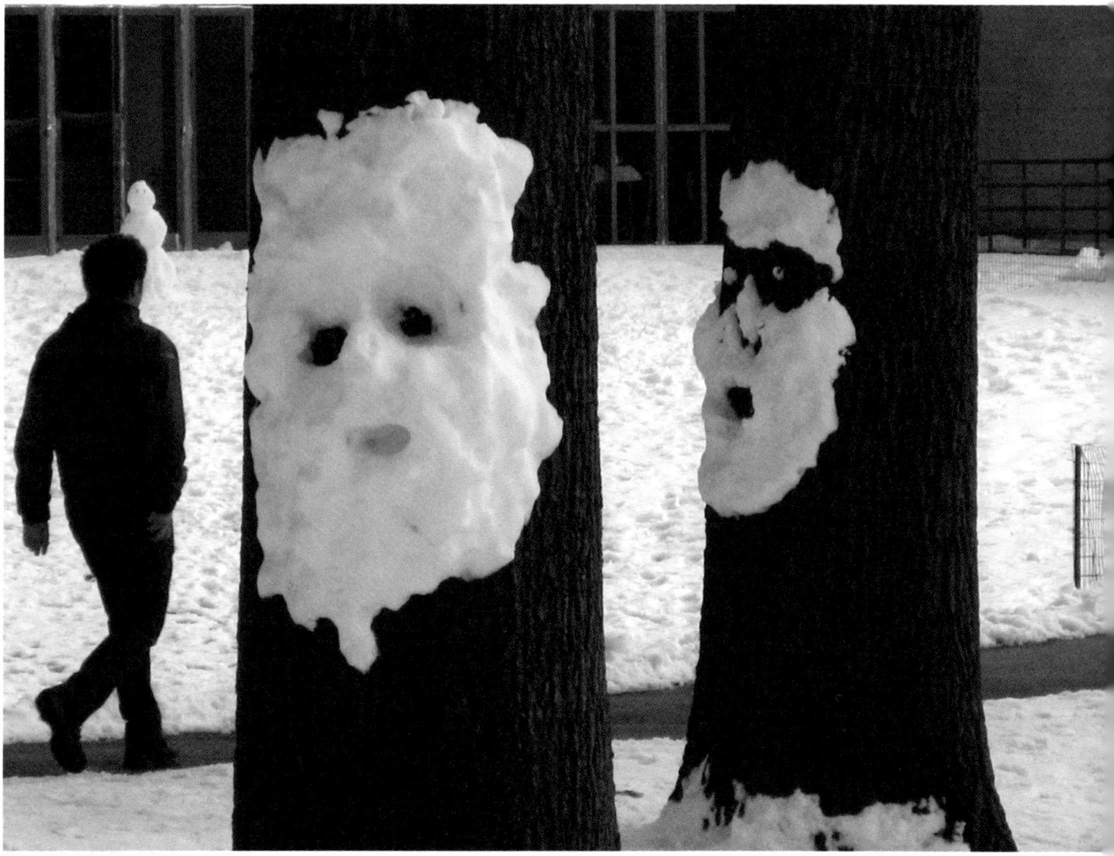

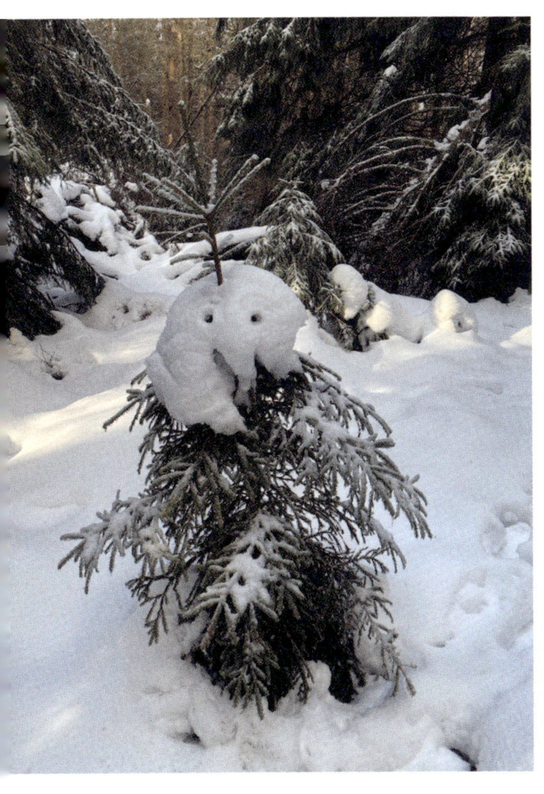

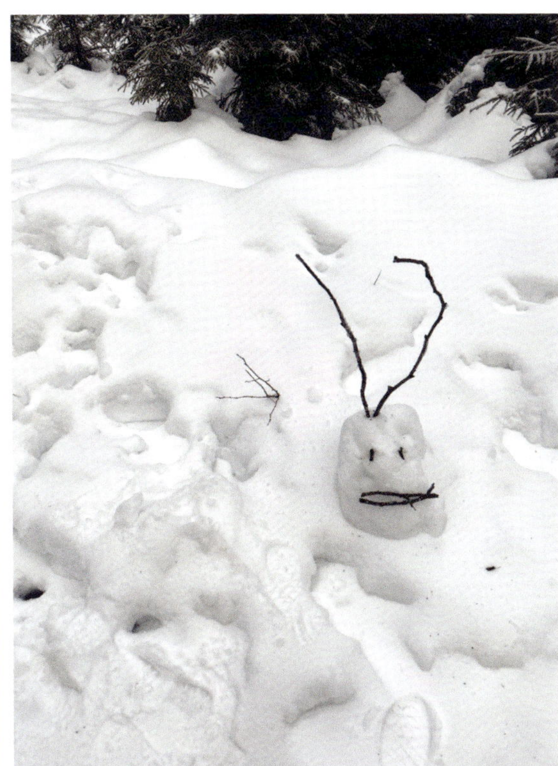

Ich finde, Schneemänner kann jede:r. Interessant wird es doch erst, wenn wir die drei Schneekugeln, die Möhre und die Kohlestückchen mal vergessen! In jeder Form steckt die nächste Schneefigur, man muss nur richtig hinschauen.

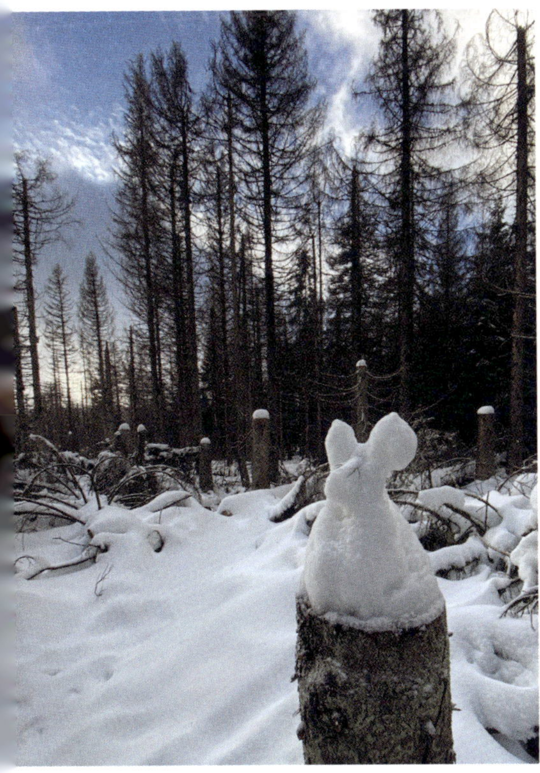

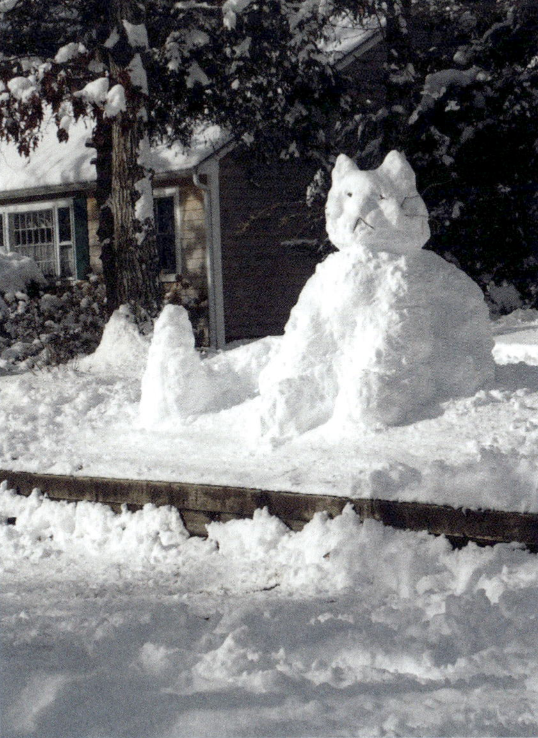

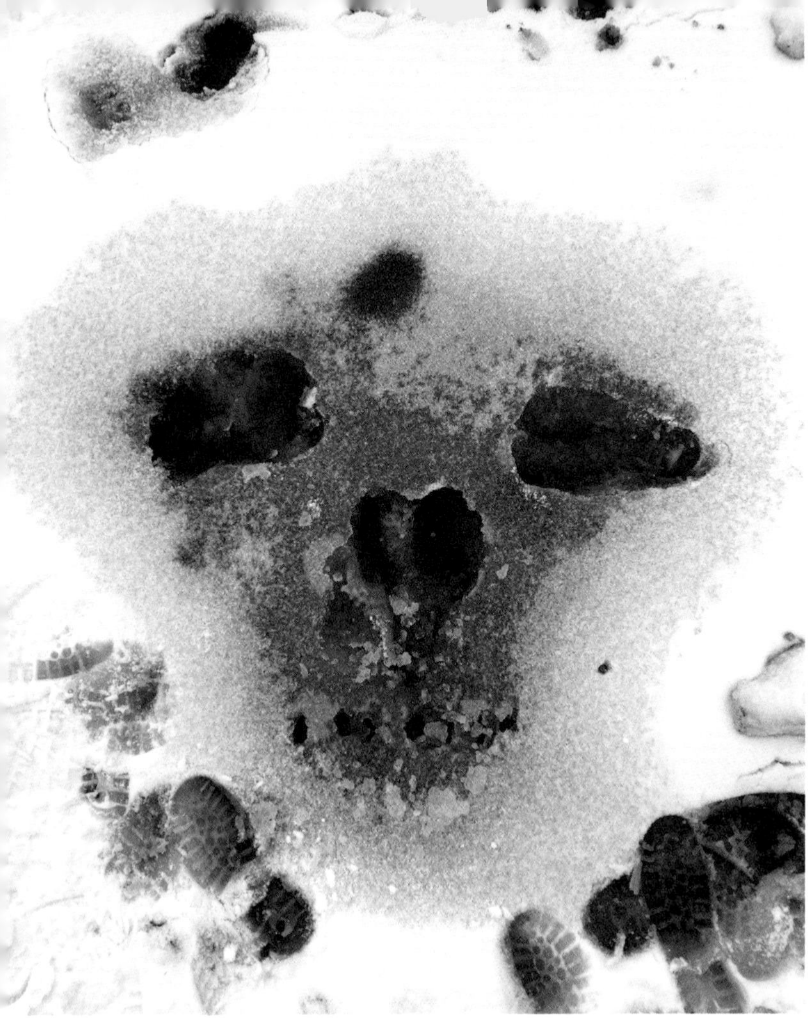

Irgendwann sieht man überall Gesichter! Das kennen Sie sicherlich auch, oder? Dieses Phänomen heißt ***Pareidolie*** *(in Dingen vermeintlich Muster, Gesichter und Vertrautes, Gegenständliches erkennen) – und hier dürfen Sie es sich zunutze machen!*

diese Seite: Zwei «Gesichter», die ich beim Wandern im Harz entdeckte: oben eine Art Tierschädel aus einer Pfütze und rechts einen Menschenkopf mit Stockmund (beide habe ich vor Ort leicht manipuliert).

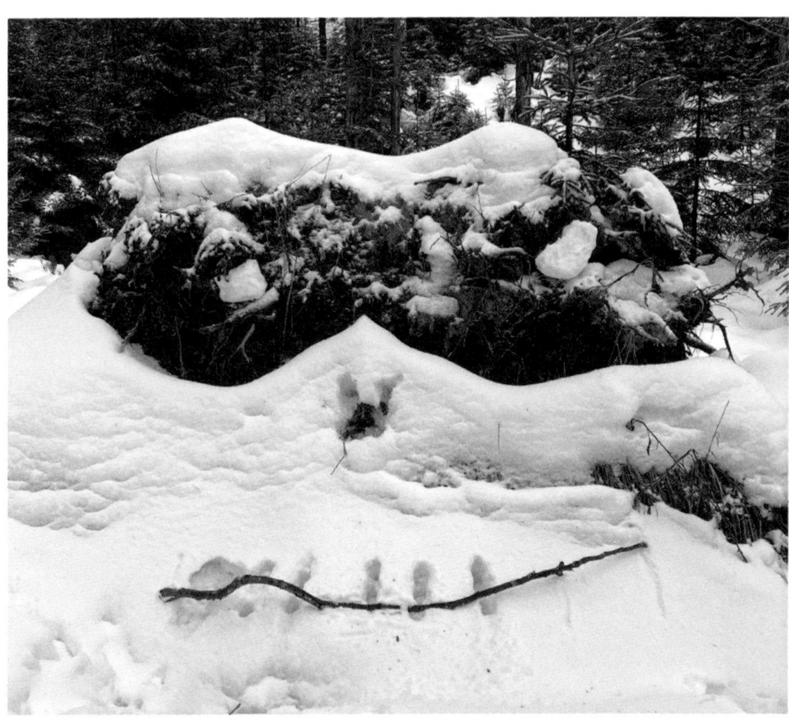

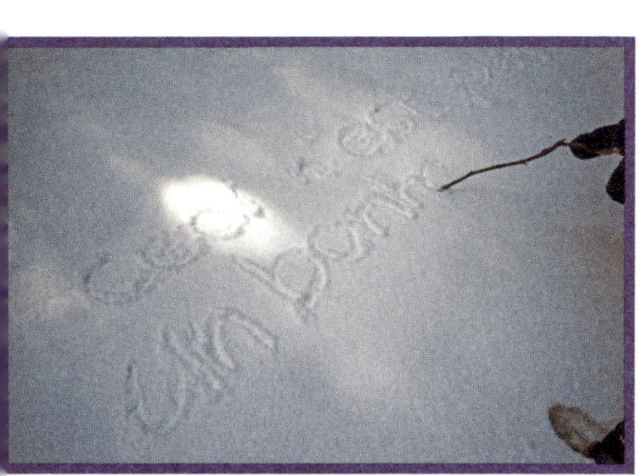

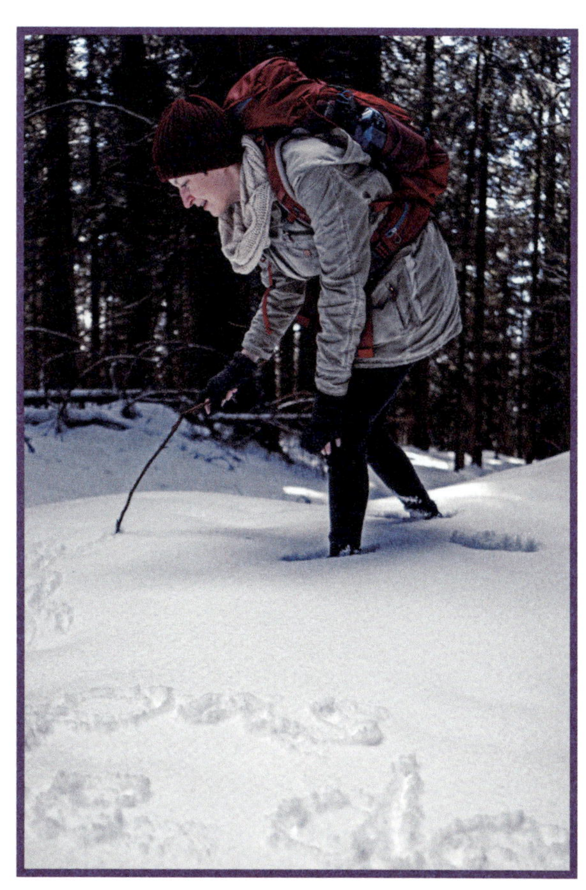

Kunstgeschichtliche Annäherung an das Projekt: Ausgehend von ***René Magritte****s «Ceci n´est pas une pipe» wurde hier – statt der Pfeife – der Schneemann sprachlich negiert. Und wie bei Magritte die Pfeife wurde hier der Schneemann dennoch als Zeichnung abgebildet! Umsetzung von* ***Anna Fuchs*** *und* ***Julian Schulz****.*

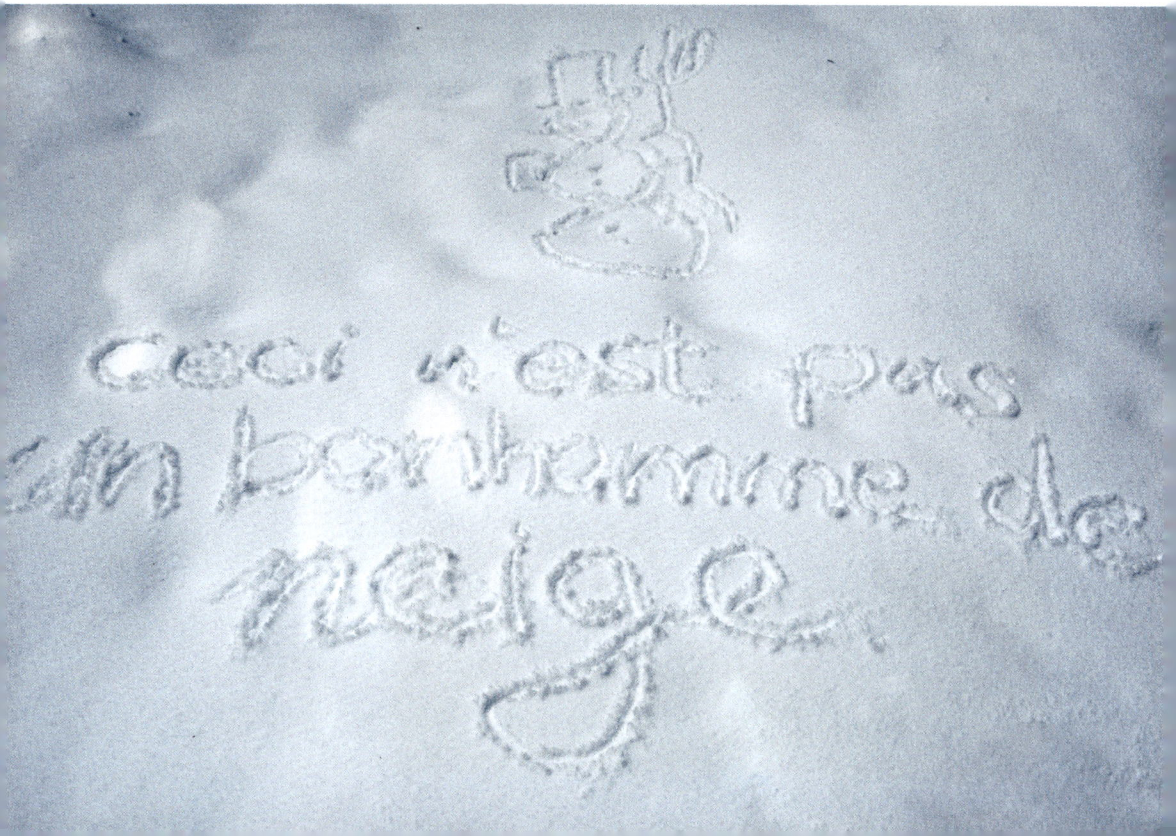

32. Eisskulpturen

Schnee und Eis sind Werkstoffe, mit denen Sie interessante Objekte formen oder schnitzen können. Mit der Zeit wird es kalt und Sie brauchen etwas Geduld. In dieser Aufgabe werden Sie dreidimensional und fokussieren sich auf das Eis.

Gehen Sie raus und suchen Sie verschiedene Möglichkeiten, dreidimensional mit Eis zu arbeiten. Machen Sie Fotos!
Sie können zum Beispiel:

- Pfützen zertreten, um an Eisstücke zu kommen
- Seifenblasen gefrieren lassen
- figürlich in Eis schnitzen (muss nicht so komplex sein wie Abbildungen rechts)
- fotografisch interessante Eisformen dokumentieren
- kleine Objekte gezielt in flachen Eisbehältern einfrieren

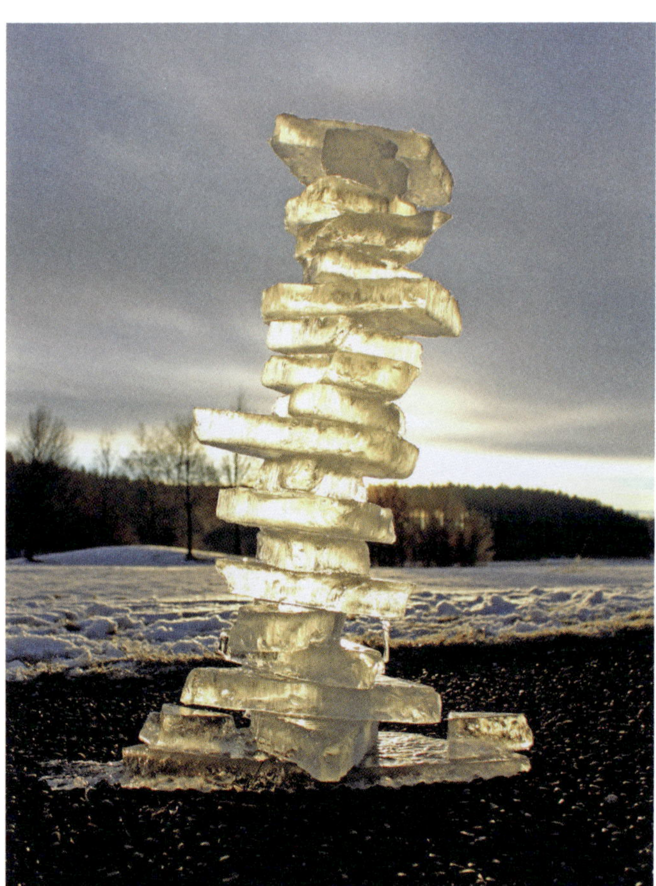

diese Seite:
Geschichtetes Pfützeneis wird zu einer abstrakten Skulptur im Gegenlicht.

rechte Seite:
Fotos aus einem Eishotel mit aufwendigen Eisschnitzereien, die das Interieur bilden und atmosphärisch mit künstlichem Licht beleuchtet werden.

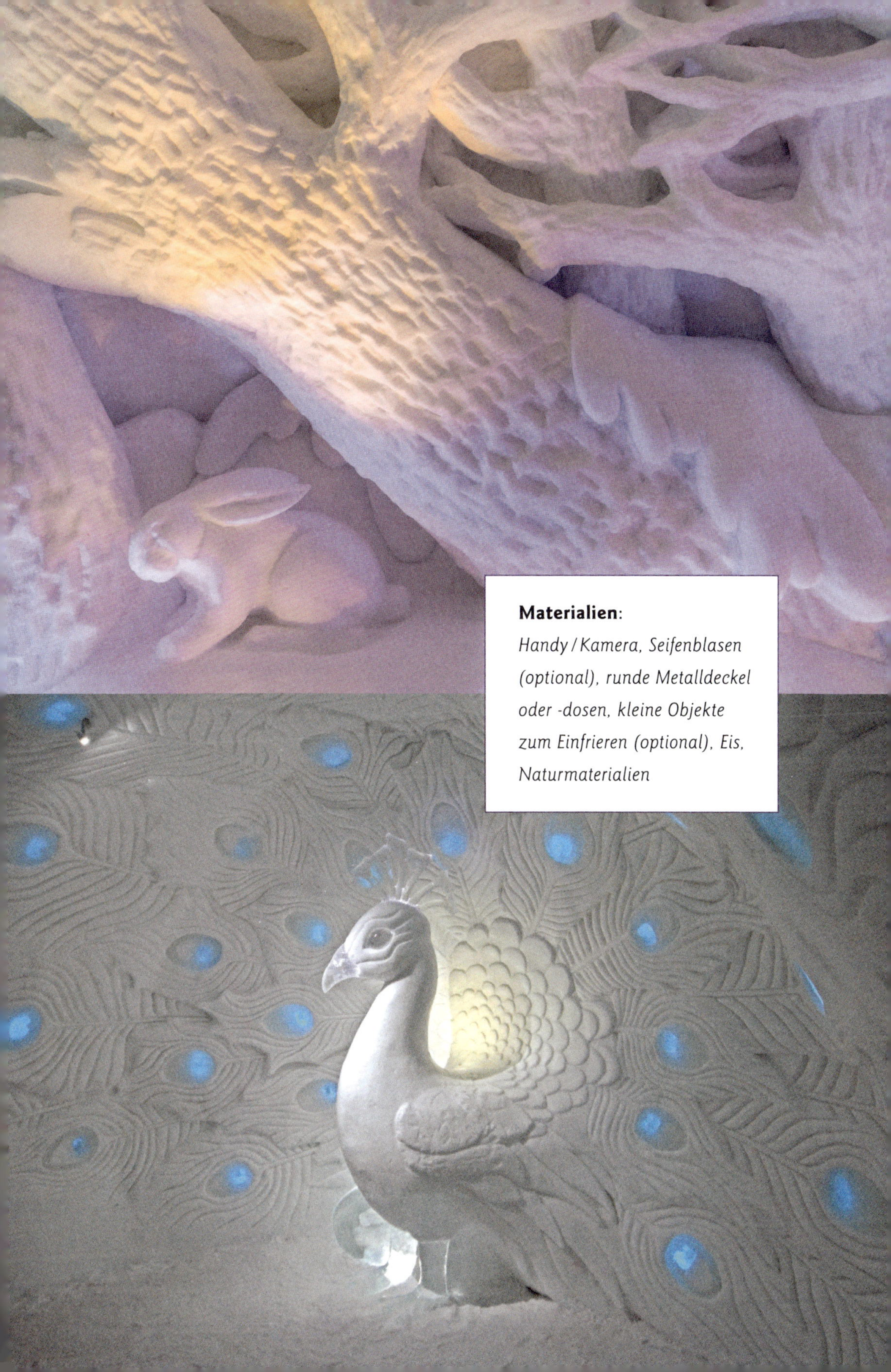

Materialien:

Handy / Kamera, Seifenblasen (optional), runde Metalldeckel oder -dosen, kleine Objekte zum Einfrieren (optional), Eis, Naturmaterialien

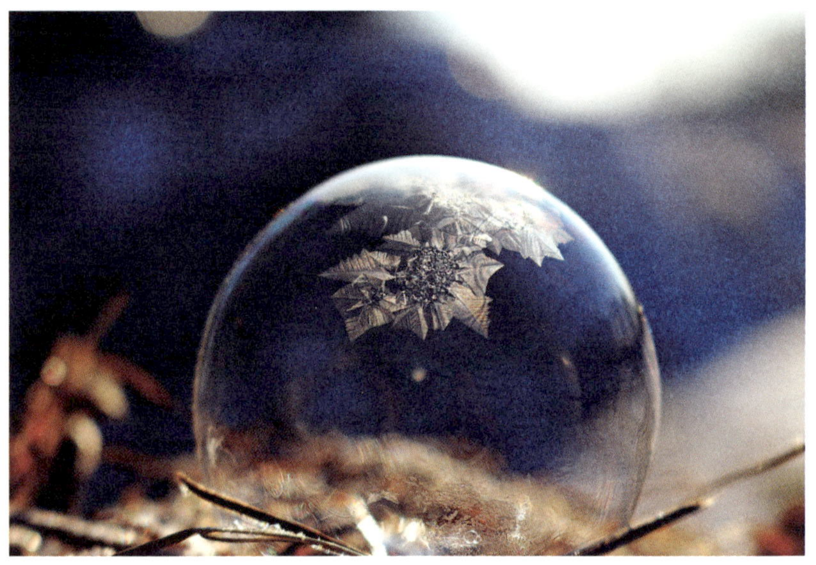

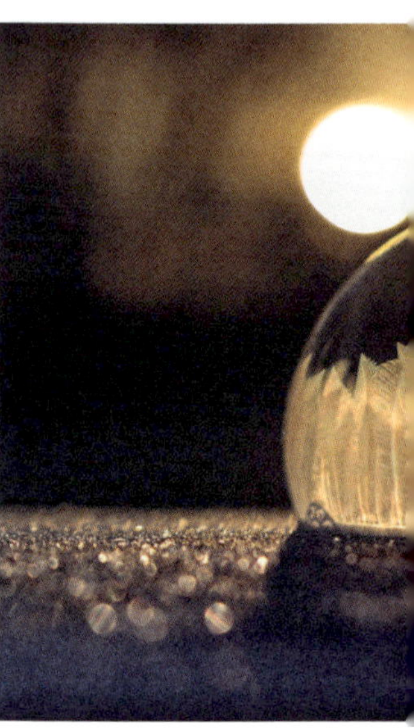

oben: Seifenblasen gefrieren ab 0°Celsius. Wenn Sie Glück haben, bilden sich auf der seifigen Haut feine Eiskristalle, die Sie mit natürlichem Licht fotografieren können.

unten: Eisbrocken auf Wasser sind immer ein Hingucker, sie wirken wie riesige Eisberge und die Wasser- bzw. Eisoberfläche spiegelt die Form des Eisbrockens zurück. So entsteht eine abstrakte und meist monochrome Landschaft.

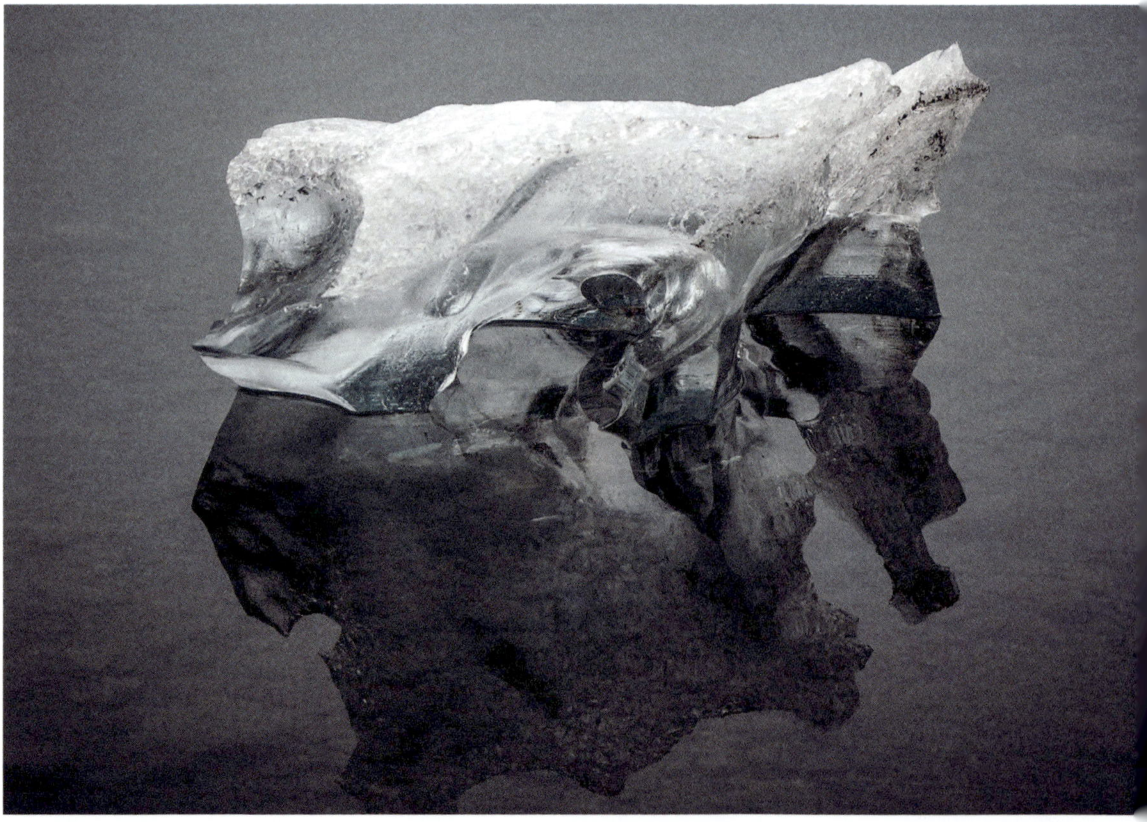

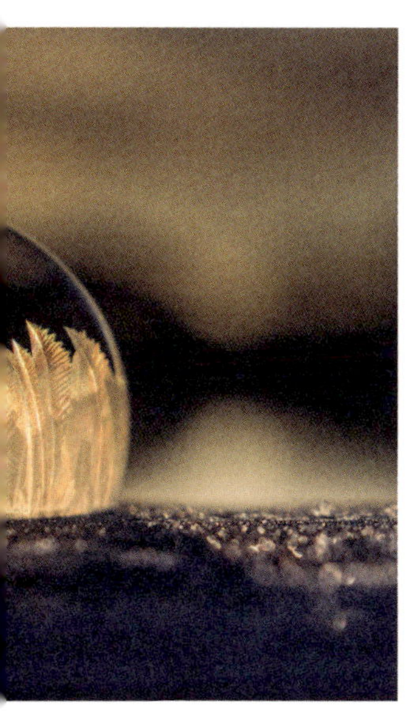

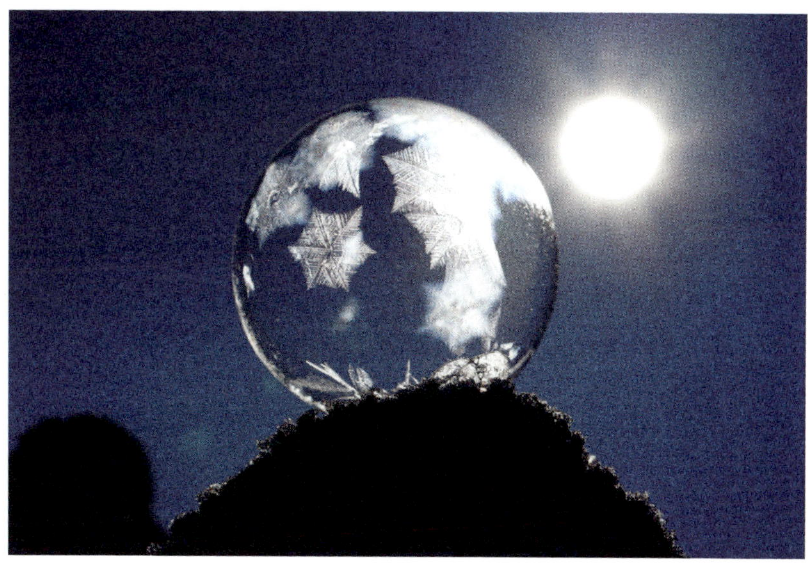

Tipps zum Fotografieren: Das Licht und die Perspektive spielen bei der Dokumentation Ihrer Eisskulpturen eine wichtige Rolle. Achten Sie auf die Sonne: Möchten Sie Gegenlicht oder die Sonne im Rücken, ohne einen Schatten auf das Bild zu werfen? Wie nah können Sie an das Motiv herangehen? Wollen Sie es von oben, von unten oder frontal auf Augenhöhe fotografieren? Zur Not müssen Sie sich auch einmal für Ihr Motiv strecken oder auf den Boden legen!

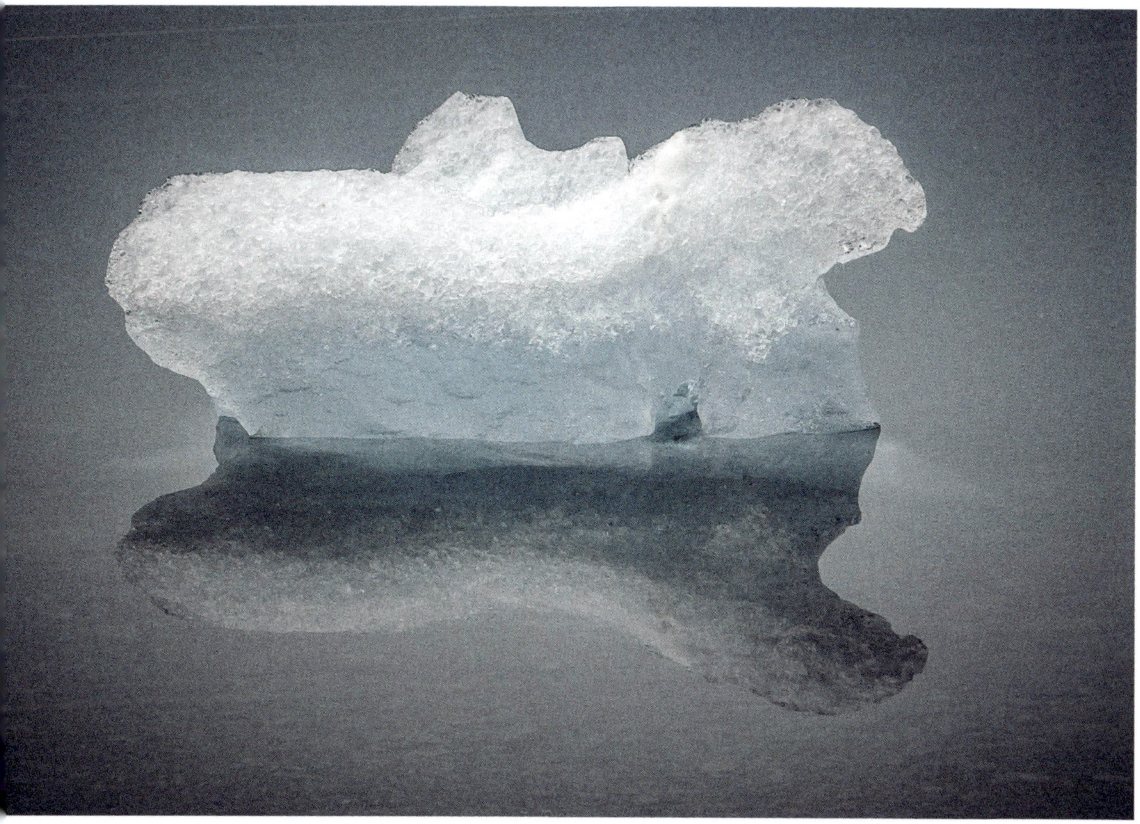

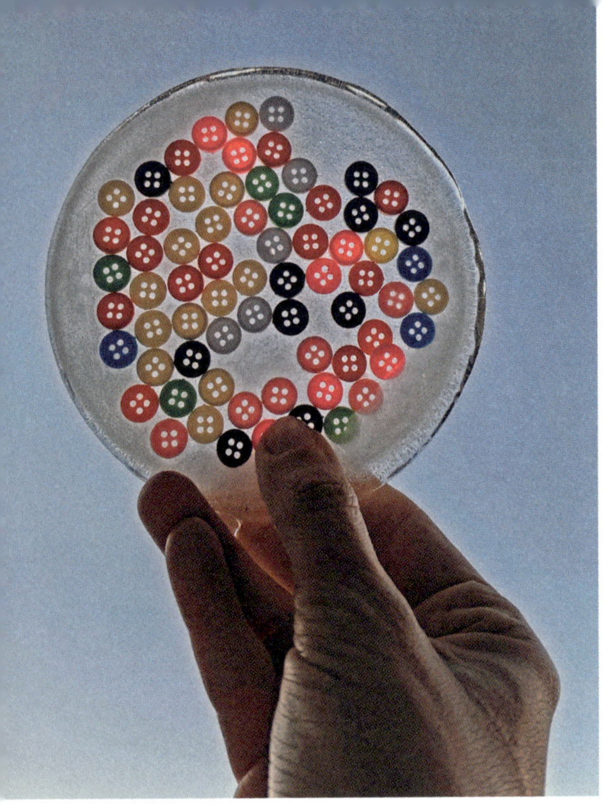

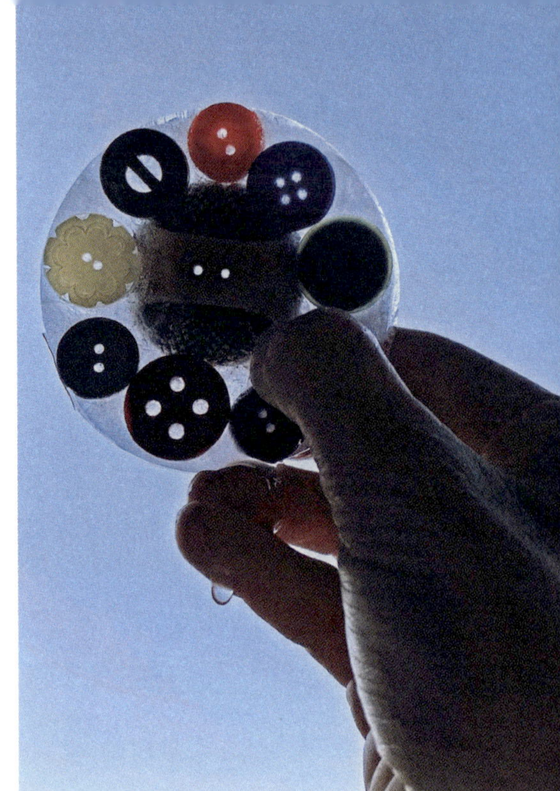

Variante für drinnen & draußen:

Gestalten Sie Eisanhänger für die kalte Jahreszeit. Suchen Sie sich kreisrunde Behältnisse in verschiedenen Größen (z.B. Metalldeckel, flache Schalen, leere Blumentöpfe), in denen Sie verschiedene Objekte einfrieren können. Je bunter, desto besser. Sie können auch das Wasser selbst einfärben. Gefrieren können Sie draußen bei Frost über Nacht oder drinnen im Gefrierfach. Die gefrorenen Objekte können Sie mit einem heißen Nagel oder einer heißen Nadel «lochen» und anschließend draußen mit einer Schnur ganz leicht aufhängen. Fotografieren Sie die Ergebnisse.

oben: Selbst gemachte Eisscheiben aus dem Gefrierfach, ein Teil meiner Knopfsammlung als gefrorene Anhänger. Sie haben mich außerdem etwas an Petrischalen aus dem Labor erinnert.

rechte Seite: Zufallsmotiv-Fund des Braunschweiger Fotografen **<gunnar>** *an einem kalten Wintertag im urbanen Raum.*
Wer den Eisanhänger gemacht und aufgehängt hat, ist leider nicht bekannt, das tut aber der Schönheit keinen Abbruch. Hier wurden Tannenzweige, Blattgrün und eine Blüte eingefroren.

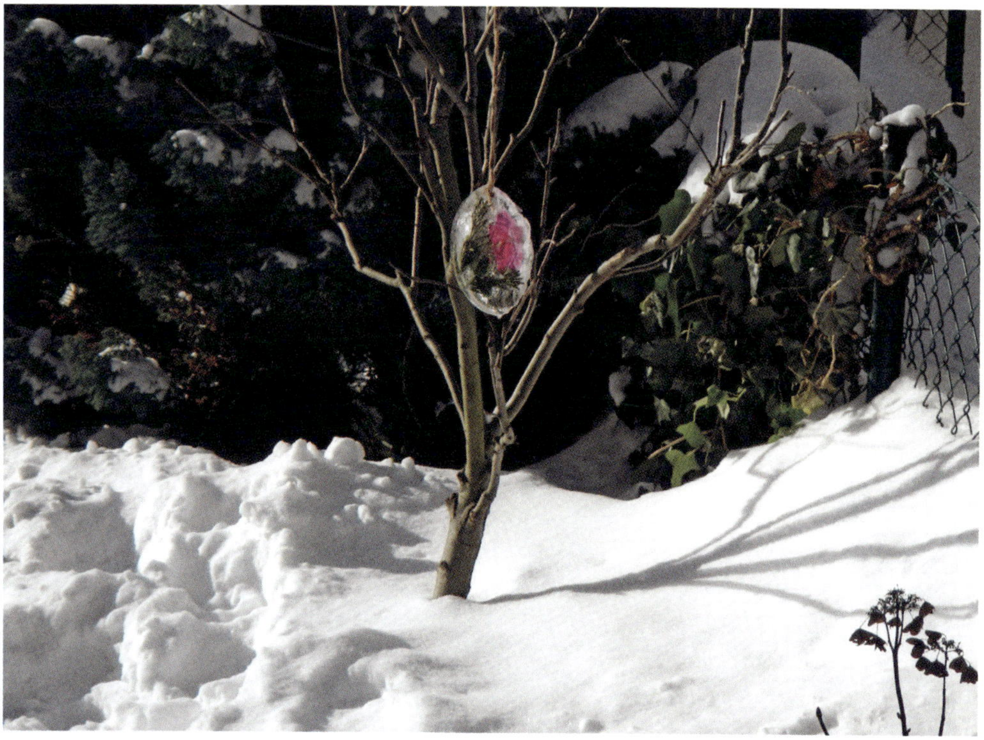

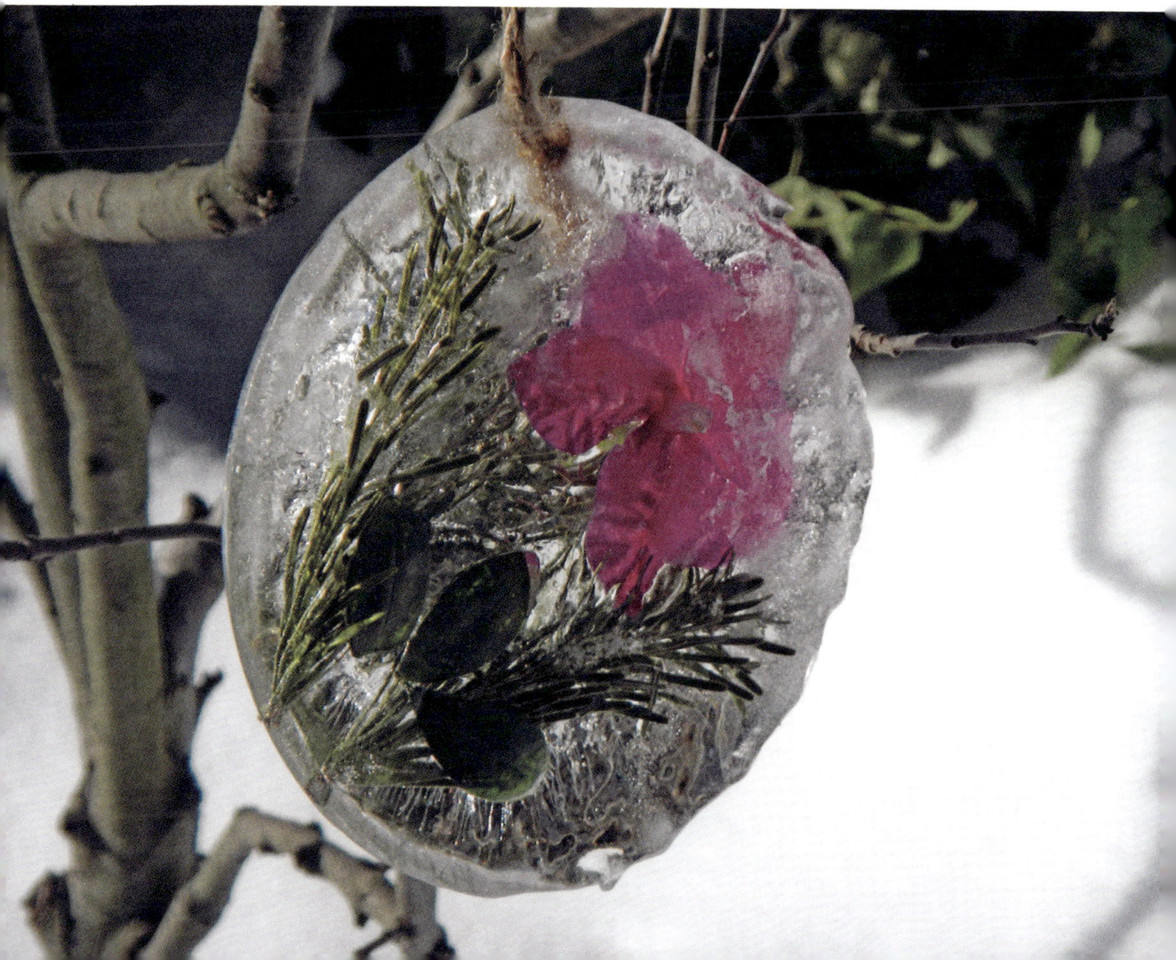

33. Abstrakte Schneemuster

Ähnlich wie Kornkreise können Sie auch im Schnee (große) Musterteppiche erschaffen. Das kann durch das Plätten, Ritzen und Kratzen der Schneedecke passieren. Solche großflächigen Bodenzeichnungen nennt man **Geoglyphen**. Einige dieser abstrakten Muster haben eine Größe von mehreren hundert Metern und können nur von weit oben komplett erfasst werden.

1. Suchen Sie sich eine schneebedeckte und bisher unberührte Fläche.

2. Überlegen Sie sich ein Muster, das Sie gern im Schnee abbilden würden. Sie können nur Ihren eigenen Körper benutzen, um den Schnee zu bearbeiten (mit Füßen, Händen, Armen ...) oder Sie nehmen sich Hilfsmittel mit ins Freie, wie z. B. eine Decke, Schaufel(n), Besen etc. Bedenken Sie, im Schnee macht alles Spuren. Arbeiten Sie also möglichst sauber und intelligent, damit Sie keine ungewollten Muster produzieren.

3. Suchen Sie sich ggf. Helfer:innen, um größere Muster zu erschaffen.

4. Fotografieren Sie das Ergebnis anschließend von einem erhöhten Punkt (vielleicht von einer Anhöhe) aus oder verwenden Sie eine Drohne, um direkt von oben zu fotografieren.

rechte Seite: Diese Aufnahmen wurden mit einer Drohne fotografiert. Sie zeigen Geoglyphen in einer Alpenlandschaft, die nur durch Fußarbeit entstanden sind.

Materialien: *Handy / Kamera, winterfeste Kleidung, Schnee, alles Weitere ist optional: Decke, Schaufel, Besen, Stöcke etc.*

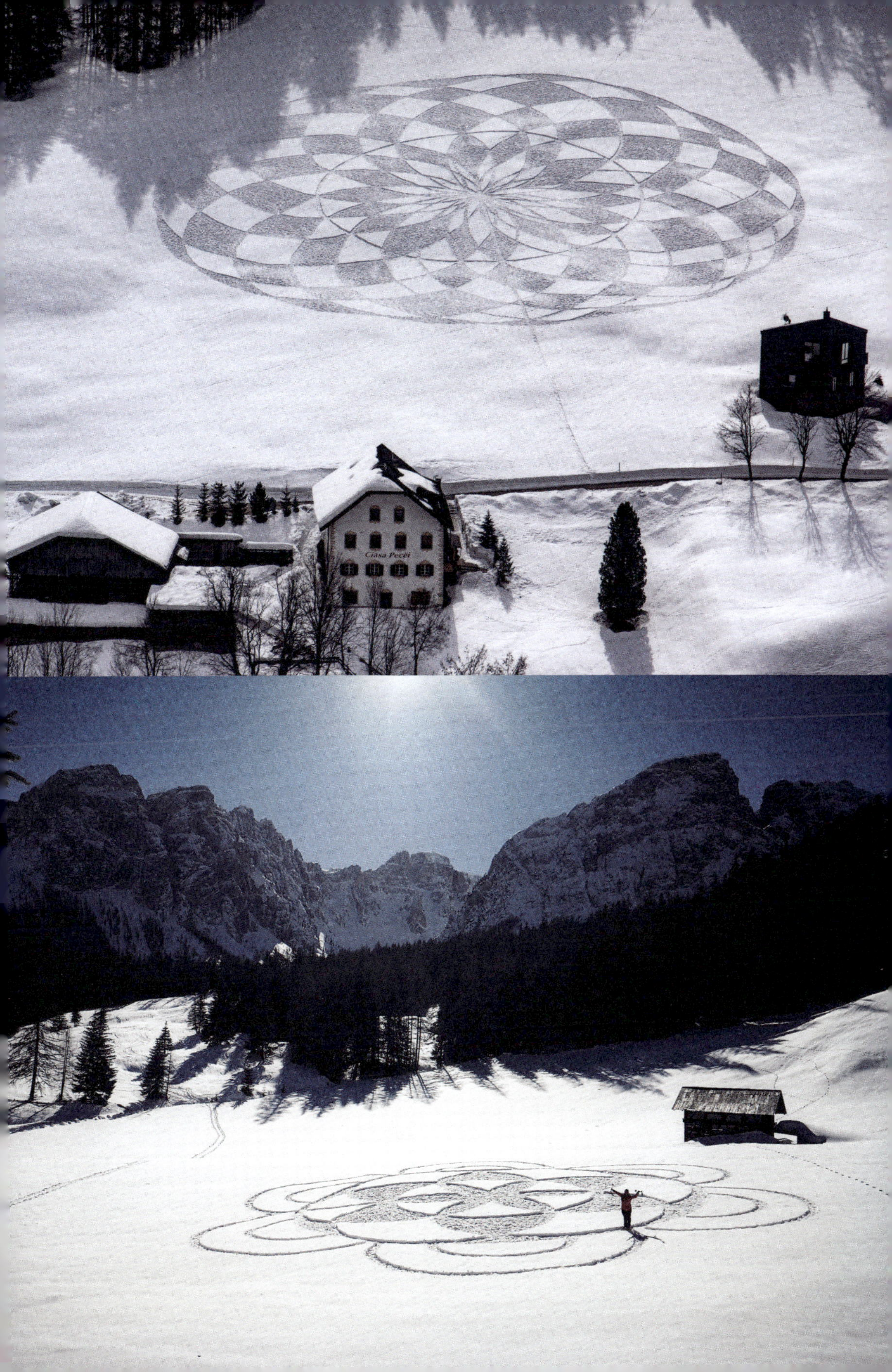
Ciasa Pecëi

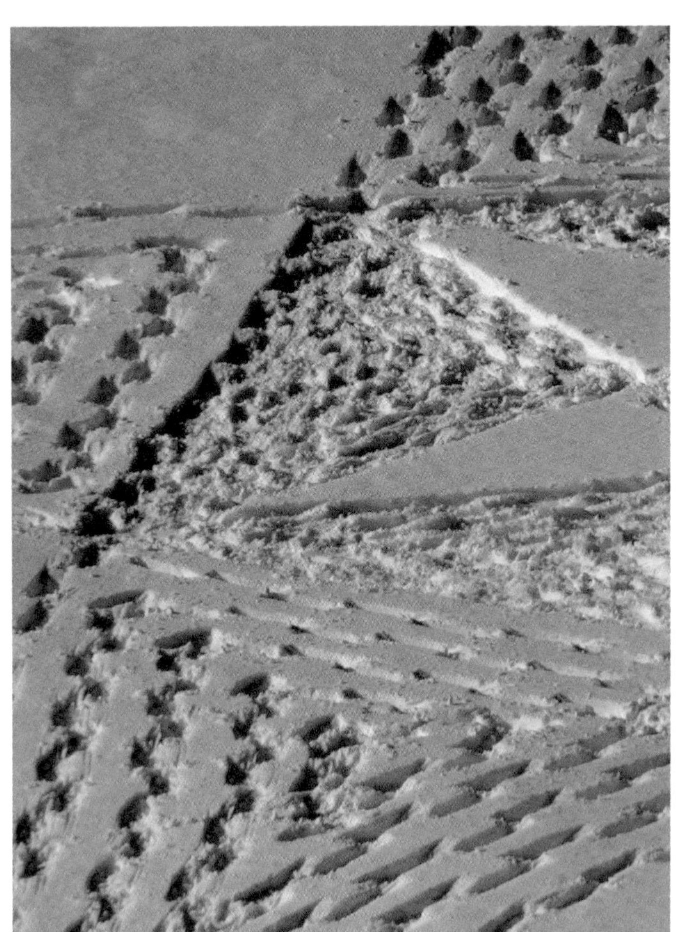

links:
Detail des Schneemuster-Sterns aus dem unteren Bild, Hier sieht man, dass nur mit den Füßen gearbeitet wurde.

unten:
Ein fünfzackiger Stern im Stern, geometrische und symmetrische Muster sind bei der Erstellung von Geoglyphen sehr beliebt.

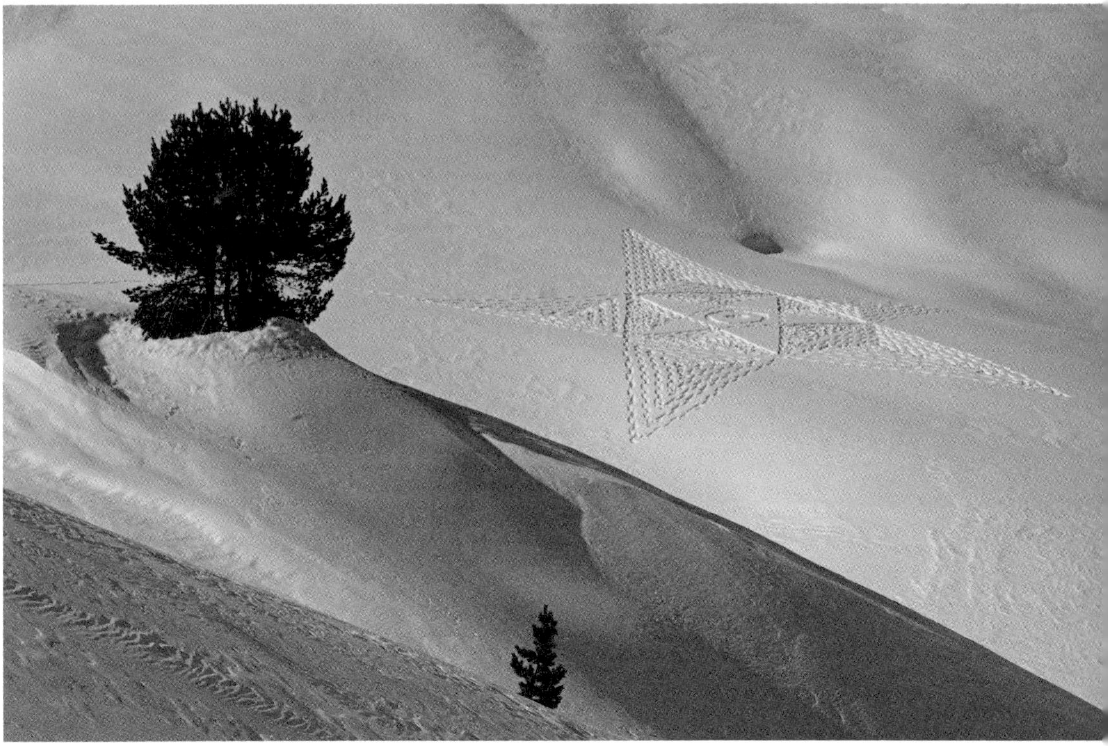

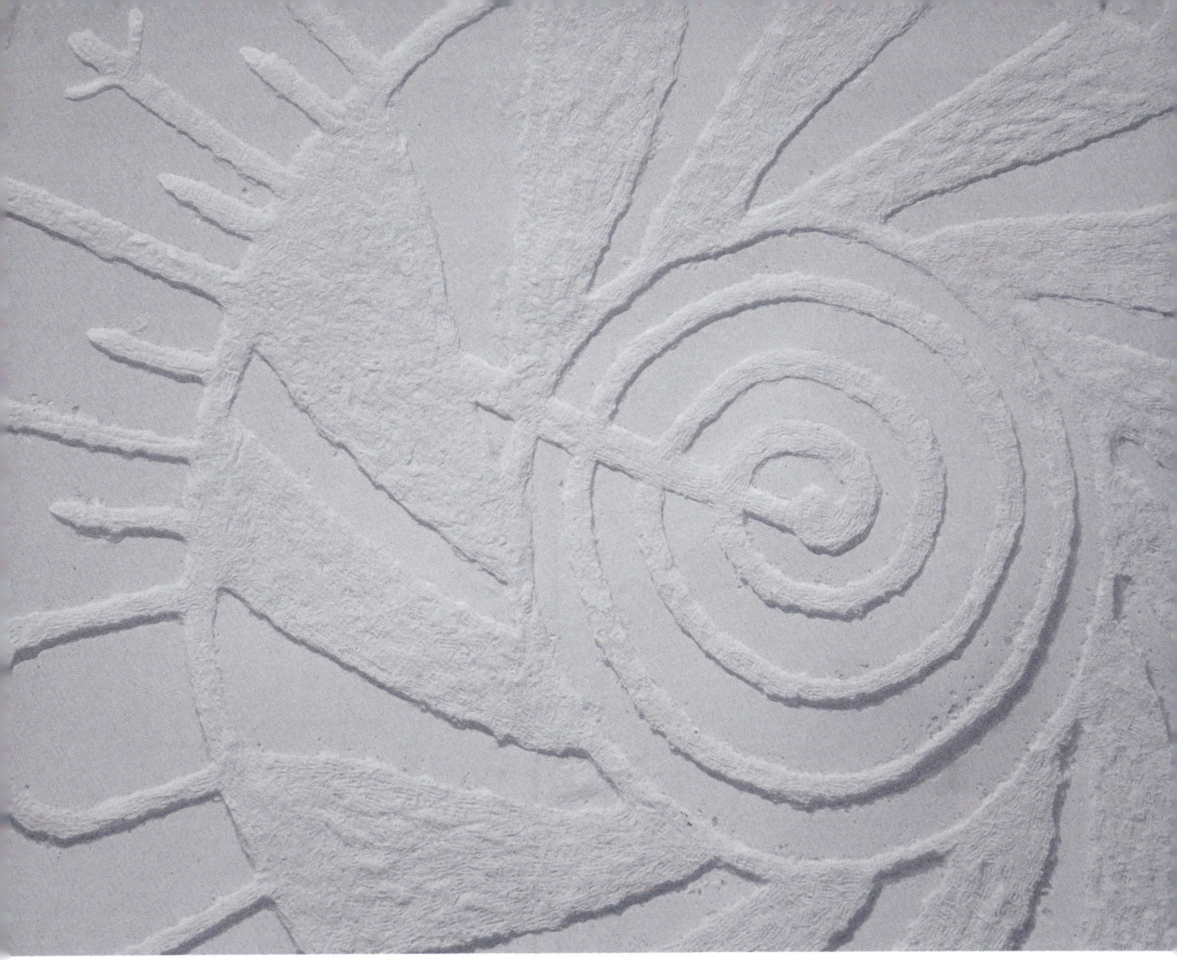

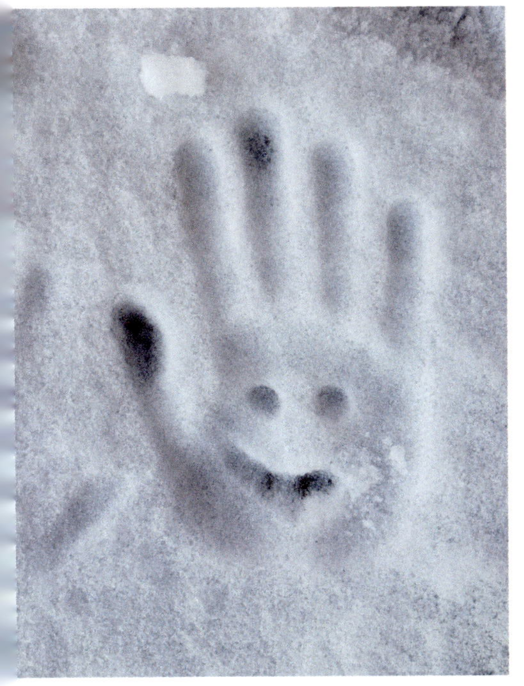

oben:
Sieht aus wie eine Hunderte Meter große Geoglyphe, ist aber ein Schnee-Abdruck eines in Holz geritzten Bilds, das ein Negativ-Relief entstehen lässt – ähnlich wie die Sohlenabdrücke von Stiefeln im Schnee *→ siehe Seite 102 & 103.*

unten:
Es muss nicht immer aufwändig und groß sein. Auch kleine Schneemuster haben ihren Charme, wie diese Handfigur mit Gesicht.

34. Winterliche Interventionen

Interventionen in der bildenden Kunst wollen in spezifische Zusammenhänge im öffentlichen Außen- und Innenraum eingreifen. Dies geschieht ohne Auftrag und ist nicht immer legal (vergleichbar mit der Urban Art und der Street Art). Ähnlich wie bei einer ***Performancekunst*** ist die Intervention meist temporär angelegt und bleibt nicht dauerhaft.

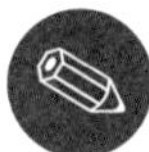

Betrachten Sie bei einem winterlichen Spaziergang mit Ihrer Kamera die Umgebung mit den Augen eines/einer intervenierenden Künstler:in. Wie können Sie spielerisch in die Landschaft eingreifen? Sie können mitgebrachte Requisiten und Hilfsmittel verwenden (diese aber nach Abschluss und Dokumentation wieder einpacken und mitnehmen). Experimentieren Sie mit den spontanen Möglichkeiten!

Doppelseite: Intervention bei einer Wanderung, Schneebälle werden einen Abhang hinunter geworfen, rollen sich zu Schneeschnecken auf, hinterlassen Spuren, bilden eine Gruppe.

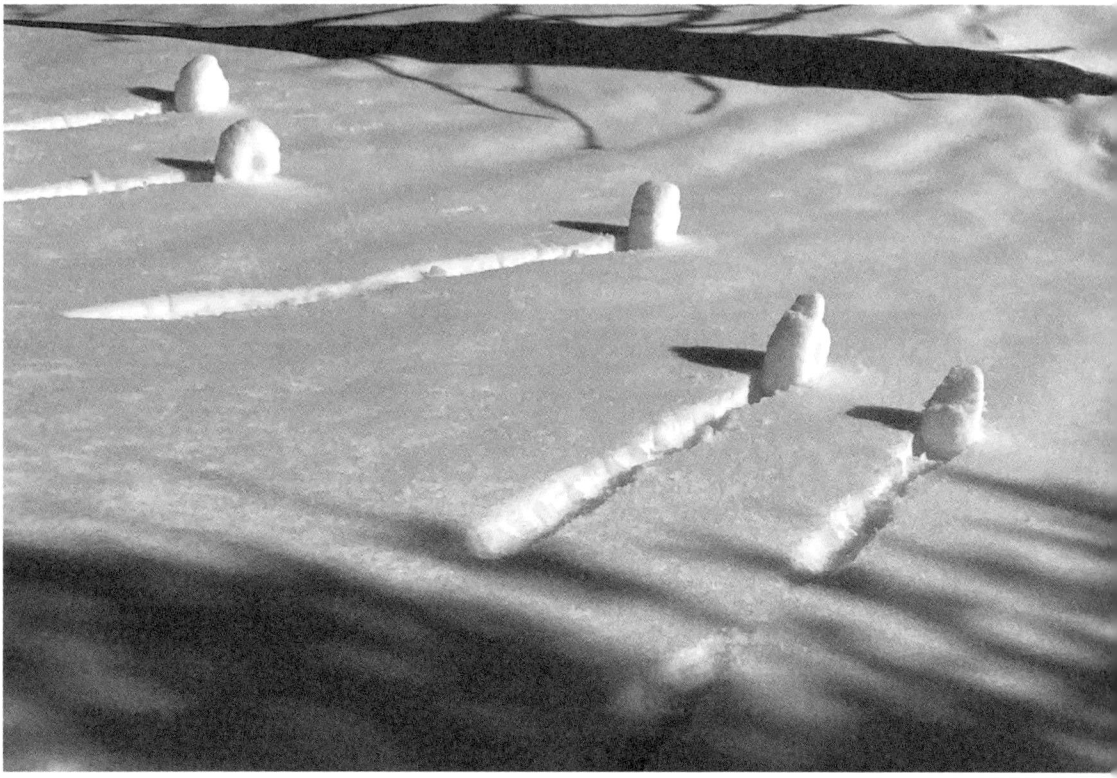

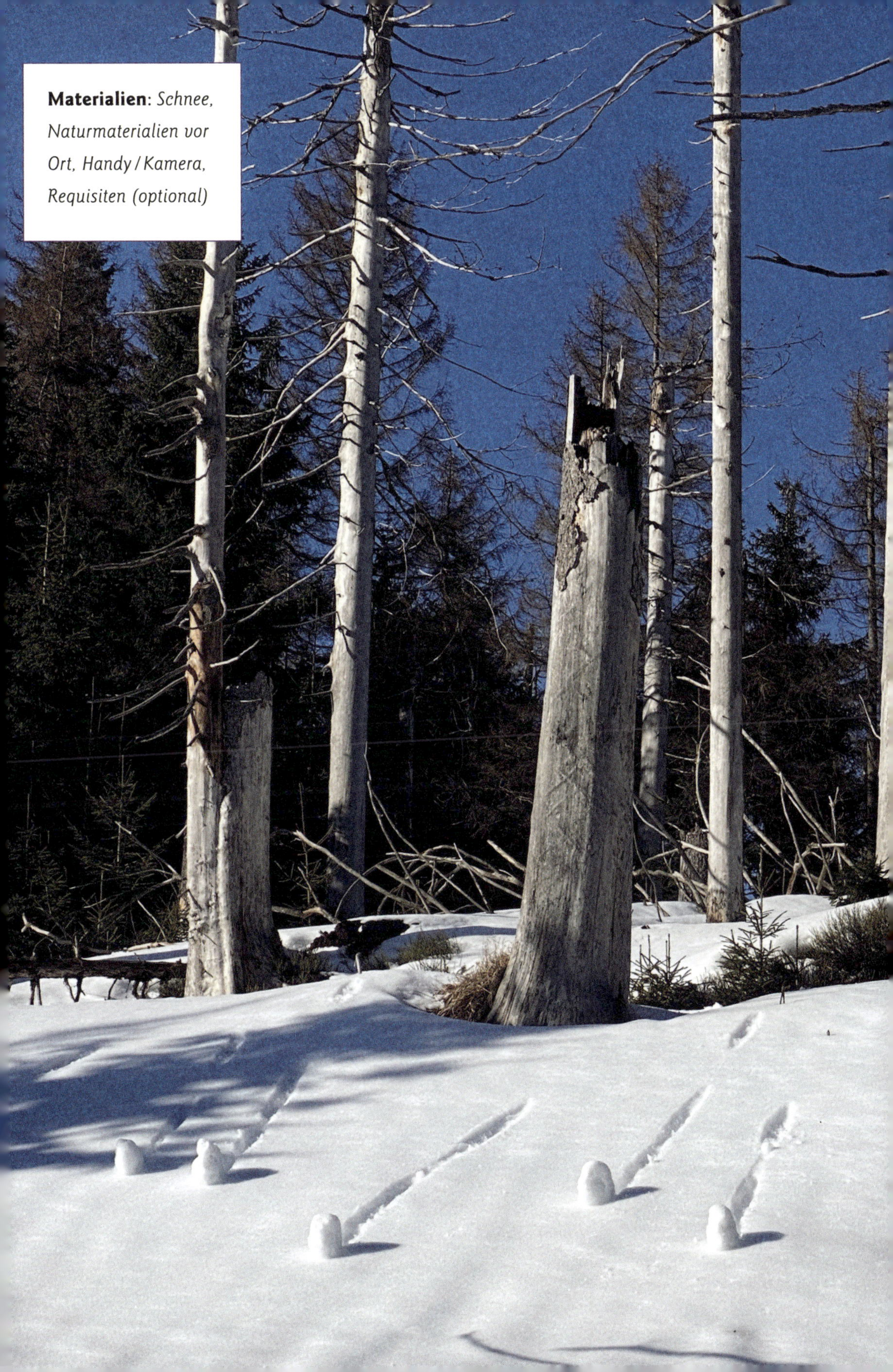

Materialien: *Schnee, Naturmaterialien vor Ort, Handy / Kamera, Requisiten (optional)*

oben: Aus Schneebrocken gebaute Landschaft mit abstrakter Silhouette, die ein bisschen an «Stonehenge» erinnert.

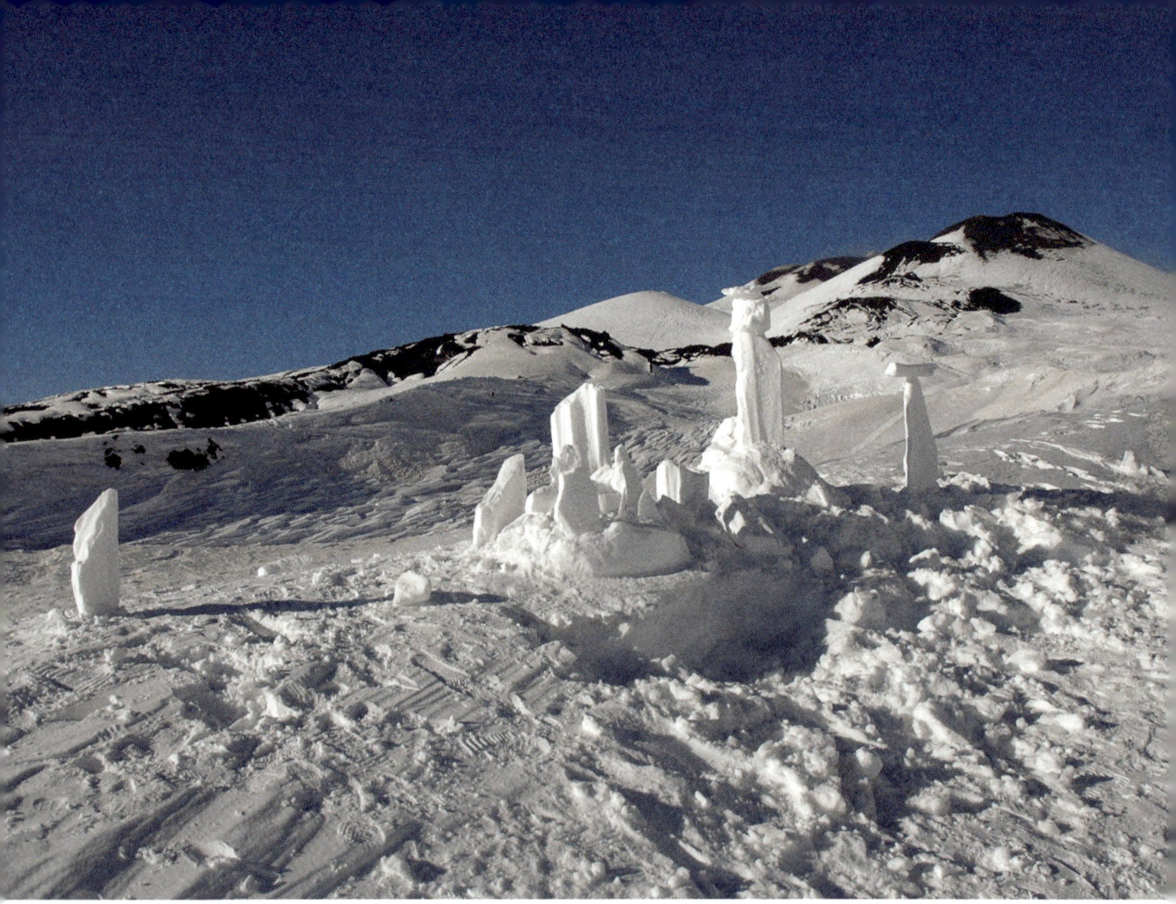

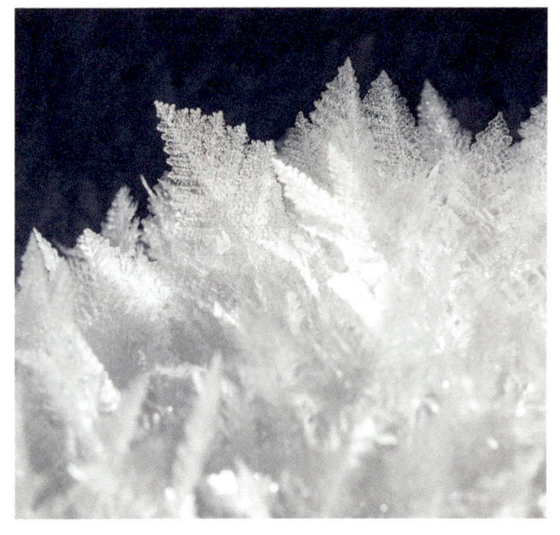

Gut zu wissen: Es gibt unzählige Schneeflockenformen (die Grundform ist aber immer sechseckig). Über 5000 verschiedene Varianten wurden bereits fotografisch dokumentiert. Die Form der Kristalle ist temperaturabhängig. Bei weniger kalten Temperaturen fallen wohlgeformte, sternförmige Schneeflocken, bei sehr kalten Temperaturen bilden sie eher plumpe Figuren.

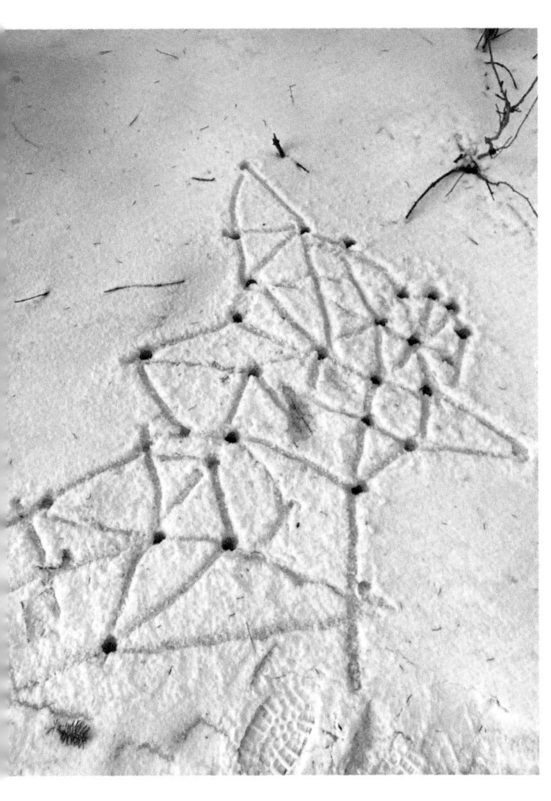

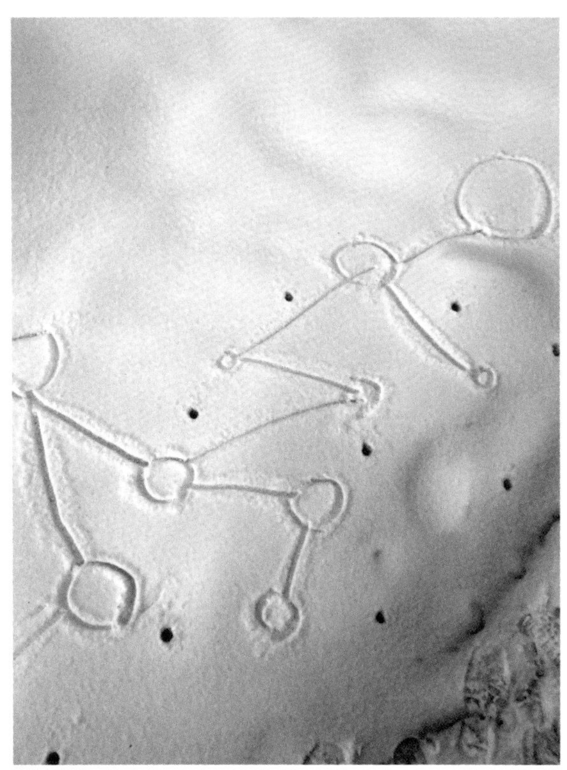

diese Seite: Zeichnungen im Schnee, die zum Teil Bezug auf die Umgebung nehmen. So werden beispielsweise Formen der direkten Umgebung zeichnerisch aufgegriffen und weitergeführt (unten links) oder es wird ihnen eine neue Form entgegengesetzt (unten rechts).

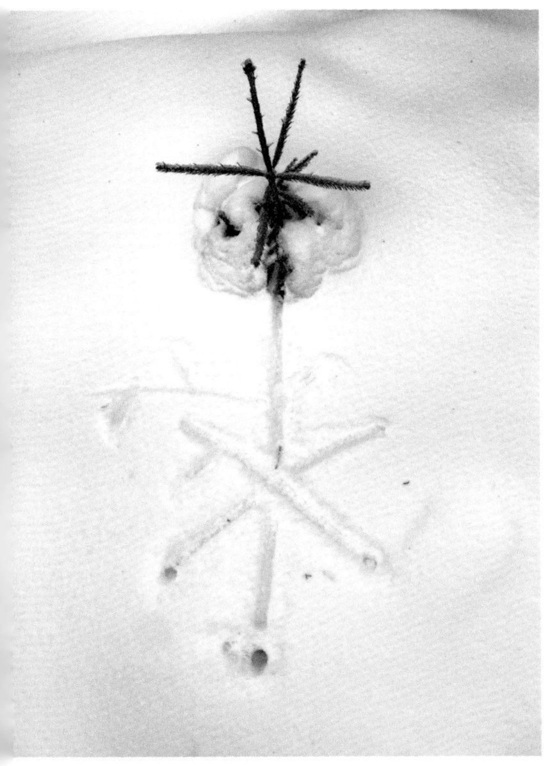

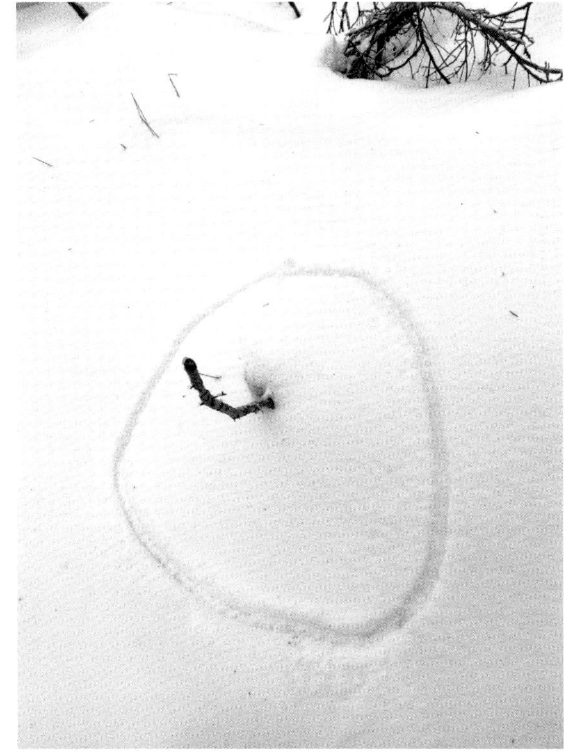

Anhang

Abbildungsverzeichnis

Alle Abbildungen, wenn nicht anders erwähnt, sind von © Roberta Bergmann //

Abkürzungen: (PB) = Pixabay.com // (US) = Unsplash.com //

S. 2 © Timo Hoheisel // **S. 7** © Ilona Bergmann // **S. 10 unten & S. 11 oben** © Thorsten Reichardt // **S. 12 unten** © Minka2507 (PB) // **S. 20** © Julia Parzniewska // **S. 21** © Hanna Papakitsa // **S. 22 unten** © Lilu Gena Monneke // **S. 22 oben–23** © Madita Ehemann // **S. 25–26** © Elisabeth Fabian // **S. 27** © Laura Smolczynska // **S. 28** © Bruno/Germany (PB) // **S. 29 oben** © Markus Kammermann (PB) **unten** © Frank P. (PB) // **S. 31 oben** © Jenny Friedrichs, Künstler unbekannt (PB) **unten** © Goarana (PB) // **S. 35, 42–43, 48–50** © Jutta Steinreiter // **S. 37** © Anita Smith (PB) // **S. 38** © David Peltzer & Ina-Soraya Bese // **S. 39 oben** © David Peltzer **unten** © Siamliam Ngaihte (PB) // **S. 40** © Anna Fuchs & Julian Schulz // **S. 41** © Yolanda Antonia Manzano Paeth // **S. 46** © Timo Hoheisel // **S. 52** © Photos for You (PB) // **S. 53 unten** © Bethany Szentesi (US) // **S. 57, 88–89** © Jakob Mix, Projekt von Anne Wenkel & Martin Krusche // **S. 59** © 그림 빛 (PB) // **S. 60 oben** © Shon Ejai (PB) **unten** © josunshine (PB) // **S. 61** © Julian Burkhard // **S. 62, 64 unten, 65 unten** © Whataboutruth, CC BY-SA 4.0, https://commons.wikimedia.org/wiki/File:Tape_artists_LaMia_%26_ROB_-_founder_of_TAPE_OVER.jpg, https://commons.wikimedia.org/wiki/File:FB1bw.jpg, https://commons.wikimedia.org/wiki/File:TAPE_ART_INSTALLATION_titled_RAIN_FOREST_created_by_TAPE_OVER_at_Wilde_M%C3%B6hre_Festival.jpg // **S. 63–64 oben** © Tape That, CC BY-SA 4.0, https://commons.wikimedia.org/wiki/File:2017_Transurban-Festival_K%C3%B6ln_Tape-That_Thomas-Meissner.jpg https://commons.wikimedia.org/wiki/File:2019_Tape-Art-Around-The-World-Cuba_Havanna_Tape-That.jpg, https://commons.wikimedia.org/wiki/File:2017_Transurban-Festival_K%C3%B6ln_Tape-That_Thomas-Meissner.jpg, https://commons.wikimedia.org/wiki/File:2016_Tape-Art-Around-The-World_Sinus_Guangzhou.jpg // **S. 65 oben, v.l.n.r.** © Kristina Vollenweider, Hanna Papakitsa, Madita Ehemann, Kinga Galek // **S. 66** © Cocoparisienne (PB) // **S. 68** © Thorsten Reichardt (Fotos), Leon Langnickel & Celina Krausch // **S. 69** © Denise Litchfield (PB) // **S. 70** © Tonia Wiatrowski // **S. 72 oben** © Kunstschachtel von Lilith Queisser **unten** © Kunstschachtel von Nicole Szczepanski // **S. 75** © Elisabeth Ster // **S. 76 links** © Sandy Marie Lodyga **rechts** © Maximilian Schiefke // **S. 77** © Julia Parzniewska // **S. 81**

© Thomas Hackenberg // **S. 82** © Santiago Marquez, iStock // **S. 83** © Leon Langnickel & David Peltzer // **S. 84 oben** © Gregor Specht, Laura Smolczynska **unten** © Bronisław Drózka (PB) // **S. 85** © Stocksnap (PB) // **S. 86 oben** © David Peltzer **unten–87** © Thorsten Reichardt // **S. 93 oben** © Jessica Smith, Performance: © Dagmar Glausnitzer-Smith **unten v.l.n.r.** © Natalia Dobryakova (PB), © Kateřina Hartlová © Svoooi1 (PB) © Adina Voicu © Jessie Feross // **S. 98** © Bluebudgie (PB) // **S. 98/99** © Mabel Amber (PB) // **S. 99** © Public Domain Pictures (PB) // **S. 104** © Cocoparisienne (PB) // **S. 105 links oben** © Dewdrop157 (PB) **rechts und unten** © Dmitri Posudin (PB) // **S. 107** © Qubes (PB) // **S. 108** © Taylor Daes-Melesh (US) // **S. 109** © Marlis Maehrle // **S. 110–111** © FotoGrapheion // **S. 112** © Nejbir Omar & Marcel Richter // **S. 113** © Anna Fuchs & Julian Schulz // **S. 114** © Nejbir Omar & Marcel Richter // **S. 115** © Sonja Holste // **S. 116–118** © Anna Badur // **S. 119 links oben, Mitte links, Mitte unten** © Tobias-David Albert, **rechts oben, Mitte rechts oben** © Astrid Farmer, **links unten** © Sabine Fehmer // **S. 120–122** © Neeltje van Wissen // **S. 123** © Single Earth (US) // **S. 126 oben** © Congerdesign (PB) **unten** © Ben Rosett (US) // **S. 127 oben** © Filip Gielda (US) **unten links** © Jeremy Bezanga (US) **unten rechts** © Ramiro Collazo (US) // **S. 129–131** © Anna Fuchs & Julian Schulz // **S. 133 oben** © Brunetto Ziosi (US) **unten** © Paul Henri Degrande (PB) // **S. 134 oben** © Sandra Wagner (PB) // **S. 135** © Qubes (PB) // **S. 137, 149, 150** © Rottonara (PB) // **S. 138** © GL-F (PB) // **S. 139 unten rechts** © Katharine Sparrow (PB) // **S. 141** © Anna Fuchs & Julian Schulz // **S. 142** © Melanie Schamboeck (PB) // **S. 143 oben** © Michelle Raponi (PB) **unten** © Walter Bichler (PB) // **S. 144 links oben** © Rihaji (PB) **unten** © Walter Bichler // **S. 144–145 oben mittig** © Jordan Holiday (PB) // **S. 145 rechts oben** © Hans Braxmeier (PB) **unten** © Walter Bichler (PB) // **S. 147** © <gunnar> // **S. 151 oben** © Rottonara (PB) **unten** © Napier Dabrowski (PB) // **S. 154 oben** © Claudio Roselli (PB) **unten** © Pezibear (PB)

Danke

Ich bedanke mich bei allen, die dieses Buch möglich gemacht haben! Wieder einmal konnte ich, neben meiner eigenen Kreativität, auch aus der Kreativität vieler weiterer toller Menschen schöpfen: Danke an Timo Hoheisel (auch für die Begleitung), Ilona Bergmann (für die Ostsee), Jutta Steinreiter, Neeltje van Wissen, Anna Fuchs & Julian Schulz, Thomas Hackenberg, Gunnar aus dem westlichen Ringgebiet, an die Schüler:innen der Johannes Selenka Schule Braunschweig sowie an ihren Lehrer Thorsten Reichardt. Danke auch an Anne Wenkel & Martin Krusche, Lilith Queisser & Nicole Szczepanski, Dagmar Glaus-nitzer-Smith, Marlis Maehrle, Stefanos Tsakiris, Tonia Wiatrowski, Tobias-David Albert, Astrid Farmer & Sabine Fehmer, Tape That & Tape Over (unbekannterweise) sowie Anna Badur.
Ein großer Dank geht außerdem an den Haupt Verlag, vor allem an meine tolle Lektorin Heidi Müller und an Claudia Huboi, die dem Text wie immer seinen letzten Schliff gegeben hat. Es ist so schön, dass ich mit euch Bücher machen darf!

Weitere Bücher von Roberta Bergmann

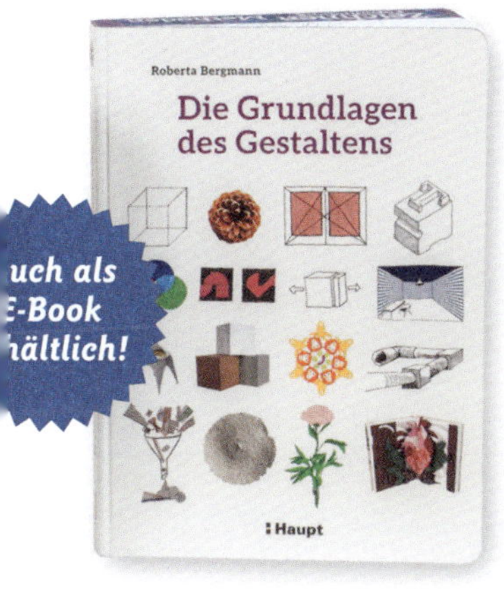

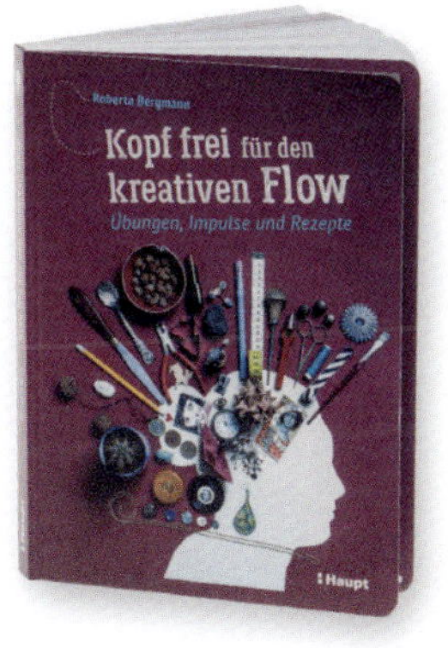

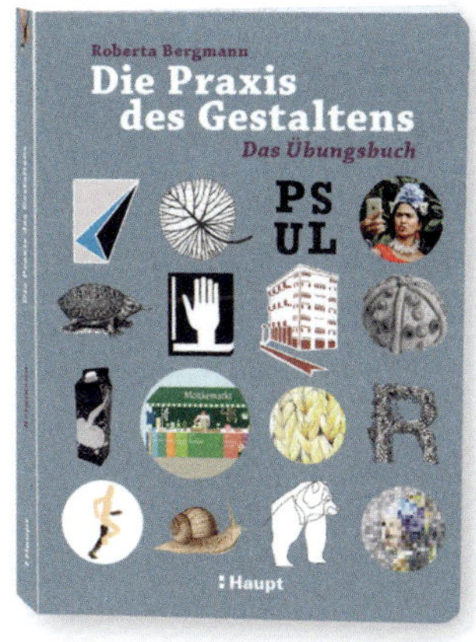

«Die Grundlagen des Gestaltens», Haupt Verlag, 3. Auflage, 2020
Ein Nachschlagewerk zum Thema «Gestaltungsgrundlagen» mit einem Einblick in die Theorie. Dazu gibt es 50 praktische Aufgaben aus verschiedenen Themenfeldern der Kunst und des Designs.

«Kopf frei für den kreativen Flow», Haupt Verlag, 1. Auflage, 2018
Ein Buch für alle, die ihre Kreativität noch weiter ausbauen wollen. 40 Kreativrezepte geben die Möglichkeit, das divergente Denken anzuregen und so auf ungewöhnliche und neue Ideen zu kommen!

«Die Praxis des Gestaltens», Haupt Verlag, 1. Auflage, 2020
Ein komplettes Übungsbuch mit 38 kreativen Aufgaben aus den Bereichen Fotografie, Zeichnung, App-Entwicklung, räumliches Gestalten, Typografie, Verpackungsdesign, Infografik – und vielem mehr.

Die Autorin ist Gestalterin, Künstlerin, Podcasterin und Lehrende – kurz gesagt, Roberta Bergmann ist Kreativschaffende. Sie lehrt seit mehr als einem Jahrzehnt zu den Themen «Gestaltung» und «Kreativität», u.a. war sie wissenschaftliche Mitarbeiterin und Gastprofessorin an der Hochschule für Bildende Künste in Braunschweig. 2017 wurde sie zum «Fellow» der Kultur- und Kreativwirtschaft des Bundes ernannt, ein Ehrenamt, das nur 100 Kreative in ganz Deutschland für die Bundesregierung bekleiden durften. 2019 gründete sie die Kreativ-Plattform, den Blog und Podcast «Der kreative Flow». Roberta Bergmann stellt im In- und Ausland aus und hat diverse Preise im Bereich Kunst und Design gewonnen. Dies ist ihr viertes Gestaltungs-Sachbuch als Autorin beim Haupt Verlag.
Mehr Infos unter: *www.robertabergmann.de* und *www.derkreativeflow.de*.

1. Auflage: 2023
ISBN 978-3-258-60260-8

Gestaltung & Satz: Roberta Bergmann, www.robertabergmann.de, www.derkreativeflow.de
Lektorat: Claudia Huboi, D-Köln
Einbandgestaltung: Roberta Bergmann, unter Verwendung von Abbildungen folgender Urheber:innen:
Einband vorn, v..l.n.r.: David Peltzer, Santiago Marquez, Coco Parisienne, Hans Braxmeier, 3x Roberta Bergmann, Dmitri Posudin, Roberta Bergmann *Einband hinten, v.l.n.r.:* Jakob Mix, Anna Fuchs & Julian Schulz, Rottonara
Vorsatz: Roberta Bergmann *Nachsatz:* Anna Fuchs & Julian Schulz

Alle Rechte vorbehalten.
Copyright © 2023 Haupt Verlag, Bern
Jede Art der Vervielfältigung ohne Genehmigung des Verlags ist unzulässig.

Wir verwenden FSC®-zertifiziertes Papier. FSC® sichert die Nutzung der Wälder gemäß sozialen, ökonomischen und ökologischen Kriterien.
Gedruckt in Slowenien.

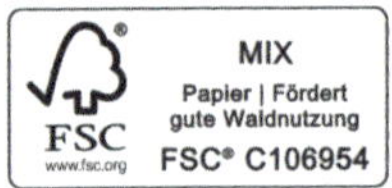

Diese Publikation ist in der Deutschen Nationalbibliografie verzeichnet.
Mehr Informationen dazu finden Sie unter https://dnb.dnb.de.

Der Haupt Verlag wird vom Bundesamt für Kultur für die Jahre 2021–2024 unterstützt.

Wir verlegen unsere Bücher mit Freude und großem Engagement. Daher freuen wir uns immer über Anregungen zum Programm und schätzen Hinweise auf Fehler im Buch, sollten uns welche unterlaufen sein.

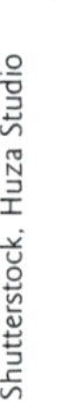

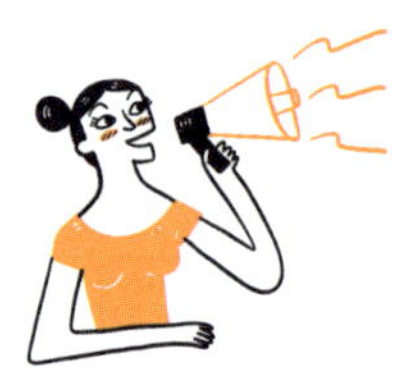

Sie möchten nichts mehr verpassen?

Folgen Sie uns auf unseren Social-Media-Kanälen und bleiben Sie via Newsletter auf dem neuesten Stand.

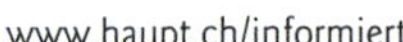
www.haupt.ch/informiert

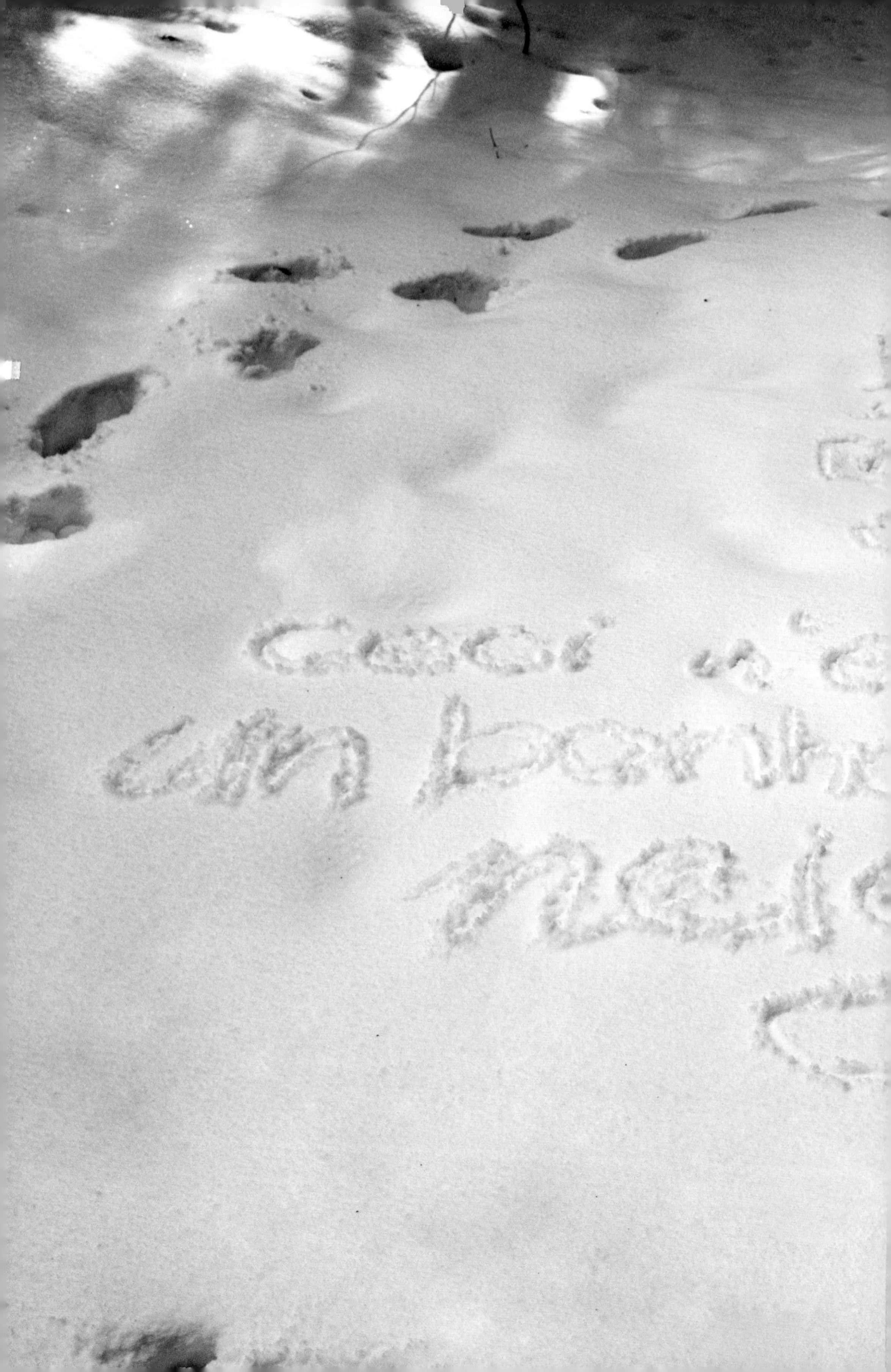